臧　卓◎著　蔡登山◎編

我在蔣介石與汪精衛身邊的日子

目次

導讀　臧卓和他的回憶錄

蔡登山

最早記得臧卓的名字，是看了上海家族研究專家宋路霞女士，採訪孫曜東而寫成的回憶錄《浮世萬象》（二〇〇四年，上海教育出版社）。該書其中有一節寫到〈張伯駒一品香酒店搶潘妃〉，張伯駒何許人也？他和末代皇帝溥儀的族兄溥侗、袁世凱的次子袁寒雲、奉系軍閥張作霖之子張學良，並稱「四公子」。張伯駒除是著名的詩詞學家外，還集鑑賞家、書畫家、京劇藝術研究者等身份於一身。

孫曜東說：「張伯駒早年曾有過兩位太太，一位是封建家庭父母給作主的，一位開頭關係還好，由於志趣不同，日久也就乏味了。他最鍾情的、並與之相攜到老的是第三位太太——後來成為著名青綠山水畫家的潘素女士。潘素女士，大家又稱她為潘妃，蘇州人，彈得一手好琵琶，曾在上海西藏路汕頭路路口『張幟迎客』。初來上海時大字認不了幾個，但人出落得秀氣，談吐不俗，受『蘇州片子』的影響，也能揮筆成畫，於是在五方雜處、無奇不有的上海灘，曾大紅大紫過。依我看，張伯駒與潘素結為伉儷，也是天作一對，因為潘素身上也存在著一大堆不可理解的『矛盾性』，也是位『大怪』之人。那時的『花界』似乎也有『分工』，像含香老五、吳嫣等人，接的客多為官場上的人，而潘妃的客人多為上海白相的二等流氓。紅火的時候天天有人到她家『擺譜兒』，吃『花酒』，客人們正在打牌或者吃酒，她照樣可以出堂差，且應接不暇。那時有些男人喜歡『紋身』，即在身上刺花紋，多為黑社會的人，而潘妃的手臂上也刺有一朵花……最終她的『內秀』卻被張伯駒開發了出來。」

孫曜東又說：「張伯駒在鹽業銀行任總稽核，實際上並不管多少事，整日埋頭於他的書畫收藏和京劇、詩詞，每年到上海分行查賬兩次，來上海就先找我。其實查賬也是做做樣子的，他來上海只是玩玩而已。既然來玩，也時而走走『花界』，結果就撞上了潘妃，兩人英雄識英雄，怪人愛怪人，一發而不可收，雙雙墜入愛河。張伯駒第一次見到潘妃，就驚為天女下凡，才情大發，提筆就是一副對聯：『潘步掌中輕，十步香塵生羅襪；妃彈塞上曲，韃靼胡語入琵琶。』不僅把『潘妃』兩個字都嵌進去了，而且把潘妃比作漢朝的王昭君出塞，把她擅彈琵琶的特點也概括進去了，聞者無不擊掌歡呼。可是問題並非那麼簡單，潘妃已經名花有主，成為國民黨的一個叫臧卓的中將的囊中之物，而且兩人已經到了談婚論嫁的程度，誰知半路殺出了個張伯駒。潘妃此時改口，決定跟定張伯駒，而臧卓豈肯罷休？於是臧把潘妃『軟禁』了起來，在西藏路漢口路的一品香酒店租了間房把她關在裏面，不許露面。潘妃無奈，每天只以淚洗面。而張伯駒此時心慌意亂，因他在上海人生地不熟，對手又是個國民黨中將，硬來怕惹出大亂子，他只好又來找我。我那時候年輕氣盛，為朋友敢於兩肋插刀。趁天黑我開出一輛車帶著伯駒，先到靜安寺路上的靜安別墅租了一套房子，說是先租一個月，因為那兒基本都是上海灘大老爺們的『小公館』，來往人很雜，不容易暴露。然後驅車來一品香，買通了臧卓的衛兵，知道臧不在房內，急急衝進去，潘妃已哭得兩眼桃子似的。兩人顧不上說話，趕快走人。我驅車把他倆送到靜安別墅，對他們說：『我走了，明天再說。』其實明天的事伯駒自己就有主張了：趕快回到北方，就算沒事了。」

當時臧卓是國民黨的一位中將，潘素差一點成為他的壓寨夫人，幸虧孫曜東即時救出，終於成為張伯駒夫人，也成為一位著名畫家，當今名作家章詒和女士還跟過潘素學過畫。試想潘素當時若成為臧卓將軍夫人，則她的一切歷史將改寫了。

對於臧卓我當時的瞭解僅止於此，後來才知道臧卓晚年在香港而且改名為臧勺波。那是在朱子家（金雄白）的《汪政權的開場與收場》第一冊篇末，金雄白寫有一篇贅言，提到：「本書在寫作與編印中，承讀者給我的指正，姚立夫先生對我的協助，顏加保先生、臧勺波先生、汪希文先生，以及不願發表姓名的若干朋友們，供給了我寶貴的資料與圖片，伍爰女士為我讎校，吳漱溟先生為我署簽，在此一併表示我衷心的謝意。」這讓我將臧卓與臧勺波的名字連接起來，之後根據我蒐集的資料並參考唐張新編著的《建湖將軍譜》，得出一簡單的生平簡介。

臧卓（一八九〇年生，一九七五年歿）其名一作臧焯（《臧氏家譜》），字勺波，筆名一勺，江蘇鹽城人。父親是個窮秀才，屢試不第，只得在邑中設館教書。臧卓幼時習經史，擅辭章之學。清光緒二十六年（一九〇〇年），他十一歲時在私塾讀書，旨在博取科名，適科舉廢止，稍長到南京考入陸軍，先後在陸軍小學、陸軍中學共五年。辛亥那年他正屆陸軍中學畢業，參加武昌起義，南北統一後，他在北京參謀本部當第五局（管戰史）科員，但不久辭職入保定陸軍軍官學校繼續讀書，深受校長蔣百里賞識。民國三年上學期，在保定軍校畢業後，分發到江蘇馮國璋那裏做見習軍官候補排長，六個月期滿後，又回到北京。後到北京高等師範（即後來的師範大學，在北京琉璃廠廠甸）當地理教員，講地球投影及中國兵要地理。

民國十三年，臧卓調任陸軍部少將機要科長，後受南方革命影響和軍校同學之招，悄然南下，參加國民革命軍。民國十六年，任職武漢衛戍司令部。北伐期間，他先後在陳銘樞的第十一軍和唐生智的第八軍任參謀長。民國十九年，唐生智組織「護黨救國軍」進行第二次武裝反蔣失敗後，臧卓隱寓於上海，時常在《新聞日報》上發表對時局的主張，蔣介石閱後頗有讚賞，特地召見，意在籠絡。蔣介石問其是否與唐生智脫離關係，臧卓答以「關係脫離，感情還在」，為蔣介石所忌，未予重用。其間，臧卓就個人戎馬生涯作了筆憶，著成《萬里征驂錄》，「辭含珠璣，時譽甚隆」。後來唐生智就任陸軍訓練總監，臧卓應唐生智之招，就任中將訓練所長。民國二十六年「八一三」事變後，國民政府西遷，唐生智留守南京，臧卓在城防設施方面多所建言，並為唐生智所倚重。南京失守後，臧卓隨軍退至武漢。不久，臧卓悄然折回上海。臧卓與汪精衛私交甚篤，民國二十九年汪偽南京政府成立，臧卓亦落水當了漢奸，先後任軍事委員會委員，軍委會第二廳、第一廳廳長、點編委員會主任委員，點編華中和平軍四十餘萬，最後調任蘇北行營主任，統轄兩個集團軍，計十三個師，號稱十萬人之眾（實際七萬餘人），清勦盤據蘇北之新四軍。後因汪偽政權內鬨，被以「清鄉剿共不力」之名解職。

抗戰勝利後，臧卓潛居香港，以教書為生，開始以私家教讀為主，學生之中，分為研究與補習兩種。後於民國四十七年入聯合書院，講授「詩學通論」，後又教「斷代史」、「專書選讀」、「駢文選讀」，也擔任過「詩詞選」、「左傳」、「荀子」、「莊子」、「老子」等課，從聯合書院到後來改組為聯大，前後擔任教職有十四年之久。在光夏書院教書則前後兩年，因後來學校關門而作罷。在遠東書院則勉強教了一個月。這期間他並在香港雜誌撰稿。這本回憶錄就是一九七〇年一月起在香港《春秋》雜誌連載，原名《蔣汪與我》，但並未結集成書。這是他晚年的回憶錄，一九七五年春，他就病逝於香港了。

一

我是一個不折不古的職業軍人，同時也是毫無成就、微不足道的人。當然過去的經歷，犯不上寫自傳，也無回憶的必要。但是我在北洋那一段過程，在這裏雖不必談，而在蔣先生領導之下，因為唐生智的許多問題，就發生了不少關係，也曾兩任中央院、部的廳長，任官陸軍中將。抗日期間，從南京撤退湘潭，辛苦經年，終成泡影，強仕之年，無所效命，輾轉而參加汪先生之南京國民政府。先後任軍事委員會委員，軍委會第二廳、第一廳廳長、點編委員會主任委員，點編華中和平軍四十餘萬，最後調任蘇北行營主任，統轄兩個集團軍，計十三個師，號稱十萬人之眾（實際七萬餘人），藉以維持桑梓，清勦盤據蘇北之新四軍，驅出海州以北。這中間雖成敗異勢，和戰分流，自有其慘澹的史實，與難忘之勞薪；儘可眾口囂囂，難明功罪，自足備裨史之闕文，供悠悠之目論。二十年前來港之始，頗多責我以寫作者；以忙於生計，無此心情。現在閒得要死，窮得要死，而又老而不死；不免將一些爛帳，就其所知，續續寫出，以消永晝。

擾擾攘攘六十年

我始學於晚清，學成於民國。以當國體肇造之初，政權替禪，形勢推移，起伏無常，相為順逆，就這樣擾擾攘攘，兵戎相見，亘六十年而未有已。在這六十年間，政府機構，不一其名稱，不同其法統：有統一者，有對峙者，有分崩割據者，有反叛獨立者，有互詈偽朝、互出惡聲、互動干戈、而徒苦吾民者；屈指計之，則有如：民國紀元孫大總統開創中華民國之南京政府，南北統一之袁世凱北京政府，繼此而有黎元洪、馮國璋、徐世昌、曹錕、段祺瑞、張作霖，歷屆之北洋政府，凡亘十有五年。中間歷有護法、護國各政府、慘澹經營，乃至民十六國民革命軍開始北伐而以蔣總司令為領袖之南京正統國民政府。其始也，有武漢之容共政府。其繼也，有兩廣之半獨立政府。更有瑞金及延安之共產政府、有十九路軍之福建人民政府、有閻馮反蔣之汪閻北京政府。此皆蕞爾爭持，曇花一現，尚不至動搖國本。迨至日寇大舉來侵，政府播遷重慶。淪陷期間，始則有南京之維新政府，北京之臨時政府；繼則有汪先生主張和平之國民政府。勝利還都，勦匪失利，國府一再播遷，由廣州而重慶、而成都，乃至今日之台灣。而大陸亦為共黨之人民政府所盤據。噫！是豈創業艱難耶？抑多難興邦耶？無亦人謀不臧耶！

我為甚麼如數家珍的樣子，將我們中華民國歷來各式各樣的政府，在這裏一一寫出呢？就因為每一個政府的出現，不問是正牌的，是反調的，是長期的，是短命的，是誰當主角，誰當配角，自有一班抗旗打轍跑龍套的人，滿坑滿谷，如蟻附羶，不幾日工夫，很容易塞滿那大小衙門；所有各院部會、首長屬員，也似模似樣，袍笏登場。同樣也有大大小小，多多少少，整個的、各個的土地人民去供給他們統轄治理。我就不解大家對那些是是非非，吵吵鬧鬧，也不問青紅皂白，盲目的趨之若騖。究竟中國有幾多人才，幾多垃圾，幾多投機分子，幾多過氣官僚？我想，必定是有製造而無銷路，有淘汰而無更張；結果：後浪擁來，前浪未去；更得那許多領袖，收羅黨羽，結合嘍囉，一遇分崩，便成組合。祇因為主義太多，法理有異，信仰不同，從違各別；這其間便有糊裏糊塗的飛皇騰達，也有莫名其妙的無謂犧牲。此各個政府所由成也。此中華民國所由來也。我在此浪淘沙裏，自亦未能免俗。所以開宗明義，寫上這一段開場白。其他絮果蘭因，且聽我慢慢道來！

周旋歷次政變中

一個職業軍人，在統一政府之下，載在銓曹，登諸冊籍，本出身之資歷，受國家之調遣，此正辦也。不幸而遭逢亂世，政出多門，感懷知遇，拊髀興嗟；則有託跡群雄，謀一隅之建樹；或乘時自用，作草莽之揭竿者矣。秦楚之際諸侯王，累代易姓諸將士，皆此類也。我自辛亥以來，周旋於歷次政變之中，服役於南北政府以內，隨政情之消長，看人事之迷離；如嬰兒之投胎，如轆轆之往復，雖位非津要，而營營不休的就在這許多政府中滾來滾去，渡此一生。噫！我，天之棄材也，人之尸居也，軍中之毫末，而事物之輕煙野馬也。行年八十，謀食筆耕，何所求，何所忮耶！

我在辛亥那年，正屆陸軍中學畢業，就偕同學數十人，參加武昌起義。開始做了一陣敢死隊，隨同湖北的軍隊去守漢口；迨北軍馮國璋火燒漢口，棄守後，就受黃興（克強）總司令之委任，為臨時指揮官、為督戰官，參加漢陽之戰。嗣值孫大總統就職，成立南京政府，黃興任參謀總長兼陸軍總長，我被委為參謀本部作戰局參謀。未幾，南北統一，南京設留守府，我調充北京參謀本部第五局（管戰史）科員。自以革命初期，尚未完成軍事教育，遂辭職入保定陸軍軍官學校續學；畢業後，就在北洋政府所屬軍隊及機關任職多年。時北洋舊式軍人，排斥學生出身的人員，我以與段系尚有淵源，故得廁身其間，這十多年，在北政府服務軍隊，參加內戰，掌管機要，並曾奔走三角同盟。三角同盟者，孫先生與皖系之段祺瑞及奉軍之張作霖三方面聯合以倒直系曹錕、吳佩孚之同盟行動，南北三方面轉移時局之樞紐也。總機關設於上海同孚路，以浙江督軍盧永祥主其事；滬上則吳光新（前長江上游總司令）、陳樂山（駐淞滬之陸軍第四師師長）、劉洵（第十五師師長）、費國祥（德州兵工廠總辦）與我，分任接洽奔走之役。時汪精衛常代表孫先生蒞滬，我即以此際初次認識汪先生。此後第二次直奉之戰，曹、吳失敗，同盟勝利，不幸孫先生病歿於北京，段合肥躋位執政，以返照餘光，旋起旋落；張作霖勉強撐持。自任大元帥結束殘局，出關被炸；北洋政府至此而斬。

加入唐部任參贊

當民國十五、六年之交，蔣總司令以國民革命軍崛起粵東，麾戈北伐；唐生智（孟瀟）以國民革命軍第八軍軍長兼北伐前敵總指揮（那時只有一位總司令與一位總指揮）由衡陽進軍長、岳，會同第四軍（其時第四軍長為李濟深，留守廣州，以副軍長陳可鈺代理，張發奎、陳銘樞並為師長，即後來所謂之鐵軍）攻取武漢，蔣先生由高安進攻江西之孫傳芳部。時孫氏挾五省（蘇、浙、閩、皖、贛）聯軍總司令之勢，頗有主張北伐軍與之妥洽者。陳儀（公洽，時為孫部之徐州總司令，後歸蔣先生）、蔣百里等實主之。予以陳之顧問隨百里先生至九江，在江新輪上（孫之司令部設於江新輪）晤孫及其幕僚長楊文愷、王相庭等，知事不可為；百里先生即屬予赴漢加入唐部；此為予由北而南之始，也就是歸入蔣總司令麾下之始。更是後來許許多多因蔣唐關係而直接間接與蔣先生晤對接觸之始。

予至漢口，兩鎮（漢口、漢陽）初拔，武昌猶未下也。孟瀟以余至，即以秘書長、參謀處長、參贊三者任擇其一委予；予以初到，未悉軍情，願就參贊一職，蓋北伐之始，編制未定，乃有此特殊名號耳。其時吳佩孚部下師長劉玉春仍死守武昌，直至其旅長賀對廷迎降，督軍陳嘉謨及劉玉春被俘，武漢乃大定。

克復武漢以後，最大的成就，為以革命外交手段，強力收回漢口英租界。當時外交部長陳友仁，仗北伐軍之威勢，高視濶步，無視英人，限其交還租界，即日退去，所謂「英國人滾回去」的標語、口號，早已發明於五十年前。當時穩健派惴惴然，有慮英人之無理反抗，甚至妨礙革命進行者；不知這一個以強權外交執世界牛耳之英國，見風駛舵，昔日之鷙鳥，一變而為眼前之馴羊，乖乖的掃地出門，甚至偶一在街頭行路，亦冒充俄國人。此為自滿清及北洋政府以來之奇蹟，也是對歐美其他國家特出之示威。證以今日英人在大陸與中共多次的屈辱外交，不是狐狸尾巴現形了嗎！陳友仁早已物故，其功不可沒也。

南昌謁晤蔣先生

武漢既定，以鄧演達（澤生）為武漢行營主任，陳銘樞（真如）為武漢衛戍總司令，陳公博為財政委員長，鄧演存（演達之兄）為漢陽兵工廠廠長，同時將第四軍一分為二，以張發奎為第四軍軍長，陳銘樞為第十一軍軍長，並以賀龍（按即共軍元帥之賀龍）之一師編入十一軍。唐部亦於第八軍外，擴編劉興（鐵夫）之第三十五軍，何鍵（芸樵）之第三十六軍（後來又增編葉琪及周爛兩軍，共為五個軍）。此當時武漢人事之大要也。

陳真如聞予至漢，即親蒞予寓之太平洋旅館，邀予任其衛戍司令部參謀長，予謂已就孟瀟職，陳曰：「我向孟瀟商之」，隨即偕予至西園晤唐，唐謂予曰：「我與真如不分家，你可即往就職！」復謂陳曰：「這是借用的呀！」議遂定。陳氏不善詞令而好演講，又喜印小冊子，好為學者風度，以故時常在漢口，部中事多由予與其副官長兼憲兵司令李勉堂（拯中）主之。未數月，江西方面孫軍節節敗退，蔣先生已駐節南昌，召集軍事會議，真如命予代表前往，瀕行往謁孟瀟，問有事須代報告否？孟瀟曰：「前者常德圍殺袁祖銘事，蔣先生允以國府命令宣佈其罪狀，但至今命令未下，你可請問一聲！」先是，黔軍總司令袁祖銘（鼎卿）所屬部隊，號稱十餘萬眾，一向服從吳佩孚，主張聯省自治；其總部及部份軍隊駐在湘西常德，足為國民革命軍之害；且與當年另一黔軍總司令王文華在上海一品香門外被刺有關；據唐云，當局曾授意予以消滅，然後公佈其罪狀；唐即命其駐常德之師長周爛計誘圍殺，事後未見命令公佈云云。予在南昌會議事畢，即至蔣先生處辭行，此為予謁晤蔣先生之始。時張岳軍先生在座，予面陳曰：「離漢時孟瀟曾囑請示總座，袁祖銘事至今未見命令，希望補發。」蔣先生凝思有頃曰：「你回去告知孟瀟兄，事情已過去了……嗯嗯……！」其意自是不再發令，予未便多言回漢口後就這樣告訴孟瀟，孟瀟當時坐在辦公桌邊，驀地立起，憤然作色曰：「是我辦的！就是我辦的！甚麼壞事全是我辦的！」飆風起於青萍之末，我知道政變殆將不遠矣。

武漢共黨太橫行

原來，革命軍自武漢底定後，即形成兩種現象：一是共黨勢力，瀰漫全境，種種暴行，不可嚮邇，罷工、遊行，糾察隊隨意捉人，土豪劣紳高帽遊街，攔截行人，剪斷袍褂，並由徐謙主持在武昌南湖公審戰犯陳嘉謨、劉玉春，達到共黨行動的高潮。俄顧問鮑羅廷及中共各老牌領袖，多半麕集漢皋，一般居民，大有不可終日之勢。當時共黨假容共之名，反客奪主，在武漢肆意橫行。就予親身所經歷各事，在此補述幾件，以供讀者諸君之想像：

（一）隨時隨地發令罷工，命所有行人，在原地停止，不得行動。某次，我坐車在漢口往唐生智之西園總部接洽要公，中途遇到糾察隊多人，說罷一小時，限令人車在原地停止，我只得坐在車上靜候；迨時間已到，司機是上海人，年輕性躁，當然開車，不意來了糾察隊多人，呼嘯喝打，原來時間雖到，要等他們再行發令，才能行動；我想當時亂糟糟，就是車子打爛了，人打傷了，也沒有去處算賬；

我就高聲責罵司機說：「你是工友怎麼不服從糾察隊！連我也要服從！」他們聽了，甚為開心，隨即放令開車，我想我這個沒有出息的參謀長，軍服煌煌，坐在車上，連行動都沒有自由了，還能警備什麼呢！這時，你再向左右前後一望，那些車呀、人呀，參差鵠立；如矮樹林，如臘像館，如候車站，又如百貨公司之模特兒；若在黑夜，不幾如鬼影憧憧耶！請問各位，你們見過馬上路原地罷工嗎？

（二）我們部隊裏，有一個士兵為了兩個銅板，與黃包車伕發生爭執，車伕人多，將兵士打了，倒過來總工會小題大做，來函要嚴辦兵士，並賠償車伕損失；我就派一位參謀，到總工會告訴他實在的經過；會長向忠發高坐在上，對這位參謀，也不讓坐，就劈口大罵；「你們不知革命原理，不識革命途徑。」簡直不由分說，不可理喻。從前人說「秀才遇到兵，有理說不清！」現在變了「軍人遇工會，有理也退避」了。

（三）工人開會，按戶抽人。共黨時常開會遊行，動輒整天喧鬧。他們要我家每次派出兩人；那時我尚無兒女，人口簡單，就沒有派，這可犯了法了，常常派人來責問，說你家的地位，至少要派出一個廚子，一個佣人，就這樣強迫。試想我忝為現任職官，尚且如此，其他住家，又將如何呢？

（四）我因政局有變，就把家眷搬到漢口，那曉得漢陽門碼頭搬扶，就要每件行李傢具，工資三元，如果自家搬運，他們就來制止，說「各人自家搬，工人吃什麼呢？」沒有法應付他們，只得將許多可省的件頭及傢具棄置不要，免得花錢嘔氣。

（五）還有幾次關於傭工的事，也叫人受不了。有一天，我到漢口去看一位失意的同期同學拜偉，他是劉玉春部長的團長，已被解散，住在漢口營救劉氏的；我到他那裏休息，一時餓了，他就叫廚子炒蛋炒飯，那知道那位廚司竟不理他，他就責罵幾句，這事情就搞大了；廚子報告總工會，工會派人將拜團長抓了去，當罪犯訊問，結果付出半年工資，還要補償侮辱工友罰款，才算了事。（這位拜兄是回教，實大聲宏，善唱黑頭，後來我介紹給甘肅主席朱紹良，做了副官長，及省會警察廳長，很為得力。）又有一位北軍代表，因為包車伕譏客時車飯的問題，也受到同等處罰。

（六）那一次人民公審，我是初開眼界。原來被俘的湖北督軍陳嘉謨，是在唐總指揮部看管，而守城的師長劉玉春，則在衛戍司令部看管，在軍人習慣上，戰局既定，對於俘虜，向來優待的，革命軍守此公法，亦不例外。尤其對於死守不降的劉玉春，更多同情欽敬之感。衛戍司令部設在清之藩司衙門，劉即關在大堂右翼耳房，我每天到公，必先進去安慰他一番，他總是非常憤激，要求我們電呈蔣總司令。他說：「我如有罪，就趕快槍斃，如無罪就應釋放，這樣老關著算甚麼呢？」他是氣概如虹，不愧軍人本色，大家沒有難為他的心理。但是共黨方面以徐謙、向忠發為首，主張在武昌南湖舉行人民公審，大大的侮辱他們一番。這一向所未見的新鮮花樣，被審的，又是前任威嚴赫赫的督軍師長，一經宣傳，遠近聞風，不期而至者，數達十餘萬人（在那時候，謹慎的人，多半不敢參加，否則，還要多）。等這兩位俘虜解到，先審陳嘉謨，陳素有嗜好，意志薄弱，見了這樣排場，先已膽怯，徐問他：「你為甚麼反抗革命，要守武昌？」他指著劉說：「我不要守，是他要守的呀。」一個方面大員，雖然失敗，這樣沒有種，直引得大家冷笑，也就不再多問了；照樣再問劉，他昂然而答曰：「我是奉吳大帥（指吳佩孚）的命令，他叫我守城，我就守城！」他答道：「我要是革命軍，我自然服從革命，但我是吳大帥的軍隊呀，我只有服從吳大帥。」再問他：「你懂得三民主義嗎？」他說：「我以前不懂，現在你們給我看了，我才懂得一點。」他這種傲然不屈之氣，大家都為之感動不已！以與陳嘉謨相比，真是相隔天淵。這一次公審，就如此鬧轟轟的收場了。其實共黨方面，不過藉此示示威，出出風頭，將他們侮辱一番，本來就無此必要呀。後來唐孟瀟就把他們兩人釋放了，並委劉為華北招撫司令，送給他一點錢，尊其人格也。這以上各節，皆是我親自領教的事，其他種種，寫不勝寫，就此打住。

突然起了大變化

話說回來，當時武漢第一個現象，就是共黨猖獗的世界。而第二個醞釀，即是反蔣空氣，逐漸增高。已由微妙時期，進而公開集會，宣諸演講。此時蔣先生已佔領南京，成立反共之中央政府，而武漢之反蔣容共政府，亦成分庭抗禮之局。

反蔣之明顯而最力者，為鄧演達。鄧之演講，頗具煽動性，每以人民痛苦為口頭禪。自某一次南昌歸來，即不滿意於蔣先生之信任某公，因而聯合共黨，獨樹一幟。唐生智自進軍武漢後，對於蔣先生之絕望，亦有數端：一即前之袁祖銘問題。次為唐於第八軍外擴編之三十五、三十六兩個軍，蔣先生未予承認。其三，則以武漢之行政、衛戍、財政、兵工各方面皆無權與聞。以此不無怏怏。重以鄧演達之煽惑，與唐之輕率鶩奇，索性利用共黨，聯合反蔣；至此而軒然大波，於以爆發。

當發難之始，進行兩個步驟：一即逼走蔣系之陳銘樞，而以其新編之十一軍歸還第四軍；同時將武漢衛戍司令並兼第八軍參謀長（時第八軍軍長由唐兼任，李品仙為副軍長）。

唐並對我講：「現在真如走了，你本是他借用去的人，不用走！可將真如的手尾弄弄清。我們就要北伐去了，希望你接任新職，幫我的忙！」我對這樣的突然變化，真是茫無所知，我想，真如常在漢口，高談濶論，一定是懵懵懂懂的被人趕走了。我當時對唐只有唯唯，先將真如所部人員的手續，安排東下，搞個清楚，我自己只有待機再說了。

真如的隊伍，被他們改編了，但是還有蔡廷鍇的一團，駐在武昌下游青山，他靈機一動，迅速的開拔到南京，蔣先生深為嘉許，把他陸續予以擴充，這就是後來一二八之役揚名滬上，以及福建人民政府一幕戲劇收場的十九路軍呢！我在這一齣戲裏還揹了不些不白之冤。據戴孝憫（名戟、十九路軍四領袖之一，曾任上海警備司令）事後告知我，該軍中人甚至陳真如自己，頗多疑我知情不告，出賣真如。其實孟瀟他們玩這一套把戲，又何曾事先告知我。但我是受此嫌疑，在一般人看來，亦屬合情合理。日久見人心，又何必辨白呢！閒話休提，說鄧演達、唐孟瀟他們第二步驟就是由京漢路北伐去打張學良在鄭州的殘餘部隊。這一動作，意在宣傳南京方面頓兵不進，忘了北伐的重要任務，其實也是反蔣的一種手法罷了。

講到北伐（編者按：指在武漢繼續北伐而言），這原是國民革命軍本來揭櫫的目標，也是全體一致的必然行動；當時蔣先生何嘗不想早日發動，以完成統一大業。不過此時長江粗定，孫傳芳、張宗昌、褚玉璞，尚盤據於津浦鐵路沿線及華東一帶；吳佩孚之直軍殘部及張學良之東北三、四方面軍，亦分駐於京漢鐵路線之豫西及河北一帶；山西之閻錫山與西北之馮玉祥部，雖已加入革命，尚未正式受編（馮之第二集團軍與閻之第三集團軍爾後始發表）；而武漢與南京，遽成東西對立之勢，且進而由武漢方面單獨北伐；此猶刖一足而欲行，折一翼而欲飛也；雖至愚亦知其不可！無他，共黨欲成其分化之作用，鄧演達與唐生智欲快其反蔣之私圖耳。

疏通靳雲鶚讓路

北伐之始，先要打開前進道路。此時武勝關之關口南北兩軍，雙方均配備有鐵甲車，在京漢線鐵道上對峙；北軍則屬吳佩孚之副總司令靳雲鶚（字薦卿、靳雲鵬之胞弟），自稱河南自治軍總司令，製有特殊旗幟，擁眾數萬，頗有獨霸一方的氣象。孟瀟曾謂予曰：「你在北方多年，當然認識靳雲鶚，請你去疏通他，勸他先將武勝關開放，希望他加入革命，一切可從長計議。」

我受命北行，先通過武勝關，到了靳氏總部所在地之信陽州。大敵當前，我何以敢接受此一重任？這裏讓我補充幾句：原來靳氏兄弟，本皆段合肥一手提拔之人，當皖直戰之初，徐世昌任總統，雲鵬為國務總理，故意將段系大將吳光新督豫之府令，擱置不予發表，以至吳佩孚得以班師北上，而光新亦被鄂督王占元扣留於武昌，因而皖軍大敗。自此段系中人皆認雲鵬此舉無異叛段，此後，每於段氏生辰或佳節之日，雲鵬前往謁段氏時，同人皆予以難堪，我獨不為已甚，故保留此一份感情；雲鶚偶到京津，更與我為歡場好友；此次奉命作說客，自揣即不成功，亦當有幾分把握。迨雲鶚與我相見，歡然道故，我倆在密室接談之下，告以南軍形勢，北洋在多年腐蝕殘破之餘，又無中心領導，大勢所趨，終難持久，雲鶚亦洞明一切，不願犧牲；答應先行讓路，他本人則暫避雞公山，徐圖後議。讌敘後，還打了一晚麻將，座有賀國光（圓靜）、魏益三（友仁）皆同情革命者，後均歸入蔣先生部下，總算結果圓滿。翌晨我回漢復命，這一次以三寸舌，做了開路先鋒！孟瀟甚為高興。

記不清是民十六年夏季某一天，在漢口大智門火車站，舉行北伐出師儀式。真是旌旗招展，鼓樂喧天，口號標語火如荼；俄顧問鮑羅廷、鄧演達、唐生智、徐謙、向忠發（向某本一搖船伕，後來高陞到中共總書記，在上海被捕槍斃）等先後演說；鄧演達講廣東官話，口齒清楚，態度激昂，最能動聽；徐謙以前清科第，富於學養，亦說得言皆有物，條理分明；向忠發著工人短裝，身上繫一條藍土布腰帶，一口湖北土音，滿嘴共黨八股，更是「難能可貴」；惟唐生智湘音無改，發言不多，而神態肅穆，別具威嚴；我看雖是偏師動眾，而氣勢如虹，若不雜以反蔣內訌的心理，及共黨利用之動機，也可算北伐史中之盛事。可惜不旋踵間，中途回師，更幸回師而後，又突然反共。江漢風波，方興未艾，波譎雲詭，正未有已也。

驚人計畫被埋葬

自從他們浩浩蕩蕩出發以後，我同何芸樵（鍵）在武漢便商量利用此一難得之機會，矯唐孟瀟之命，以快刀斬亂麻手段，實行犁庭掃穴之計，將武漢所有共黨巢穴及留在後方之要人，作一網打盡之計。芸樵與我目睹瘡痍，心同此理，想到一經發難，非錢不行；而軍隊方面，則惟期芸樵與李品仙（編者按：李氏現居台灣）之合作。以事關機密，未便稍露風聲，料李代軍長（第八軍）必可同情。議定，我就先從金錢方面著手：因為我在京、津方面，一向與銀行界頻有往來，尤其淮揚幫各巨頭，多所素識；此時在漢口者，計有：中國銀行行長兼漢口銀行公會會長汪翌唐，為我之陸小同學（此即汪政府時之北京財政總署長兼華北儲備銀行總裁之汪時璟，勝利後庾死上海獄中）；金城銀行周伯英，係周作民堂弟，為我淮安府中同學；鹽業銀行因出了事，我依法幫了他們，新派來的方某，則係我中學同學某之介弟（按：鹽業銀行因暫編軍長袁不同以其父乃寬為該行大股東，強迫提款，將正副經理綁去，我電請將袁不同革去軍職，予以扣押法辦。乃寬係袁世凱之同族，甚為得用，袁不同即乃寬「綁子上殿」故事中之人物）；其他各行，亦多少有點關係；因此我對他們一談，無不樂於輸將，當時即由中行借款十萬，交我備用；並答允事成之後，各行仍盡力接濟。我得此結果，深覺人同此心，即將此十萬元全數交與芸樵，作為發動經費。隨即由芸樵約同李品仙與我，會議解決。不意會議時，李氏不贊成矯命，堅持要去電前方，向唐老總請示；此在軍人服從原則上，自有其顛撲，但是非常之舉，秘密行為，便應從權辦理。唐在不破的理由。前方，既為共黨所包圍，我們豈不是自行出首，而束身司敗嗎？

可是當時芸樵的隊伍駐在漢陽，而第八軍則駐防漢口，我這初到任的參謀長，既不為李代軍長所歡迎（李恐唐派我，別有用意），更是毫無指揮能力。芸樵與我，只得相對唏噓，將這一驚人計畫，埋葬了事！由此可見非常行動，非庸人所可與聞也。

一聯四詩輓芸樵

事後，我自行檢討，覺得此次失敗之原因有二：

首先，應事先與鶴齡（李品仙別號）密商，免其疑忌。

其次，應在銀行多借十萬元同時交李，以示平均。疏忽處或即在此，當亦運數使然也！

現在關於那十萬塊錢，我問芸樵，如何交代？芸樵當即原封取出，全數交還，我亦隨向中行歸趙，並告以失敗經過；伊等雖感絕望，亦惟付之無可奈何耳。這一件事，我對何鍵非常佩服。第一、他有果斷，有決心，正氣凜然。第二、臨財不苟，輕鬆爽快，絕不拖泥帶水。以此我每感覺孟瀟屬下諸將中，惟何鍵為能。劉興（鐵夫）雖忠，而仁厚過度，亦非進取之才。自鄶以下，比比然也。孟瀟有一良將而不能終其用，卒歸之蔣先生，得以治湘八載（編者按：何鍵任湘省主席歷八年之久）。獨惜劉鐵夫之終於沉淪也！民二十五年，予以參事名義參加廬山訓練團，晤芸樵於山中，低徊往事，感慨繫之！大陸淪陷後，芸樵歸隊台灣，數年前歿於台北，予心為悼之！曾輓以一聯四詩，重念漢皋舊事並及孟瀟之失計，也不憚煩瑣，記之於後：

〈輓何芸樵聯〉

浩劫數從頭：記三軍紘纊，一夕恩仇；黃鶴無靈莫江漢。

浮生矜晚節：祇八載封圻，百年俄傾；青蠅有恨入瀟湘。

〈輓詩〉

一

少小談兵易水傍，興亡一夢憶湖湘。

眼中四十年來事，風雨凄凄又夕陽。

二

無端江漢失朝宗，天柱西傾馬首東。

壁上諸軍寒一范。與君痛偃大王風。

三

匡廬淝水思悠悠，曾是征帆指石頭。
早識中原棋局誤，漯河風雪冷華斿。

四

獨向台澎想寂寥，歸魂應逐去來潮。
英雄一例傷頭白，晚節猶欣隔海招。

發通電微服東下

再說我與何芸樵當年在武漢所計畫反共一節，既已成為畫餅，事後自然難免洩漏，因此我不獨不能繼續服職，即安全亦無保障。芸樵謂我曰：「我有軍隊在手，不怕他們，你可急速微服東下，以免後患！」我遂連夜摒擋，草一通電，分呈蔣總司令、唐總指揮及各公團各報館，用漢口衛戍司令兼第八軍參謀長名義發出，星夜乘輪東下，迨船過九江，始能露面，蓋慮緹騎之躡其後也。

該通電當時曾載滬上各大報，事隔多年，原文已失，茲將其大意憶錄如下：……共黨利用國民黨為掩護，在武漢一帶殘暴行為，對於一般民眾，動輒強加罪名逮捕審訊，高帽遊街，沒收財產，草菅人命，甚至有土皆豪，無紳不劣，被迫而死者，不計其數。糾察隊橫行不法，強迫罷工，示威遊行，攔街截人，剪短衣服，鬧得天怒人怨，民不聊生。向忠發以一水手，把持工會，高坐堂皇，開庭問案，對於革命軍人，家庭工役，橫加干涉，不可理喻，乃至商賈輟業，民怨沸騰，武漢社會，已成黑暗世界。若不渙汗大號，改絃更張，將使國民革命之精神，長驅北伐之果實，毀於一旦。……我深覺武漢方面之容共反蔣，深為失策，心所謂危，未忍緘默，為此特電籲請三事：（一）中央各委員與首長，無論在寧在漢，應請衷誠合作，以收統一之效。（二）應請一致反共，尤其武漢方面，當即力予實行，以恢復社會秩序，安定人心。（三）軍事領袖，不可攜貳，尤其蔣總司令與唐總指揮，為黨國當前柱石，應在蔣公統一指揮之下，分由津浦、京漢兩路，完成北伐。本人即日卸去各職，離漢東下，以完素志。……」等語。按此電文原，記憶不清，或有出入，惟大意如此。

退回蔣先生委令

予東下過南京時，蔣先生派人接入城內，在三元巷（其時總部設在三元巷）接見，即慰予曰：

「你的電我看見了。好！你可在我處做事！」

我答謂：「我反對唐孟瀟，是友誼，非敵意。我希望他跟總司令合作，早日完成北伐，總司令走津浦線，他走京漢線。」

當時室內有陳銘樞、劉文島、朱紹良、陳儀等在座，皆對我表示歡迎。我當晚即乘車赴滬，隨偕內子轉往杭州遊覽，寓西湖葛嶺山莊。時周鳳岐為浙江省長，平昔不滿蔣先生，特邀予讌談，隱有聯唐反蔣之意，予謂周曰：「在北伐未能完成之前，不應先啟內訌；尤其聯共反蔣，將貽無窮後患；孟瀟此時，羽毛未豐，尤不應誤隨鄧演達等輕舉妄動；此次漢口政變，我根本就不贊成，所以棄職東來，非為邀功於蔣先生、而出賣孟瀟也，實在希望孟瀟之覺悟耳。我想孟瀟是絕頂聰明人，不久或有轉變；我深知他最易衝動，也最易更張，我們等著瞧吧。」

我又對周說：「浙省密邇南京，你與蔣先生同是浙人，從前有無惡因，我不得而知；就目前形勢看，還以穩重保守為宜。」

結果，周氏就備了一封信，託我轉致唐孟瀟，表示聯絡；但是他對蔣先生，似乎沒有接受我的勸告。後來不久周便下台；直至抗戰後，他參加梁鴻志的維新政府任綏靖部長。在上海被狙擊而死。此亦醉心名場，縈情恩怨，終致犧牲生命者、千百人之一也。

我在杭州盤桓兩月，接到蔣先生任命狀，委予為南京中央陸軍軍官學校籌備委員；時籌委主任為陳銘樞，蔣先生或以為我在漢口，原為陳銘樞之參謀長，今應仍歸陳之部屬也。但我根本不欲以反唐，而換取南京職務；尤其不願蔣、唐分家以致影響北伐；更不願再作陳真如之屬員以自貽馮婦之羞；因此便將委任令退回辭謝不就。我之終不得見知、見信、見用於蔣先生，當由於此。並且使我勞逸榮枯、成敗順逆、以命定終身者，更由於此。我，天下之笨人也。食古不化，若愚夫愚婦之從一而終者也。是以由段（祺瑞）而唐（生智）、而汪（精衛），成敗利鈍，亦無憾焉。

唐生智回師反共

自國民革命軍底定長江，北方軍隊以殘敗之餘，聞風氣餒；是以唐部由京漢路北伐，直如摧枯拉朽，旬日間即到鄭州。惟以東西前線，不相配合，且另有其政治作用，因而未便深入，隨即班師。回漢口後，唐氏忽來一個驚人舉動，作一百八十度的大轉彎，突然宣佈反共；南京方面，大大的鬆了一口氣。不過賀龍就帶著其所部到了南昌，成為南昌之變；另一部份左傾軍隊則拖到潮汕，以後幾部份逐漸與朱德、毛澤東合流，衍成江西瑞金共區，變為勦共期間一大問題。這與本文無關，毋庸多述。

再說唐孟瀟回漢反共以後，長江上下游已成一致，前一些時之陰影，已一掃而光，大有勃興氣象。這時就重新編制，大振軍容：成立軍事委員會，推蔣先生任委員長，閻錫山、馮玉祥為副委員長。又將全部國民革命軍，編為四個集團軍：蔣委員長兼第一集團軍總司令；馮玉祥為第二集團軍總司令；閻錫山為第三集團軍總司令；唐生智為第四集團軍總司令。蔣先生並親蒞鄭州，與閻、馮晤面，且有交換蘭譜之故事，真是氣象一新。

孟瀟此時志得意滿，特電滬與我云：「我現已反共，請你回漢。」我回電說：「我是開小差走的，不能為我破壞軍紀。我不是政客，不能回去。」

沒有想到過了不久，又出亂子了。那是：蔣先生第一次下野；唐孟瀟分兵東下，第三十五軍劉興所部之先頭部隊已過蕪湖，第三十六軍何鍵所部已佔領安慶，並受唐命任安徽主席；與此先後不遠，又有孫傳芳乘虛襲攻龍潭之役；孟瀟再次急電我，要我到廬山相晤。事變至此，我不再拒絕，即便西行。此節說來話長，且待下期分解。

三

在本節裏，要寫到唐生智回師反共後，電邀我到廬山見面的一段了。我抵廬山時，唐氏已先到。此時唐部軍隊，以第八軍坐鎮武漢；周爛與葉琪之兩軍配合原有之湘軍賀耀祖、葉開鑫所部留守湖南；而以劉興之第三十五軍由江南岸直趨蕪湖以東，何鍵之第三十六軍則佔領了安慶。

我更瞭解唐孟瀟

在這樣情形之下，我見到唐氏劈口就說：「反共為全國所歡迎，這一行動，自是能發能收，令人有莫測高深之感；但是現在你又出兵東下，是不是要演『取金陵』一幕呢？如果那樣做，那不是變成東晉的王敦、南明的馬士英了嗎！」

唐氏答稱：「我決無攻取南京意圖！因為安徽並未肅清，很足以威脅湖北；並且湖北還有地方軍隊，如劉佐龍等師，實在餉源不足，這不是擴張地盤，實在是求生之道，以免為歧視我者所扼殺！至於聯共反共，並非我出爾反爾。共產黨是由廣東帶來的，湖南已給他們鬧得不可開交，武漢方面又搞得一團糟，你看我還會贊成共產嗎？不過他們既以聯共反蔣的口號來舉行北伐，就讓那些左傾的隊伍由武昌調到京漢鐵路線上，然後我再回師反共，如此江那邊開走的共軍，就有限了！」

我聽了他這一席話，才恍然大悟。根據上面的談話，我發掘出了幾個問題：

第一、唐的性格與環境，決不能做共產黨。他這一次北伐，是借此拆散他們的隊伍，鬆懈他們的防備，然後一舉而廓清之；這當然是一著妙計。不過我知道當北伐開始，北方人對國民革命軍認識不清，以為革命軍即是共產黨；惟一希望由湖南參加的唐生智，可能是反共的救星。現在他這麼一來，即說是巧計安排，對於未來的信用上，不免大打折扣了！這是我既贊成而又替他可惜的第一點

第二、他由衡陽北伐，軍費拮据，曾向漢口中國銀行借了幾十萬塊錢，抵武漢後，開辦了一個漢口商業銀行，派殷路生為經理（殷同之兄），活動有限；加以擄獲收編，擴充軍隊，又未得到相當給予與承認，自然捉襟見肘，不得已向外發展，本是實情（這一點由於他不久失敗出亡日本時，旅費分文無有，才在中行取得數萬元可以證明），不過東下安徽，正犯了進取金陵之嫌。這是我認為他很失算而又近於孟浪的第二點。

第三、取金陵問題：孟瀟既說過「決不取金陵」。他既信誓旦旦，後來又有事實證明，自是毫無疑問的信史。可是天下事無巧不成書，剛剛在唐部東下先頭部隊沿江南過蕪湖，江北到安慶後不久，孫傳芳以其退駐蘇北的殘餘部隊，渡江反攻，襲擊鎮江迤西之龍潭，時蔣先生已下野，南京方面，雖似軍中無主，而何應欽、李宗仁、程潛等奮力反攻，擊破孫軍之背水陣，敵軍之葬身江中者無數，首都因得轉危為安；此在北伐史中，自是足以大書特書之一頁。孟瀟處此危疑之際，既不能驅軍越南京而東以施援救，只有頓兵原地，以示無他；而後之論者，至有媒蘖其短，妄指唐與孫傳芳似有密約者然；此誠「莫須有」之說也。此事我可為唐孟瀟負責證明：（甲）他對我講決不取南京，當孫軍襲擊時，我尚同他在一起，他已實踐前言。（乙）他的軍隊同時未有任何行動，這有事實表現。（丙）唐的左右，無一人與孫傳芳相識。在外面只蔣百里先生與我從前和孫有來往；但百里師在上海，久未與唐相見，我則向未負有此種使命，我當然知道絕無其事。

聊閒話一笑而罷

以上分析當年唐軍東下得失的經過，大概如此。而南京方面與唐，似乎正在密雲不雨和山雨欲來的氣氛之中。我陪同下山到安慶，住在他前清巡撫衙門，此時正是何鍵的軍司令部和省府公署所在，我只住了三天，即由唐派我回滬，以京滬總代表名義與第六軍程潛及第七軍李宗仁開誠洽商，以謀求打開目前軍事上的僵局。

在此三天之間，我看到芸樵（編者按：指何鍵）似重有憂者！我二人雖莫逆於心，亦不便單獨多談。只有幾次我們三人（編者按：指唐、何與本文作者）圍坐吃水果時，閒聊些話，似有可記之興趣：

一次，老唐問我：「下面人（指長江下游的南京方面）對我怎麼樣？」

我說：「大家都怕你。」

唐說：「我有什麼可怕的？」

我說：「老虎在深山，不知人之畏己也，但是人們想像其雄姿，遙聞其嘯聲，近懾其威嚴，時恐其憤怒；又聽說牠能吃生人，能噬猛獸，你想！如何不怕？」

唐又說：「我究竟有甚麼可怕的呢？」

我說：「我這次奉召而來，下面許多朋友勸我不要來！說：『去必無幸！』我對他們說，我一定去！一定好好的回來！讓大家看看唐孟公到底可怕不可怕！」

這時何鍵在旁，看我說得過火一點，恐怕惱了老唐，就笑著說：「不讓你回去了！」

我亦笑說：「來了就不怕！怕了就不來！只要有真認識就成了！」三人同時一笑而罷。

投機分子來路貨

又一次，老唐問我：「你在漢口，聽到有來路貨的革命黨與投機分子的說法嗎？」

這一問，我知道是有意用的。當即答道：「盈天下皆投機分子也。二十五史，一投機史也。根本無所謂來路貨。商湯投夏桀的機，周武投殷紂的機，乃至歷朝的太祖高皇帝，以及那些開國元勳、新朝將士，誰不是由投機得來！不過所投的方向，有成有敗，為王為寇，其所得的結果不同耳。譬如近代革命，不是投滿清之機嗎？跟著，袁世凱又投革命黨之機，現在大家又在投北洋腐化之機，閻錫山、馮玉祥他們不通統是投機分子嗎？投機為成功之母，何所見之不廣呢！」

老唐被我說得笑了起來，便道：「這個說法，倒也有趣。」

原來這個投機分子與來路貨的問題，還暗含一段古在裏面的。所謂皮裏陽秋，勝過口蜜腹劍。此中原委，請道其詳：在民國十五年準備北伐之前，凡是偏向北京的各省份，正高唱聯省自治。時趙恆惕（炎午）任湖南省長，最服膺聯治，傾向吳佩孚。湖南有新軍四個師，唐生智其一也；駐軍衡陽，較為精悍，地勢既居北伐之要衝，部眾亦為得力之軍隊。廣東方面，即派劉文島（字塵蘇，保定一期同學）到衡，徵求唐氏加入北伐，經往返同意後，編為國民革命軍第八軍，並任唐以軍長兼北伐前敵總指揮之職。北伐軍最初出師之建制，計為：

第一軍，蔣先生以總司令自兼軍長。

第二軍，譚延闓。

第三軍，朱培德。

第四軍，李濟深。

第五軍，李福林。

第六軍，程潛。

第七軍，李宗仁。

第八軍，唐生智。

唐氏之第八軍，編次最後，而序列最前；因為北伐之前敵主力，必先出湘，而後可長驅武漢以出長江；可是唐之北伐前進第一站，必先通過長沙之趙恆惕方能北上；同時直軍總司令吳佩孚，於二次直奉戰失敗後，曾託庇於趙，住在岳陽年餘；此刻據守武漢，重振軍聲；以唐孟瀟之倒趙，為以下犯上，堅持征湘，必欲倒唐復趙而後已。其時百里先生（附注：本文嗣後凡稱蔣先生即指蔣委員長。而對蔣百里先生則稱百里先生或百里師。）正為吳佩孚之總參謀長，對於這位大弟子，不能不折衝其間，曾力勸吳氏承認既成的事實，吳執意不聽，百里師為此而辭職回滬，更堅孟瀟北伐之決心。所以長驅武漢，迅奏敷功，開北伐之先河，作南軍之士氣；其經過之艱難曲折，有如此者。而嫉賢忌能者流，或有訾議某某為投機分子，自命為來路革命；言者雖出無心，聽者難免刺耳。孟瀟壯年氣盛，遇到不如意事，每有歧視扼殺之疑，偶爾衝動，便作驚人之舉；投機之問，意或在斯。我之曲為說辭，意在廣一般狹隘者之心胸；而追溯前因，亦足明造端之有在，經營天下者，得勿鑒諸！

蔣百里最寄關心

現在應該敘述到我接受孟瀟的總代表東下協商的一幕了。我離開安慶，回到上海，第一步先去見百里師。料他對孟瀟近來事，雖較隔膜，關注必多。我先將那邊的情形同我下來的任務，陳述一過；他沈思有頃，問我曰：「孟瀟如此做法，究竟最後的意圖何在？」

我說：「他到目前為止，雖還不肯自承騎虎難下，我看『其進銳者其退速』，為今之計，只有與南京軍方謀妥洽耳。」

百里師又問：「你看南京軍方態度如何？」

答我：「難言矣！」

又問：「為什麼？」

我答：「孟瀟功高勢盛，不肯下人，最易招忌。南京方面，蔣先生暫已下野，何敬之

（德鄰）。程為湘人，資歷高於唐，對湖南久思染指，此時豈能忘懷！桂軍難免有懷鄉觀念，最後必以湘為跳板，孟瀟一日存在，即一日不得逞，今予人以隙，豈肯放過！此事勢之難為者。」（應欽）與唐無利害衝突；最有問題的，為第六軍之程潛（頌雲），與第七軍之李宗仁

百里師曰：「你所見我都同意，我別無意見。不過你的任務，就好難進行了；你去盡力而為之吧！我所顧慮的，孟瀟擴張得太快，步子跨得太大，我最關心他的內部，能沒有問題，就好辦了！」

我與蔣師談話，到此為止。

我就準備先到南京，探探行情。南京剛以解除孫傳芳之渡江偷襲，顯得輕鬆；但以唐孟瀟的問題，又告緊張。在老百姓們的看法，以為可以暫安一時；而不知有幾位軍事領袖，正在密鑼緊鼓，籌備西征，看起來他們已經下了決心，對老唐要用武力解決了。

晤程李游說無功

我再三考慮，知道事已難為，但不能不作最後的努力，勸他們臨崖勒馬。我就先同第六軍參謀長唐圭良（蟒、唐才常之長子、有壬之兄，來港後潦倒酗酒，暴死於沙田）談；然後見程頌雲。我向程說：

「程公！（程氏是日本士官第六期，比我們輩份較長）你們對孟瀟，似乎已下了決心了。但我請問：如果您幫助桂系把孟瀟打垮了，你老能回湖南嗎？桂系如得了武漢，而不能奄有湖南，不是還不能與廣西連貫一氣嗎？他們能讓你老橫梗在中間嗎？湘軍如由此破了氣，種了惡因，他老願意擔負此名嗎？再說蔣先生雖暫時下野，他如回來，能聽你們的如意算盤嗎？這幾個問題，都是從孟瀟退讓，或完全失敗方面著想；萬一孟瀟和你們拼一下子，你們能操勝算嗎？」

程氏凝思有頃，即曰：「我已與德隣（李宗仁）取一致行動！這些問題，雖也在顧慮之中，但箭在弦上，不得不發，你還是回去勸勸孟瀟，早為之所吧！」

我說：「你老如果能先打退堂鼓，德隣未必敢單獨行動，到時由孟瀟歡迎你老回湘如何？」

他笑笑說：「你先去同德隣那邊談一談吧！」

我興辭後，即去拜望李德隣。見面後照例握手寒暄數語，我即開門見山的向李說：「我是孟瀟託我來以同學的身份（李係陸軍第三中學畢業、算是四校同學）與德公談一談的。」

李說：「好！我願領教。」

我說：「孟瀟此次到安徽，意在肅清北洋餘孽，鞏固漢東門戶，無論對南京、對貴軍以及其他方面，都無敵意，這是事實。現在風聞此間軍隊，將有事於西行，不識意圖何在？就革命立場講；北伐未成，輕啟內訌，破壞團結，有利敵人；大不幸也。若就同學的立場講：現在能創立大軍、立馬長江、北向中原、經營天下者，同學中惟孟瀟與公二人而已；萬一你們兩部份兵戎相見，不獨有傷革命之元氣，更啟湘、桂之糾紛；尤其保定同學救國之事業，將由此而分化、而解體、而分途依附；上焉者作功狗功臣，下焉者必支離澌滅；愚意二公合、則無往不利，二公離，則今成後之擾攘，將未有已也。」

李氏為人，本甚忠厚而固執，並無當機立斷之才，得力於左右夾輔之力為多，對孟瀟似有成見。而孟瀟目空一切，招忌招尤，亦勢所難免。處此情況之下，雖有蘇張之舌，勢亦不易轉移。甚矣！行人之難也！

通電下野奔東瀛

回到上海，我先發電報往安慶，報告南京之行的經過，請他早作準備。就在我回滬之後，南京已發表出兵西征：李宗仁為江右軍總指揮；程潛為江左軍總指揮，分兩路西上，我想：唐的隊伍在江南、北兩岸，各僅不甚完整的一個軍。既不能集中使用以厚兵力，且隔江亦不便指揮，如此勢難作戰；只有看孟瀟的決策如何耳。

我隨後去見百里先生，告以南京之行所得無結果之結果。百里師曰：「和既不能，戰亦不可，無已，惟撤退耳！能全師而退，保有武漢湖南，猶為幸事，否則，難言矣！」

此後我就待在上海，沒有回安慶去。但對南京方面軍事行動，還隨時設法通報過去。果然，孟瀟不戰而退。我想，最大的原因，該是何鍵不願意打吧？而其遠因，則我與何鍵所計畫的矯命反共，就不無影響了！大凡軍中的事，在勢盛時，人人協助；等到一走下坡，開始那些雜牌附屬的部隊，先行搖動；再後，即使是心腹將領，亦不免人懷異圖，求存故也。

孟瀟回到漢口，隨即通電下野，出亡日本。而蔣先生亦先後由日抵滬，回南京復職。後此文章，還要變化百出，且待下期分解。

四

中國有一句老話：「無湘不成軍。」在募兵時代，重文輕武，更有「好男不當兵，好鐵不打釘」的說法；所以湖南是中國兵源最多的地方。唐孟瀟是湖南東安縣人，自從保定畢業，即從下級軍官當起，十二年來，練成一支勁旅；參加北伐，奄有兩湖，收編擴充，成為國民革命軍四個集團軍之一的第四集團軍；可謂「其興也勃焉」已！這一次揮軍東下，漫無目的，而引致程潛與李宗仁兩路的沿江西征，竟然不戰而退，更輕易的宣佈下野；尋至辛苦成立的大軍，一轉瞬間，寂然放棄，軍心無鬥志耶？人謀不之不臧耶？此其中必有由矣！

無錢無船動肝火

原來唐生智在反共之後，既無真正目的，即不應輕率東下，致啟「取金陵」與聯孫（傳芳）之嫌疑，而予人以口實；在軍隊佈置方面，也應該將兩個軍聯合使用，集中於皖北區域，不應分佔皖南；尤其在攻戰頻繁之後，宜使部下休養訓練，以固根本，這樣子輕舉妄動，最易惑亂軍心；所以人謀不臧與軍無鬥志，兩皆有之。

其時我身羈滬瀆，心繫前方。我想：在南京六、七兩軍發動西上之後，第三十五軍之劉興，為人忠實，絕對服從，然孤軍懸駐蕪湖，勢難獨力作戰；孟瀟必取決於何鍵。何鍵機智過人，行動敏捷，自從與我同謀矯命，事雖未成，已否秘密通款當道，殊難臆斷！此刻情勢不利，對孟瀟主張慎重，不戰而退，亦屬順理成章，毫無痕跡；孟瀟覩此形勢，斷然下野，一面保全部下，一面徐圖再起，亦事理之必然者。

孟瀟由安慶回漢後，就通電下野，準備出國，目的地也是日本。這裏，自然有一些連帶問題：第一是錢。第二是船，孟瀟對於金錢，是向不措意的，現在就非錢不行了。他的總部經理處長還兼湖南財政廳長趙恩綬（墨農），到此緊要關頭，竟然分文無有，一籌莫展；趙雖軍需出身，但人甚誠篤，湖南有名無實，湖北亦事權不屬，軍餉拮据，不能為無米之炊，此刻實無辦法，所以就在漢口中國銀行設法弄了幾個錢（這數目我不知道）。至於船：長江上下，既成敵勢，普通船隻，自不保險，不能不乞靈於日本，所以又需一筆保護費；如此安排就緒，始得成行。

出發之前，在日租界，孟瀟不免動了一點肝火，還演了一幕悲劇插曲：那是砲兵司令張國威，大概有不軌的企圖，為孟瀟所洞悉，就派人去找他來見面，當晚在法租界偏尋不著，最後在一旅館中找到了，他遵命往見，孟即厲聲責之曰：「本總司令下野，你就不來送行嗎。」隨命左右：「拖出去！斃了他！」時租界鄰舍皆住家，不便開槍，遂縊之浴室之中，慘哉！這一晚，如果找不到他，也就算了；再張如果心虛，可以不應召，不也就逃過了嗎？這是唐氏積威所在，可能有「取瑟而歌」之意，說它是起身砲，未免有點煞風景吧！

變局有如走馬燈

唐氏去了日本，寓居別府，暫且不談，關於唐去李來，職位之互易、何鍵與程潛之得失、湘軍之調遣變遷，又成一盞走馬燈，盤旋不已。茲先揭其綱目，為本文今後題材之依據，而亦近代史上之洋洋大觀：

一、唐生智的國民革命軍第四集團軍總司令職位，李宗仁就此遞補上，但過了不久，就有另一次桂系的武漢獨立。

二、以何鍵為湖南主席。這一著正見蔣先生的經綸。因為這樣佈置，桂系就永不能打通湖南的橋樑。那位老氣橫秋的程潛，也沒有法子回湖南，只有等到最後，以湖南家長身份，投共反蔣，做一任「人民政府」的湖南省長，養老送終。而唐孟瀟更不能利用何鍵，物歸舊主；蓋何有內咎之嫌，而唐亦不能與部下爭地盤也。一舉數善備，蔣先生有焉。

三、以唐部之第八軍李品仙，及劉興之第三十五軍改任廖磊，歸白崇禧率領北伐，沿北寧路肅清張宗昌餘孽。這一著，就衍變成桂系反蔣時，起用唐孟瀟灤州易帥之一幕。

以上是解決了唐孟瀟以後的輪廓。我不禁感想到：天下事皆相因而生，有其因即有其果。事變之來，其來有自。恩怨、一也；利害、一也；忮求、一也；好亂、一也；機械心、權位慾、又其一也。謀國者可不戒懼耶！

偕百里師往東瀛

孟瀟到日，已有數月，我在上海，無所事事。吃吃酒、打打牌、逛逛窰子；做做詩、填填詞、編幾副對聯捧捧北里姑娘；一個軍人，年未四十，如此消遣日月，頓覺身無所屬。一天，在百里師家，我說：「我今年才三十七歲，孟瀟三十八，就這麼算了嗎？」百里師曰：「我同你一道往日本，去看看孟瀟！」我答好。講過了三天後，就一同出發。我們是取道大連轉鐵道，渡鴨綠江，貫穿朝鮮至釜山，渡海抵日境下關以至別府。百里師是老日本，我不懂日語，處處要老師照應，深感不便，但亦無可如何。

晤孟瀟後，對於那些過去種種，自然不必提他。每天第一忙喫，再就天南地北，隨便閒談；有時同百里師下兩局圍棋，或者到附近太宰府、鬼溫泉蹓躂蹓躂；最討厭日本人的風氣，附庸風雅，要你到處題名，總不免胡謅幾句歪詩，應酬一下，多少要擾亂人的遊興。因為我沒有到過日本，就請一位翻譯，陪我去東京、箱根許多地方玩了一趟；回別府後，待了幾天，仍隨百里師由長崎乘船遄返上海。我在長崎了買了一對圍棋盒子，甚為合意；我有兩付雲南子，都是紫檀盒子，一對完整，另一對已破裂了，日本的盒子，係用整塊的木心，挖空製成的，轉覺雅潔而美觀；另外買了些插花盤子，回家後大插其花，別饒興緻，亦東行之紀念也。

那時往來日本，還沒有出入境的限制，只照例填一張表，海關亦不甚檢查，一切簡便得很，自北洋政府以來，所有下野人物，不在大連，即往日本，這也是他們收入的一宗。北伐而後，歷屆政變，其首腦多半出亡香港，此又為避地者變遷之沿革矣。

東山再起赴唐山

孟瀟在我們回滬後不久，他也離開日本回來了。這其中當然還有些曲折微妙的文章，現在姑且不談。可是當民國十七年這一年，北伐進展異常順利，不過無形中還隱伏著一點割據形式：閻錫山奄有華北平津晉冀察綏各省區。馮玉祥控制著中原及西北一帶。李宗仁得程頌雲之合作，取代唐孟瀟之地位而躋升集團軍之列，南有廣西，中權武漢，北則以白崇禧揚威搖曳於灤河、山海關之間，固常山斷續之蛇也。加以東北易幟，將離將合；裁軍會議，意見紛歧；蔣先生於此，正在攖心全局，經緯萬端；而武漢方面，忽有異動，真是不測之風雲，屢起於蕭牆之內；當此大局粗定之時，武漢綰轂長江，稍有疏處，易搖國本；盱衡大勢，乃有起用唐孟瀟之睿謀。

原來孟瀟在武漢反共之後，編為第四集團軍，蔣唐之間，並無不洽之處。迨唐軍出兵東下，已在蔣先生下野之後，自與孟瀟無關。東西之爭，亦由李、程深忌孟瀟，致啟釁端；故唐之下野，更與蔣先生無關。是今茲以前，唐對蔣既未分離；則今茲以後，蔣對唐自應復合。百里師與我日本之一行，一則慰問孟瀟，免其頹喪；另一方面，即根據以上事實，勸其養氣待機，以俟時局之變化，復歸蔣先生旂幟之下；此正辦也。孟瀟本此意旨，回住上海，暫作寓公，百里師聯洽於其間；而孟瀟之東山再起，水到渠成矣。

民十七年，張學良所部之東北軍完全退出山海關以後，而其餘部張宗昌、褚玉璞等，學良以其編組太雜，紀律太壞，不令出關，白崇禧以唐部兩軍之眾，乘其殘敗之餘，輕收肅清之功（只保留徐源泉駐津一部，由北平行營主任何成濬接洽收編）；其時白氏在北寧路上頗有舉足輕重之勢，而陝豫一帶之馮玉祥部，亦蠢蠢欲動；又值武漢劇變，李宗仁及其在鄂之部將胡宗鐸、陶鈞等已豎反蔣之旗，兼有竄湘通桂之舉；白崇禧介在北陲，對武漢雖鞭長莫及，然遙為聲援，或另生枝節，亦不無顧慮；因此蔣先生密令唐生智以討逆軍第五路總指揮名義，前赴唐山，接收舊部。事先，絕對秘密，內外各方，皆無所聞，以我在北方多年，勉為識途老馬，就由我單獨護送，尅日成行。

歡聲雷動迎故主

我們決定經海道北上，我與內子準備簡單行囊，擇定一停泊楊樹浦的英國貨船約三千餘噸，以普通乘客姿態購一艙位，安排就緒，於出發之日，由百里先生在法租界朱葆三路「別采里」法國小型飯店開一房間（朱葆三路為一僻巷小路，「別采里」飯店國人很少去開房間，如此方可保密），百里師先到，孟瀟與予同後至，我們三人作出發前最後之談話。

百里師先謂予曰：「此行關係重大，必須完成任務！一切你要多負點責任！」

我答：「我盡力而為，決不有誤。」

百里師又謂孟瀟曰：「此次蔣先生特予重寄，仍是深愛將才。以後國內也許還有其他反蔣者，孟瀟你不可反蔣！一則蔣先生之知遇，再則軍人之信譽有關也。」

孟瀟說：「當然！」

我說：「我們如以革命手段，拿回隊伍，立刻可以反蔣！今奉蔣先生之命，用政府軍隊的名義，千萬不能反蔣！」

談話至此告終。我另請百里師由大北公司發一電給天津段系老友某君，按照船期預備汽車親到塘沽接我。隨即同孟瀟至外白渡橋換車到楊樹浦碼頭登輪離滬。

船行三天兩夜，風浪不大，惟黑水洋、山東角稍有顛播，孟瀟整天睡覺，我就哼了十幾首詩，稍解悶損。抵塘沽，友人及車皆在，登岸後，即轉火車逕赴唐山，暫住車站，通知附近部隊，跟著就有許多官兵來迎，孟瀟命我集合來迎官兵，登台宣佈；我簡單說了幾句故主歸來的話，喊了幾句口號，一時歡聲雷動，皆大歡喜！其時白崇禧不在防地，不日間，據報已由海道赴香港；孟瀟對白氏本無過份迫害之意，只要白氏不抗命，接收無問題，遠走高飛，更不必問了。

在唐山過了幾天，也沒有到灤州，稍稍佈置，即赴北平。擇定西城順成王府故邸，成立討逆軍第五路總指揮部，通電就職。就這樣卸去便裝，換上軍服，又幹起來了。

五

北伐初期，長驅武漢威震長江之唐孟瀟，旋起旋落，息影東瀛，不數月間，忽又驤首平津，仗節華北；而素以「小諸葛」馳名之白崇禧，亦能擻屣兵柄，接淅而行；去留之間，聞命之決，雖軍前易帥，而匕鬯不驚；人事之推移，固屬突然，而非常之授受，亦各有其大勇存焉！予以微不足道的「諸葛亮」，厠身仗衛，未浹旬而完成任務，亦以見唐氏治軍之有素，而舊部之歸心也。

人事複雜謀求多

我和孟瀟在唐山的頭兩晚，部隊中人，謁見唐氏後，均已回防，孟瀟謂我曰：「你可以帶一次軍隊！原來的第八軍現已改編為師（按：唐部之第八軍及第三十五軍在北寧路上的均改為師，番號我記不清了），由你去接替李鶴齡（品仙）吧！」

我說：「不！我與湘軍素無淵源，怕帶不好！」

他說：「我從前不是委你做過第八軍參謀長麼？」

我說：「時間太短，我意，李品仙本是你舊部，可以仍舊。現在中央勢力，還沒有達到華北，我們這兩軍正在晉軍的圈子裏，我還是替你先做些外圍聯絡工作，不拘甚麼名義；軍隊的事，將來再說吧！」

他說：「也好！你就以總參議兼辦公廳主任吧！」

我想：「無所謂。但是普通公事，我就不去管了！」議遂定。

後來到了北平，先發表劉興接替廖磊師。又醞釀許久，還是去了李品仙，以龔浩接任。這一段經過，我始終沒有告知鶴齡，他寓在北平西城石老娘胡同時，我曾去看過他幾次，也便談及；我生平不爭權位，只喜歡扮一個有趣味、有作用的角色，表演一下；所以一生從未鑽營差使，悉主官支配；尤其人事複雜，謀求者多，是非也多，這個一個師長，正是目標所在，何必自找煩惱呢！

舉薦舊友趙崇愷

緊接著孟瀟又提一件事。他對我說：「你替我找一位經理處長，要北方人！」我說：「在漢口時的原任處長趙墨農，現寓香港，不如打電叫他來吧！」他微笑曰：「我不再用他了！你知道，我向來不注意錢財的，可是我在武漢下野的時候，搞到旅費都沒，似這樣的經理處長、財政廳長，還能再用麼？你趕快替我找一個！」我看他意甚堅決，就舉薦了北京政府的一位老軍需司長趙崇愷（字樂平），將趙的簡單履歷，略述一下。我說：「他是綏遠人，前清秀才，老軍需學堂頭班畢業；歷任段合肥、靳雲鵬、王士珍、吳光新前後任長陸軍部時的軍需司長，已授軍需總監，與我同過事，知道他穩重誠篤，規矩辦事，絕不貪污，他不能替你份外弄錢，但能做到公私合理。」

孟瀟隨即說：「你即電北平請他來，我決定用！」

不日，趙抵唐山，辭不肯就，理由是對南軍情形，毫無認識；孟瀟說無妨，趙始允以散秩如參議等名目從旁幫忙。孟瀟堅請擔任處長，趙則表示：「必欲見用，願以副處長助理一切。」唐仍不可，我亦勸駕，趙始承認。這一位老友，長我十歲，後來在南京軍委會執行部，仍隨孟瀟管軍需；以至抗戰期間，在重慶擔任國防部門重要軍需經理業務，以軍需總監退休；我對此一保薦，深覺舉得其人，差可告無憾焉。

王侯府第海棠紅

到北後，組織總指揮部那些事，我概不過問；只擺上我一個辦公檯子，有時去坐坐而已。我最欣賞順承王府一進大門，左右兩株木本海棠：高逾尋丈，枝幹披紛；紅花盛開，形同張蓋；一對火齊之樹，二分錦繡之天；權為細柳之門，常結相思之豆；豐姿綽約，佳氣葱蘢，這象徵了吉祥之兆。後來我又一度寓濤貝勒府，庭院有四大株海棠樹，正當秋季結實，火珠纍纍，紅豆垂垂；馥郁繽紛，含霞吐艷，我把它盈筐採擷，煮鼎成糜；晶瑩登盤，恍似泊來之醬；甘腴入口，幾疑塞上之酥。題詩留影，自擅風流；勝國衣冠，又嗒然於仕路茫茫，軍門僕僕，若喪其偶然！

我這人向來遇事，有點特別習慣，只要對方夠朋友、夠知己、夠信任；如果對於某種有興趣的問題，或是別人所認為艱難辛苦、冒險棘手、不易成功的事；一經答應負起責任來，我真肯幹。可是事成之後，絕對不爭權利，冷眼去看旁人那些奔競取巧種種俗態，引為笑樂，以作我精神上之快慰；這時候我又有點名士派了。所以到北平以後，做的全是軍事上題外文章，找到機會，先就偷閒大大的輕鬆一番。

酒食徵逐笙歌繞

唐老總（這是從前大家對他的稱單，此時他上台，我們又恢復使用）對北平是生疏的，中央在北平設有行營，主任是何雪竹（成濬），他是雜牌軍隊之母；這方面由唐氏本人去作公式上的接洽。晉軍方面：北平警備司令李服膺（慕顏）、天津警備司令傅作義（宜生），這兩位都是保定第五期同學；其他如河北省政府李鴻文等，都已聯絡好了。地方人士最會湊熱鬧的，莫如銀行界，如周作民、譚荔蓀、許漢卿、朱虞生、岳乾齋、王紹賢、王澤民、胡筆江等銀行界人物，尤其我們淮揚幫最多；每天由李服膺等陪同唐老總到西山風景區及溫泉等處瀏覽一番；晚上更不免酒食徵逐，八大胡同裏清吟小班侍酒的窰姐們，更是應有文章；有時在筵席上召集了四大名旦及其他大名角十餘位，專席管帶，清唱娛賓，自有那些人安排停妥，我就做個內外接應的文武侍從，追隨唐老總享樂一番。後來他的尊翁及老太太來了，百里師不久也到了，唐的私寓，就擇定東城王府井大街禮路胡同從前百里師的公館，大家就發起替唐老太爺老太太做做壽，在東四牌樓隆福寺街福全館彩觴慶祝；這地方規模雖不大，而提調有人，戲目精彩，嘉賓滿座，頗極一時之盛。這其間，我的太太也由上海來了，我住在西四牌樓羊市大街，宅內有一大客廳，甚為華麗，我把它佈置起來，請了一百多位客，叫了幾十個姑娘，自然是笙歌宛轉，笑語嗷騷；這些娘兒們照例要到後面去替主人婆請安，我就帶領引見，我的太太細聲對我說：「人家姑娘全很美，就是你叫的姑娘不漂亮！」我說：「太漂亮就壞了，這樣子你可以放心！」這一晚可算是在北平的一個紀念。

臨行交代兩件事

大約鬧忙了有半個月，我算是唱小花臉，把場子拉開了。唐老總一面將軍隊的人事及其他攸關事件整理就緒；應酬方面，也就由絢爛歸於平淡，他就動身赴南京見蔣先生報告請示去了。他臨行時，交代我兩件事：

一、他指定晉軍將領中楊愛源（心如、保定第一期，我與他步科同連同房間的，他是閻錫山之甥，時任山西綏靖副主任）、趙承綬（亦為第一期同學，時任軍長）、王靖國（軍長、保定第五期同學）、李服膺（保定第五期、北平警備司令）、傅作義（保定第五期、天津警備司令）、李生達（保定第五期、時任師長）六人，我們這邊劉興、周斕，唐本人與我兩方共十人，結成金蘭之誼，蘭譜由我辦就交換。

二、他說：「家父興緻甚好，喜歡玩笑，請你陪陪老人家！」

第一件事，我在榮寶齋定製了二十份蘭譜，做了一篇四六小序，分頭辦妥，總算功德圓滿。

第二件事，原來這位老伯伯，辛亥革命時，曾做過湖南都督譚延闓任內的民政司長，老尚風流，精神飽滿，豪氣勝人，每一晚能翻五、六檯花酒，拳高量雅，笑語連天，我約了些朋友，竟有陪不了、吃不消的；好在我也是此中老將，對銀髯之飄拂，伴紅粉以綢繆！肉食本是當行，醉鄉何嫌狂態。這一項別開生面的差使，我到勝任愉快了。

重遊津門訪舊雨

過了幾天，我就到天津走一趟。先去拜謁了段合肥、吳光新，隨後看了劉玉春（鐵珊）、王永泉（百川）、靳雲鵬、雲鶚弟兄、張直卿（廷諤）、曾雲霈（毓雋）及段駿良（宏業）、運凱（宏綱）昆仲，這些都是北洋下野的人物。合肥與吳自堂，是當年的領袖及長官，過境問安，禮所宜然。其餘諸人，關係各有不同，多年契濶，局勢推移，一朝相見，倍覺歡然。尤其劉鐵珊將軍，他是在武昌被俘，曾受公審侮辱，口口聲聲說唐孟瀟與我，是他的救命恩人，命其長公子向我叩拜，我覺得內戰俘虜，本來不應苛待，深感惶愧；他又談及其老長官吳佩孚不恤部下，非常激動，我只能婉勸一番（不兩年他終於疽發背而死，此是後話）。王百川在民十一、二年，任福建軍務督辦，我以三角同盟代表段合肥，長川住閩，將近一年，談及往事，感慨多於愉快。靳氏弟兄，本嫌庸俗，然多年相識，不廢往來；此次翼卿（雲鵬）見報載有唐氏新任趙崇愷為經理處長一事，大感詫異，忽問予曰：「是咱們那個趙崇愷嗎！」

我笑答：「可不是！」

他口含長烟袋（約有三尺長），一目微眇（靳氏是大小眼），以一手力拍大腿曰：「唐孟瀟可了不起！他不是不認識趙嗎？怎麼就用他管軍需？」

我說：「他是硬要我保薦的。從前北洋的軍需，總是用自家私人，現在南方將領，多半年少英發，尚未計及金錢，所以用人就無所謂了。」

此一點就可見到當年南北軍人見解之同，可是後來竟召來一個國際貪污之惡名，這是萬想不到的吧！張直卿曾任北政府內務總長等要職，與劉將軍交最厚，對余亦相知最深。曾雲霈在段系算是一位智囊，一夕縱談，最饒興趣。至段氏小昆仲，只打牌玩樂而已。

一波甫平一波起

我在天津短短周旋一時期，就默想到南北盛衰之感，與時代人物之分，大抵見解不同，觀點自異；運數既盡，氣勢亦衰。登場少壯，既已滿眼皆非；花樣翻新，自必甘居落伍。我介在其間，日事餔餟；惟有受故人之邀約，享北地之庖廚。輪流大嚼，快我朵頤而已。

一日，傳作義以地主之誼，盡邀喜飲者七、八位，中有其所屬旅長陳長捷（閩人，保定五期同學，後陣亡）及高等法院某等，皆海量也，我作主賓，應接不暇，雖素昔以酒囊飯袋自命，是日亦頹大醉矣。我為甚麼特別渲染此次在平津的無聊酬酢情形來呢？旋聞唐老總自南京回，遂即反平。

此時武漢方面，已由中央軍平定，桂系亦退回廣西。惟豫陝之間，波瀾又起；馮玉祥部之韓復榘軍，以倒戈手法，倒「倒戈將軍」之戈，蔣先生予以收編，並任為河南主席，扼守中原要衝之開封。唐氏奉命即將接收之部隊，開駐鄭州，作討馮之佈置；真是一波甫平，一波又起，國民革命，苦難何其多也。

六

我們軍人生活的節奏，有所謂「神、仙、龍、虎、狗。」上期寫到唐老總的東山再起，好似「老子其猶龍乎。」馬上就要移師鄭州去打仗了，其勝也，虎也。再一轉又要造反出亡，狗矣。

蔣先生宅心仁慈

現在言歸正傳。唐生智自南京返抵北平，奉行統帥之命，即將所部開進鄭州一帶，分佈於鄭州、洛陽之間；原來以討桂始者，不旋踵又將以討馮終。前者李德隣、程頌雲不納予調解之說詞，而輕啟內爭，幸孟瀟不戰而退，自動下野，李乃兵不血刃，坐得武漢，而程則久久始一任參謀總長，坐困南京，那一幕，只成全了何芸樵歸長湖南；在孟瀟可算楚弓楚得，而德隣則旋得旋失，頌雲更不必論矣。內爭之漸，此為嚆矢。至於唐山易帥之舉，我雖躬逢其事，然不能無憾。國家用將，以人不以系。桂系變起武漢，白崇禧遠在東陲，如無異動，不必去也。如有異動，明令撤職任用唐生智可也。何必於涉嫌疑似之初，作微服奪符之計，此其始基不正也。

至於討馮一役，原於韓復榘之來歸。韓本馮玉祥之部將，起自卒伍，薦升軍長，馮治軍親而馭將嚴，其本人雖以「倒戈將軍」名，那是北洋時代的事，他決不能忍受部下之倒戈。國家納降，如東北之易幟，如北洋軍隊之收編，皆正辦也；若馮已為集團軍之一，韓為馮之叛將，當其來歸，殺之可也；如此，則馮必心服，而韓則不待抗戰，早已就戮矣。以我愚見，嘗作私人之謬論：以為蔣先生之將將，雖威儀嚴肅，而宅心仁慈。昔人有言：「能用則用之，不用則殺之。」此弭亂之道也。統觀抗戰以前歷次之變亂，皆由於馭將太寬。如果：殺了韓復榘，則馮玉祥可以不叛；殺了李濟深、陳銘樞，則陳濟棠不敢獨立；甚至殺了馮玉祥及西安劫持統帥的張學良，亦可免卻後來許多問題，而蔣先生只殺過一個鄧演達，鄧小有才，無兵柄，謀植黨，雖具煽動力，而附之者寡，殺之，仍不足以警當世之叛將也。此雖狂言，或亦愚者之一得耶！

唐生智再展雄風

討馮軍事，佈署既定。馮則以討韓復榘為名，移兵東下；但韓既受編，且任河南主席，馮欲討韓，無異反叛中央；故馮之討韓，適成為私戰；而唐生智之軍隊，介在洛陽與開封之間，馮既不得越鄭州而東，唐自以中央討逆之師，與西來之馮部接觸，而戰端開矣。時在民十八夏初（日期記不清）總指揮部在鄭州車站群房，我住在中央飯店，負責與豫西及平漢南段各友軍、雜牌軍王金鈺、徐源泉，並隴海東段韓復榘等部聯絡，因未派有直接戰鬥任務，故前方情形，並不詳悉。只是深知馮氏以練兵出名，每一士卒皆驍勇善戰，我曾經有一次由孫良誠陪同參觀其訓練部隊技擊，身強力壯，動作敏捷，確為耐戰之師，久戰近戰，均屬勁敵；此次唐生智再展雄風，必須苦戰求勝，故於開戰之始，唐即出發督戰。一日，我聽到槍聲密集，砲聲轟隆，甚不放心，就趕到前線去看唐，時日已西斜，鏖戰方酣，迨接近唐所在嵩山迤西山麓、某村落一民房時，沿途已見步槍子彈紛紛飛落。入室後，看到唐坐在行軍床邊猛吸小砲台香烟，連續不斷；身旁軍用電話，告急救援，門外彈雨橫飛，吱吱作響，已到決戰階段了。

我說：「看樣子已甚緊急，是否要派援隊上去呢？」

他說：「那有兵派呀，現在還來得及嗎？再等等看！」

我默然。這時告急電話又來了幾次，槍砲之聲更密。我又說：「這樣子老等，行嗎？」

唐說：「不要緊！再等一下，再不行，我上去！難道我的軍隊還會讓我做俘虜嗎？」

這時已聽到殺聲震天，唐把手裏香烟一摔，從行軍床站起來，滿臉殺氣，罵一聲「娘嗎×」，就向外走；在這瞬息之間，殺聲漸遠，而捷報已來。我見唐從容不迫，緩緩回屋，坐下去又吸香烟。我看他那一種鎮定功夫，真是難得。我就笑說：「老總可真算能做到兵法上『最後五分鐘』那一句了。」但是我心裏又想這一定要有節制之師，將士用命才行呀！

這一次我是沒有戰鬥任務的，所以全般戰況，並不清楚；但是僅憑這最後決戰狀況，就可以知道激烈苦戰艱難經過的情形。由這一役勝利之後，跟到就追奔逐北，馮軍陸續退出洛陽以西，縮入潼關以內，我方虜獲列車軍實無算，馮氏本人隨即託庇於閻錫山，住在山西運城，與閻氏另作打算；醞釀成所謂護黨救國的中原大戰，那是後話，暫且不談。

蔣唐表面互謙虛

且說捷報到京，蔣先生不久就來鄭州勞軍，君臣之間，更是融洽無間。那時我正在豫西汝州，徐源泉軍中，未及參加歡迎儀節，及趕回鄭州，隨同唐老總歡送，親眼看見蔣先生立在車門下，唐老總再三敦請登車，蔣先生再三說：「孟瀟兄，請回去！」如此讓再讓三，蔣先生始登車，仍然站在車門口說：「孟瀟兄請回去！」唐則必恭必敬請蔣先生進去，如此兩相謙讓，久久方始開車。

我看完這一幕，心中默想，總認為親信君臣，禮數出之自然，不宜過份客氣。蔣唐之間，似乎一方仍有懷柔立信之心，一方力表忠藎足恭之態；一方又慮有功高震主之嫌，一方則示以心腹長城之寄。過形於外者，或未本之於中，觀人於微，觀事於隱，離合之道存焉。

此後月餘，唐老總率總部一部份人赴南京，設辦事處於朝天宮。我仍留在鄭州無所事事，於此間歇期間，只好以玩票的心情，度其優游之生活。鄭州納轂四方，車塵市肆，無可遣興，適有一位軍界前輩，友而兼師，時任鄭州中國銀行行長，宮室遹皇，庖厨精美，適館授餐，殷勤款待。此公曾是風月場之祭酒，同性戀之先河，縱談佳麗，自擅風流；乃至梅郎之兔囿，馮婦之雞棲，莫不繪影繪聲，形容盡致；真乃是耳裏珍聞，口中化雨；閒來稍得佳趣，使人之意也消。這樣子先把那彈雨硝煙，忘懷飛去；轉對這客窗逸興，消遣閒愁。如此舒暢了好多天，忽然想起唐老總為甚麼久駐南京，還不返防呢？我即刻有一種敏感，要到京去看一下子。

滯留南京久不行

我客星一動，即日啟行。到了南京，先去見唐老總。

我問：「老總久駐京中，怎麼還不回防呢？」

唐說：「等等看，慢慢再說！」

原來他每次見蔣先生，蔣先生總是要他回防，他總是答覆不去，這樣子已有好多次了。我想：唐此次復出，晌立戰功，還介在危疑之地，這種表示，是不願擁兵自重吧？或者是另待後命吧？二者必居一於是。我早感覺到上下相處，客氣過度，總非推誠之道，這時亦不便深問。後來多方接觸，頗聞有許多謠言。最有關係的一項，說是有一天，蔣先生與唐及國府諸大名公同遊中山門外，各人分途瀏覽之時，有一位仁兄向同伴細語相詢：「這一次某人不致有變吧？」又一人說：「誰知道呢！」唐似或聞之。我看這類齊東野語，是誰聽到的呢？又是誰傳出來的呢？當然不足信。但有此讕言，總非佳兆。久而久之，還是由蔣先生之催促，唐始唧命返防。

唐回防後，仍然駐節鄭州，自然是刁時斗食，風靜雲閒，坐鎮雍容，指麾若定。燕居之暇，自有一班幫閒的濶老，如俞飛鵬之流，陪他打打牌、吃吃酒，這完全是無關宏旨的，也不能猜摸到唐老總的心理的。其實這時南北風雲正緊：桂系自退回廣西，已迎汪精衛氏樹獨立之旂；閻錫山亦包庇馮玉祥，藉調停之名，作迎汪大舉之計。

唐欲任陝西主席

唐老總是不甘寂寞的，此刻雖雄視中原，而仍一身如寄；有一天，他與劉雪亞（震華，由鎮嵩軍投蔣，以智囊稱，頗得蔣先生信任，後來曾任安徽主席）在寓邸納涼茗談，我聽到唐笑語劉曰：「你可對蔣先生講，你在河南，我到陝西。」玩其語氣，當然意在得一省主席職位，以圖建樹；而以劉氏為陪筆，不經意以出之；劉雖即行赴京，我料他未必敢向蔣先生報告，或曾經報告，而蔣先生在日理萬機中卻輕忽以處之。

此一秘密，關係爾後局勢之變化，至重且大。因為唐如主陝省政，始終效忠蔣先生，則以後東北軍未必調駐關中，可無西安之變；而閻馮亦不敢輕於發難，恐唐拊晉之背也。唐如主政河南而效忠蔣世生，則中原大戰，情況自更不同；此正面之臆測也。反之：唐如在陝聯共而叛，則延安實力，不及待抗戰而養成，兩者皆可得而殲滅之；如主政開封先晉而叛，唐必敗無疑，唐雖至愚，不肯為也；如待閻馮同時發難而叛，則中央軍之勝負，更未可知；假令當日蔣先生對唐仍不放心，則可將他調至中央以養其氣而後大用，亦未嘗非釋疑妥善之策也。所以閫外之付託，位置之審慎，忠信之樹立，一則為安危治亂之基，一則為安定功臣、保全部將之要；用人之道，誠難矣哉！

鄭州反蔣太兒戲

果然！醞釀復醞釀，唐氏在不安的情緒中，北受閻錫山之蠱惑，相約同時出兵反蔣，並以助餉三百萬元為餌；南受汪先生之電迫，申之以西南同志之義憤；唐受此雙重之影響，一時興起，不克自持，在鄭州反蔣之舉，竟兒戲以揭幕。我當時連唐的反蔣通電亦未見及，我曾問唐：「如今又反蔣，我們在上海法國飯店與百里師臨別之言，如何交代？」唐匆匆答曰：「若晉軍南下，我亦不能獨存！」唐是有些「予智自雄」的，事已至此，尚有何說。

跟著事實發展，蔣先生派趙戴文回山西，閻氏居然利用唐在鄭州之變，向中央提出要求，大有所獲；而唐既不得閻之同時出兵，所允三百萬元軍費亦分文未見，始知被閻氏出賣！至於在河南各軍，看到風頭不順，自然表示擁護中央，對唐作壁上觀。而降蔣未幾參與密謀之韓復榘，亦受命為討唐後路總指揮矣；唐在四面楚歌之中，這一幕鄭州反蔣，真乃烏合，能不敗哉！

孟子曰：「昔者魯繆公無人乎子思之側，則不能安子思；泄柳、申詳無人乎繆公之側，則不能安其身。」孟子這幾句話，是說人君與賓師、客卿之間，兩方相與連絡周旋，要互有中間人以通情愫。這道理在領袖與將帥相互知道倚畀與忠藎，也一樣使用。蓋如一方面威令莫測、權衡在心，而另一方面疑慮未安，願望難言；既不能直接推誠，必有以間接疏導；當局勢未定、忠信未孚之際，必有陰謀策動、推波助瀾者；此閻、馮之所以乘時竊發，而唐孟瀟鄭州之變，確為閻錫山所利用、所出賣而墮其術中；蔣先生未之察也。

不回北平去漯河

唐氏既先閻、馮而發動反蔣，而閻所允之槍械一列車、軍費三百萬，皆停滯不發，藉以先騙得南京方面有利的條件，以犧牲孟瀟；在此情況之下，孟瀟南下之軍隊，只有單獨作戰，與由漢口北上之中央軍膠著於河南確山一帶；加以西來之楊虎臣部陝軍孫蔚如師從右側面旁攻，時天又大雪，士兵腿腳凍腫，失敗已可斷言；孟瀟總部設於漯河車站一列車上，本人始終未到前線，蓋已自知不濟矣。

我時仍住鄭州中央飯店，並無任務，因為事件突發，有違滬上臨行之議，未有隨軍前進，只得悶坐在寓中，聽候消息。一日，住鄭的第二十×軍軍長王相廷（金鈺、留日士官畢業，距此十三年前，曾任北洋第十九師楊春普的參謀長，那時在宜昌與我有舊）來寓見訪，謂我曰：「明天閻老西（當時對閻錫山的通稱）同何雪竹（成濬，時任北平行營主任）就到鄭州，聽講雪竹說你是唐老總的靈魂，我擔心你在此不便！我現已替你預備好去北平的車票，你就先回北平去吧！」

我說：「唐老總是有主張、有決心的人，區區如我，何能做他的靈魂？雪竹大約因為我陪他由滬北上，不免作過甚之臆測！我覺得那次行動，我不過做了一個侍衛之臣，雪竹太抬舉我了！但是這次事變，不管我內心意見如何，我既是他的屬員，我絕對服從他，負共同責任！承你好意，我決不回北平！我決不臨難苟免！」

王問：「你就在這裏等他們來嗎？你究竟作何打算？」

我說：「不，你如愛我，請你設法把我送到漯河前方去！」

王生氣了！他把枱子一拍，說：「老弟！你糊塗呀！唐孟瀟就是神仙，這一次仗，也要打敗了的！你去有甚麼用？去找死呀！」

我說：「不管他如何失敗，我是同他一同來的，最後一同出亡也好！同做俘虜也好！甚至上山去做土匪也好！我一定要去！」

王將大拇指一豎，又拍拍我的肩膊說；「好！夠義氣！夠朋友！夠漢子！我當年在宜昌就沒有看錯你！我這就回去想法子送你過去！」

得一知己可無憾

王相廷是山東人，前清做過山東陸軍小學總辦，在軍界算是前輩，其人恂恂儒者，很重義氣；經此一度談話，當晚就拿來他軍部的軍裝、符號、口令，還派了一位副官伴我送連夜出發。這時韓復榘已任討唐後路總指揮，王軍長也是討唐的部隊了，要通過他們的防線到唐老總那邊去，如非他這樣送我，是萬萬不能通過的，這還是當年我在北洋部隊裏一點道行呢。（我當年在宜昌的部隊，與王並不是一個系統，只住宅與他為鄰而已。）

離鄭州後，一路無問題，就順利的越過北邊前線，到了唐老總的範圍，我就在臨潁車站，打了軍用電話過去，隨即派來一輛車頭接我，很快就到漯河。唐老總站在他的座車門口梯層上，一面很高興的招呼我，一面回過頭向車上人說：「你們說臧勺波不會回來了，我說他一定會來！你們看，他不是回來了嗎！」

唐氏的這幾句話，雖是對各官佐說的，我聽了就深為感動，可見大家皆不知我，惟有唐老總真能知我。古人說：「得一知己，可以無憾。」成敗利鈍，何有於我哉！

當晚，我住在唐老總隔壁房間，他對我說：「不行了！」

我說：「我知道！」

他又說：「我是信佛的，這一次是你送我來的，我相信，只有你能送我出去！」

我說：「好！我負責！」這就研究到行動種種問題：

一、目的地與路線之選擇。

二、現場狀況之持續。

三、保密的時間。

四、同行人數。

我們商定先到天津，再轉香港。路線由豫東小道經尉氏縣到開封，開封以後的行程，到時再定。總部則由劉興軍坐鎮，前線一切照常。保密時間，至少七天，然後公開。同行只要唐氏與我二人。這樣子講好以後，唐說：「明晚出發，你去準備。」記得這是民十八年陰曆臘月下旬的時候，我們到天津時，剛剛過年，詳細日月，我記不清了。

踏雪出亡的一幕

出發的前一夜，也是我由鄭州到漯河的當晚，我沒有功夫睡覺了；隨即去找經理處長，就是我所保薦的那位趙樂平；我告知他一切，我說：「現在天寒大雪，老總最怕冷，請你替他預備一件舊羊皮袍子，一條皮或棉褲，要連夜辦好，明晚由你裝在小包袱裏跟我走，路上備用，再預備兩份五十塊現洋，每份用報紙分成三小包，一包十元，兩包二十元，好分帶在口袋裏，不要多，多了沒有用，反會出事。」

趙說：「這衣、褲急切到那裏找？我有一件皮袍子，但是太大，老總比我矮，怎辦！」

我說：「就用它，連夜改短，多下來的皮，縫在褲子裏。」

一宿無話，到了第二天夜半，唐老總軍服煌煌，率領一班高級官佐自劉軍長以下，巡視附近各戍守崗位，彳亍北行，渡過漯河大橋；那一隊送行的，依然靜悄悄的退回總部；在夜漏沉沉的時候，有誰知道主帥已經出亡，情勢瞬將大變呢？當時唐氏在漯河橋北堍一民房的簷下，脫了戎衣，換上便裝，步行踏雪，開始出發。回想數月之前，我隨他自滬上遵海北行，一幕又一幕，如裳霓干羽，如迅雷疾風；正是：「滄海龍遊尊上將，漯河豹變又齊民！」

時值天靜雲閒，漯清雪霽；人悵灞橋之別，神凝姑射之肌；從亡風味，遐想悠然。在我的生活上，如此瞬息間起伏變幻，倒也頗饒興趣。而唐氏於此得失之間，似乎毫不介意；北方的雪，落地成冰，晶潔平坦，映眼皓然，我們亦步亦趨方見後面還有二人同行，一為唐之隨從王副官，一為某君（姑隱其名）。我雖訝異與原訂之人數不符，然或以為唐之命也。俄而王副官向我說，他帶有一枝手槍，我急謂：「這有何用，速埋入雪中！」唐遙聞之，語我曰：「你告知他們，不要與我們一路走！人多了不好。」我就以唐氏的話轉告，請他們另尋別路走。他們似有點怏怏不快，此當晚出行十餘里時事也；此後從抗戰直至大陸變色，唐始終未再見過此二人，我至今亦未見過王副官；這當是出巡過橋時，他們臨時看見自動加入的；雖屬美意，頗堪誤事，在危難時，不可不慎，唐氏或者其有憾歟！

土堡一宿抵開封

這半夜，我二人徒步走了三十里。此後一直到津，照原議未有他人同行。我並請他以後沿途不要與人講話，一切由我應付，因為湖湘口音，在北方很少也。第二天僱了兩輛獨輪小土車，他睡在上面，我跟著走。豫東一帶，地勢平坦，在平漢以東，隴海以南，並無重鎮，駐軍很少；我們雖遇到兩次巡邏兵，係韓復榘部，未有麻煩。這一晚趕站到一個土圍子，準備住宿；因為北方鄉下，多以土磚砌為城堡，人民聚居其中，以防土匪；商民晚間必須入堡覓宿，又無任何旅店客棧，只有求宿人家；我們這一晚進入一土堡（名字已不憶），借住一個鄉保長家，主人係獨身老者，向他買了點糙米、小菜，討了些樹枝木柴，我生火，唐做飯，我一面敷衍屋主，同他窮聊；他忽然喊出一聲「總司令」，問我們上面打仗怎樣（豫東人稱平漢路以西為上面）？我們聽了，頓覺有點驚疑刺耳，他是鄉保長，可能出亂子。

我就試探著問他：「你看見過蔣總司令嗎？」

他說：「我那能見得著！」

我又問：「上面誰同誰打呀？」

他說：「不知道哇！」

我這才覺釋然。

我想：他們向來喊土匪頭子叫「山大王」，這年來可能改稱總司令，橫豎真的、偽的總司令也多得很，大概他也那麼胡亂叫叫罷了。

第三天，又僱土車，走了半天，已距開封不遠見有黃包車了；隨即改坐黃包車，趕到開封城外。我預計好了，去找金城銀行附設的通成公司，他們同我很熟，可是並不認識唐老總；我對那位經理說：「我有一位同行的朋友，忽然身體不舒服，請你借個房間，讓他睡一睡，休息一下，好再上路。」這得他答應了。我就進城先到鼓樓大街估衣舖，買了兩件半舊大衣，天氣太冷，好加在袍子外面；又買了兩頂一口鐘形的絨帽子，戴上這種帽子，只露出兩眼及口，既保暖、又隱形，北方人最普通用的，此時此地，對我兩人最合宜。又買了兩床舊毯子，作為小舖蓋捲；這些零碎準備好了，就回到通成公司，研究此後的行程。

取道徐州奔津門

關於由開封向北這一段路程，最費思量；

第一、由鄭州轉平漢鐵路斷不可行，毫無疑義。

第二、渡黃河，往北微東，到山東濟寧州搭津浦路火車，這一線皆北方軍隊，比較安全；但需時較長，麻煩更多。

第三、完全利用鐵路，由開封乘隴海路火車到徐州，再轉津浦路車逕赴天津。這一程雖最簡便，但最困難又最危險；因為軍車多，客車無定期，又難買到車票，再則徐州是軍事要地，軍隊既多，商賈停滯；尤其恐旅館駐上部隊，難覓候車寄宿之所。

經再三考慮之下，還是徐州這條路值得冒一下險。我就請通成公司經理寫一封介紹信給徐州一家客棧，請為我們安頓住所；通成公司是做雜糧生意的，貨物由徐轉滬，與這些棧房往來最多，所以有此準備。在開封等了一天多，趕上一次短程客票車；到了徐州，就去找到那一家客棧，可巧門口站了兩名衛兵，棧房已做了司令部了；我仍然拿出介紹信，要求見老闆，見到後，老闆卻苦著臉說：「這裏早已不做生意了，承他們長官體諒，准我留兩間房，做點開銷，但門口有衛兵，沒人敢來住呀！」我說：「好！就讓我們兩人住吧！」這真巧，不獨有得住，還有衛兵保護呢！這就沉住氣，慢慢的再去打探北上火車。

我決定不搭北上的特別快車，專等去山東臨城的小客車票，在那裏再換通車；如此果然一切順利，車過濟南時，我在車窗曾看見陳雪軒（調元、這時似記得他是山東省主席）在車站送客，正是冠蓋一群，友情千尺。我想陳雪軒的為人，八面玲瓏，無往不利；以北洋三、四等角色，加入南方，亦能兩開方面（安徽、山東），榮寵一生。終不似唐老總起落無常，快意一擲，輕於衝動，任情傻幹；致為閻氏所出賣，愛之者所惋惜；豈不冤哉！

望門投止有義兄

在亂世，政治性的出亡，古今一例今只要「膽大心細，行動自然。」決不至於敗事；因為伺我者之智慧、心理，未必高出於我，在人海中，若能毫無異狀，不予人以隙，自能履險如夷。尤其在脫險成功，到達目的地的時候，每每心花怒放，小小失態，功敗垂成，比比然也。

天津有兩個火車站：一在萬國橋，過橋即是法租界；一是總站，要走很長一截路，經過天津警備司令部，到日租界。所以一向問題人物，多取捷徑過萬國橋，其緹騎偵者亦多注意此處；而由總站出進者反以為無人敢送入虎口也。我們就利用此一心理，泰然到總站下車，再坐上兩輛黃包車，緩緩的進入日租界；第一步目的地，至此可算完滿達到。

最後目的地，當然是到香港。這關於船隻、船期，還有一段時間距離。在這期間，必需為老孟覓一安居之所，尤其當日晚間，急切就費躊躇。雖在租界，旅館複雜，仍不便住。我在天津熟人雖多，這些人家，皆不可住，因為他們容易洩漏，而日本人一打聽到，更會傳播；我想來想去，想到了一位老同事秦毅（字子剛），他是河南人，在北洋曾任副軍長，久已賦閒在津，人甚義氣，但很少與人往來，幾於門可羅雀；我馬上跑到他家，我對他說：「唐某已經來了，我想借用你樓下三天，每天供一點家常便飯，我與你及唐先生三人換個蘭譜，結為義兄弟；我知道你素講義氣，希望你極端保守秘密，交個朋友。」他當即滿口答應。我早經想到朋友結盟，雖近庸俗，但一般人還多重視，當北伐完成之始，閻錫山、馮玉祥也隨蔣先生三位拜過盟，《春秋》上曾經記載，且刊有圖片一幀。上一次唐老總和幾位山西同學也拜過一次，所以我也照樣辦理，可於立談之頃，增加親切關係，成為患難之交，正是臨時最好的辦法，自覺無傷大雅。（後來唐老總任軍事參議院院長時，也保秦毅為少將參議；抗戰初期，我也接秦氏到湖南與我同住，所以報也。）

我隨即去接唐氏，送到秦家（這幾點鐘內，我早伴送他在法租界一浴室單房間內沐浴更衣，這浴室是孫傳芳的本錢，有電梯，很考究）安頓妥當。真是「義重金蘭，望門投止。」

這時我的家還在北京。我連夜打長途電話，要我太太帶一個老廚司、一個老傭人尅日來津。第二天，我就在日租界租好一幢房子，佈置好傢具，老唐住樓上，我住樓下，暫時安定下來。以後一直等到唐氏離津赴港，我才通知傅作義，說我已經陪同老唐到日本箱根了。傅氏就根據我的話，報告蔣先生及閻老西。直到幾年後張岳軍（群）先生在上海問我，我才將這一幕的謎底揭穿。下期再寫吧！

八

上文寫到我和唐老總租賃居室，小住津門；在征途跋涉之餘，孟瀟既無得失攖心之感，我亦有送迎莫逆之思；快意當前，綺懷竊發。時值陰曆小除，正予賤辰之日，不免作狹邪遊。裕德謝第班，在北洋時代與鳳第齊名，因往訪焉。至則紅燭高燒，謂某姑娘生日也。予心怦然動，以為有夙緣。其實班子裏的姑娘，一年有好幾次生日，藉此以騙取狎客纏頭；予雖明知之，亦甘壽頭而報效之；所謂自得其樂，便有餘歡，悲劇喜劇，同樣是戲！在達觀者處之，二而一也。

蔣百里為徒受累

過了一星期，劉軍長（興）、趙處長（樂平）也來津了，我們更不寂寞；大約一個月，等到一艘德國貨船，孟瀟就搭了直駛香港。我仍留在津，隨即通知傅作義，他急問：「孟瀟在那裏？南京方面與閻先生皆來電查詢哩！」

我說：「老孟已到日本箱根去了，是走海州到大連經朝鮮那邊去的。」

他又問：「是真的嗎？」

我說：「怎麼不真！我親自送去，才由那邊回來的。」

他說：「我就這樣報告了。」

我說：「好的！」

就這樣暫時擱起了這一重公案。

可是蔣百里先生在上海倒吃了苦頭了。原來他在上海法租界國富門路公館裏，有一座電台，那當然是同孟瀟通消息的。因為汪先生遠在粵桂，關於鄭州發動各情事，不便用書信往還，一以程途過長，動誤時機；一以專人遞送，易於洩漏；故皆由百里師的電台秘密傳達。那時對於租界上一個電台，自然偵察得到的；所以蔣先生就派劉文島（塵蘇、保定一期）到滬，以蔣先生之命，請百里師到杭州休息，跟著轉送南京，禁閉於三元巷，後來雖說優待，總算失卻自由。這一面有人說是唐孟瀟累了老師；又一面說劉文島賣了老師。其實皆非也。唐之北上，百里師諄諄以不反蔣為言。以後政治上衍變到汪先生與閻錫山南北交迫，孟瀟既已幹起來了，百里師固不能左右，亦不能置之不顧，同時亦無愧於對蔣先生也。至於劉文島，處境愈難。領袖之命，不容規避；師生之情，更難辜恩（劉於癸丑二次革命在保定退學由百里師送他到法國）；渠意或以蔣先生對百里師並無惡意，故婉轉行之；我深信塵蘇非出賣老師人也。百里師雖在禁制之中，而恬如廓如，時署「澹寧」別號；，寫屏條、冊頁、橫幅，應都人士之求書者。百里師寫蘭亭，文靜合度，沉潛有緻，正是書如其人。予藏有多幅，今亡矣。大概幽居了一年餘，蔣先生請他到歐洲走一趟，看看軸心國的形勢；抗戰前夕，回京報告，蔣先生優禮有加。予時服職在京，時相晤對；此後百里師任陸軍大學校長，未幾沒於宜山，蓋在京時已成永訣；此一代之軍學泰斗，已早失歡於軍閥（袁、段），南亦不顯於當途；雖重視孟瀟，終亦未成駿業。近年以來，徒供港人士鬻文者流，摭拾文采，塗抹飣餖，我雖追陪有素，重念師情，而一生侘傺，垂老無歸，遇合之艱難，死生之齟挫，以視師門尚有首丘之正，伊其戚矣！

閻錫山邀唐赴晉

民十九上半年孟瀟去港約兩閱月，閻錫山在犧牲了唐孟瀟之後，假惺惺做了中央幾個月忠臣，騙到手若干金錢、軍實（這是唐在鄭州發動之始，趙戴文由南京乘飛機到天津回晉所帶回的優越條件），就開始以「禮讓為國」一電，要挾蔣先生一同下野，算是中原大戰前發動冷戰的序幕。某日（日期忘了），傅作義給我來電話說：「閻先生來電，請你到太原去一談，沒有提甚麼事。」第二天我就乘車到石家莊，在正太飯店駐了一宿，遇見孫傳芳也住在那裏，孫氏很高興的樣子拉著我的手說：「老弟！到上海我請你吃酒！我在那邊，還存有五百罎紹興酒。」我說：「你到那邊，我當然有得吃。」他大笑。我由此就看出：那一些北洋已下台的領袖們，多已在閻氏旗幟之下，展開活動；認為戰端一啟，必定馬到成功；其忘形得意情形，不覺溢於口而盎於面也。翌晨，轉乘窄軌車（由娘子關入山西境內的鐵路軌道，比外面的窄，可以閉關自守），由娘子關抵太原，寓山西大飯店，隨即往綏署謁見閻先生，時趙戴文同在閻之辦公室內，別無他人，閻氏開門見山對我說：「現在我們也反蔣了！你能請孟瀟兄來嗎？」

我聽了，在瞬息之間，不覺又好氣、又好笑！隨即答謂：「我不知道他肯來不肯來？但是他現在手無寸鐵，來有何用！」

閻又說：「你就說，我的意思先要請他來，來了我有辦法！」

我說：「好！我回津就把總司令的意思，去電告知孟瀟，等他回電，即行報告。」

這期間趙戴文坐在旁邊，始終沒有說一句話，我對他招呼一聲，就退出來。當晚由楊愛源代表閻氏設筵於大飯店內，表示款待，並致送贐儀，優禮有加；同時晤及周岱、榮鴻臚……等老同學，次日一早，陪我逛了晉祠的名勝。那裏有一「周柏」，已歷三千餘年，老幹特立，蒼勁巍然，其根幹一枝，長逾兩丈，橫臥池上，可排立十數人；旁有「難老泉」，

七、八洞口，平列成雁行，泉水潺潺然出焉。想見當年春秋霸業，晉國最久，所謂四塞之地，天下莫強；閻氏憑藉其間，緬懷史蹟，宜其有雄視中原之念也。我是第一次到山西（鄭州事變那一幕，跑山西的，另有其人），帶有照相機，拍了不少風景片，此行撇開舊賬不談，尚稱愉快。

回津後，即由「大北水電」電港報告老唐，回電婉謝不來；經轉報閻氏後，仍囑予堅請其北來，如此往復電商，唐始遲遲來津，亦未即赴并，仍由予前往致意。此次曾與內子同往，她是乘便到五台山求子的（後來在北京果得一子，名之曰晋）。時閻、馮與蔣先生已由冷戰到了熱戰邊緣，閻氏即將赴平，迎汪北上，開擴大會議，組織政府。我見閻後，就約定俟到北平，再與唐會晤。後來唐始終在津，也未到北平參加會議；直至大戰開始以後，閻在平原成立總司令部，我啣命到平原去過兩次，住過些時，不過聯絡觀望而已。蓋至戰事終結，閻氏出亡，閻、唐終未晤面也。我這一次在晉，因為閻要出發，不免陪太太多逛幾天，五台晉祠以及附近風景倒也玩了個痛快；又碰到商啟予（震、時為山西省主席）、薛篤弼（子良），與薛又同逛了些古董攤子，這才又返天津陪唐老總盤桓些時，他仍回香港；唐、閻二公的政治因緣，如此如此。

中原大戰的輪廓

在唐老總尚未離津赴港以前，所謂「閻馮反蔣、擁汪組府」之中原大戰，早已展開多日。平津密邇，唐既未去參加擴大會議，雖應邀北來，亦未與閻見面；這一台戲，可算與我所寫的本文無關。但這是北伐以後內爭最大的一環，而又與鄭州事變有前後起伏連帶的關係；我就以我所知、所見，在此寫一簡單的輪廓，而加以檢討與論列。

民國十九年二月十日，閻錫山以國民革命軍第三集團軍總司令名義，託辭「禮讓為國在野負責」，電請國府主席蔣先生共同下野。繼之有閻錫山、馮玉祥、李宗仁等四十五人聯銜通電，提出「黨統問題」；同時汪精衛等亦通電響應。馮玉祥更以「蒼髯老賊、皓首匹夫」痛罵吳稚暉。南京方面胡漢民、譚延闓各元老亦予汪、閻等以駁斥，為民國以來向所未有之冷戰。跟著就迎來汪氏在北平開國民黨執監委擴大會議，成立政府，推閻錫山為主席；此為閻氏發難開始之經過，蓋距唐老總漯河出走，僅兩閱月耳。

這期間，雙方表面以文電在打筆墨官司，實際上已展開軍隊，有觸即發。是年四月，馮玉祥首先出兵隴海路，中央亦頒發討伐閻、馮命令。在閻的計畫：以馮軍猛攻隴海線，東向推進；而閻本人則坐鎮平原，由津浦線南進，以期會師徐州；故作戰之焦點，一在蘭封、歸德；一在曲阜、泰安。蔣先生以殊死戰在柳河蘭封擊敗馮軍，再以全力奮鬥膠著於泰安之閻軍；同時運用策略與人事種種微妙關係，取得東北軍張學良之入關助陣，直搗平津，而戰局即急轉直下，可算全盤失敗。閻氏先退太原，將省政交趙戴文，以與南京謀求善後，一面拿出一筆可觀數目之遣散費，以應付北平組府的一班同人；他本人名為下野，先飛往大連，暫避風頭；不久之後，他又回到太原，依然保有其「山西王」的寶座；這當然是蔣先生之寬大，趙戴文之周旋，實亦民國史上之怪現象也。

此次戰役前後達六個月，雙方動員近百萬，死傷亦逾數萬，擾擾攘攘，清理善後，將近年餘；其影響之大，殆難摟指數。吾意閻氏據三晉之地盤，積二十年之完聚，處心積慮，其欲驤首中原稱霸全國久矣！特南北、先後、大小領袖，皆為其所愚弄，墮其術中，而不自覺耳。茲姑分別言之：

老謀深算閻老西

北洋政府自袁項城而後，達十五、六年，首長數易，派系紛如，內戰頻仍，機會多有，惟閻氏始終養精蓄銳，乘機觀變，直待張作霖最後以大元帥出關被炸，始以部份軍隊，出娘子關，在平漢線稍稍活動，沉機觀變。此其一。

國民革命軍北伐之始，閻毅然加入，取得第三集團軍之崇高位號，當南軍艱難作戰之時，一度被阻於濟南之日寇；他輕易取得平、津、河北，進而奄有察、綏、晉、陝、甘、寧，雄視北方，威脅國府。此其二。

閻於馮玉祥在河南受挫於唐生智之後，乘敗市恩，加以庇護，以利用其為反蔣之先鋒。此其三。

他策動唐生智在鄭州發難，定計使其先驅武漢，吸引蔣先生派軍集結於長江，互相殘殺，以減輕他隨後反蔣時中央之實力；又扣留助唐之款械，示信中央以出賣孟瀟取得優厚之條件。其實唐之通電，曾經閻氏過目，同意發出，所以閻對我說出「我們現在也反蔣了！」這一句，換言之，就是說：「我們前時本來是一同反蔣的！」這分明是引愧道歉之詞，何怪孟瀟雖北來而終不與之相見呢？再者閻氏沒有想到：孟瀟既知其為所出賣，所以不上前線，等我一到漯河，即日退出，因而大出閻之意外，沒有牽制到中央多少軍隊，這是閻之失算處。此其四。

他坐觀南方歷次變亂：如第一次寧漢國共分裂；第二次李、程與唐之內爭；第三次桂系武漢之變；以及兩廣獨立，討馮、討唐諸役，他皆作壁上觀，如秦人之視越；既未一語調停，而且因以為利。他的手法，蓋恐群雄跋扈，爾後不為己用，讓大家先後反動，削弱其實力，一個一個倒了下去，然後聽其驅策，莫予毒也已！此其五。

他利用汪以取黨，利用馮以作戰，利用桂以直接牽制湘贛、間接牽制中央，利用下台軍閥孫傳芳、吳佩孚、齊燮元等以收集北洋餘孽以壯聲威，實乃幕前幕後陰謀主動反蔣、反中央之「集大成」；初未自料其失敗也。此其六。

再者，不有閻馮之大戰，則東北軍未必匆遽入關，從而「九一八」及「西安事變」皆在未知之數，是則閻氏這一次的動亂，其關係民國之歷史，何等重大；而蔣先生猶能於民四十三年二月第一屆國民大會開第二次會議於台灣行都時，此報告詞中，對閻氏表揚其維持國府統緒之功，此固蔣先生對閻之寬厚偉大，而閻或亦能修其晚蓋，以無愧歉於蔣先生耶！

九

自從唐老總再次返香港，中原大戰完全結束，我也將天津的臨時寓所取銷，內子回了北平。另由吳自堂（光新）總長將天津張園隔壁一所住宅撥給我一人居住，我就暫時在津，一面與港方通點消息，一面看看下一幕的戲劇發展如何！

如此這般模範省

在天津時，閒來無事，我又理起舊嗜好，去跑老書舖、逛古董攤子，消磨日月。又因我單獨住一個宅子，在天津的一些老朋友如：皖系、直系、奉系那些下台的大大小小軍閥政客，多喜來我這裏聊天；他們要我講南方新聞，我就讓他們談北方逸事，就這樣子大家把話匣子一打開，天南地北，滔滔不絕。其中最喜談論而最饒興趣的題材，尤多涉及閻、馮的故事，與東北軍之入關；這雖屬聞所聞而道所道，或非齊東野語之比，且與本文多少有關聯之處；摘錄數則，藉資談助，兼博一粲！

有一位說：「山西這個省份，在北方真是特殊的：北倚陰山；東障太行；西南兩面，憑河設險；所謂表裏山河、四塞之地。閻錫山自民元殺了陸鍾琦，據此奧區，歷經多次政變，名號屢易——都督、督理、將軍、綏靖主任、總司令、民政長、省長、巡按使、省主席，政權不渝；雖以項城之疑忌、合肥之強毅、以至北伐完成，終能保有其「山西王」之寶座，且一度以「模範省」標榜於國中；誠有其過人之手腕，與自固的才能。不過講到他的模範省，卻是天大的笑話：原來山西人自明清以來數百年間，在各省設立「票號」、典當，幾於統轄全國的金融，故所有各地的三晉會館、山陜會館最稱富麗，甚至今日最名貴之貴州茅台酒，亦系由當年雲貴之山西票號老闆思念山西汾酒在茅台村仿製而成，所以山西富戶，尤其如太谷等縣，甲於全國；因之富室子弟恐其荒廢敗家，任令吸食鴉片；閻氏知此情形，認定欲立模範省政，必須徹底禁煙，故雷厲風行，煙害竟絕；孰知法令雖嚴，罅漏百出，明於此者昧於彼，鴉片去而白粉興，閻氏不知也。當時日人以天津租界為販賣白粉的大本營，石家庄為分銷站，日本浪人利用一班遊民奔走推銷其間，而張宗昌、孫殿英等，亦在道清鐵路黃河邊緣設廠炮製。吸食者名之曰「劃地圖」，又曰「高射砲」，收藏容易，吸法簡單，於是以毒易毒，徧入民間。不僅此也，軍中亦或有之！此如今日美軍之吃大蔴、吃迷幻藥、吃白粉，皆由一種流行好奇而來，寖淫氾濫，遂至潰厥藩籬，不可收拾，實無足怪。據傳此次中原大戰中的泰安之役，適值大雨連綿，火種盡濕，晉軍之有吸毒癖者，一時癮發，無法力戰，因之潰不成軍。津門人士津津樂道，滋為笑柄！其實閻之敗，初敗於馮玉祥之喪師於隴海，終敗於東北軍之入關，此或不足於閻者，故意譏刺其『模範省』耳。」

傅作義與李服膺

有一位國會議長吳景濂說：「此次東北軍之入關，南京方面，派的是張岳軍、吳鐵城，這是能高瞻遠矚、縱橫裨闔的大人物；閻老兩派了賈景德與薛篤弼，這兩位是謹小慎微、規行矩步的書獃子；那怎麼能辦得了事呢！張學良那種腐化習氣，他的左右那種傳統派頭，恐怕他們連見面都不容易，自然就相形見絀了！」

又有一位日本通說：「傅作義（宜生）是晉南人，閻老西用人的習慣，是寧用河北人，不用晉南人的；不知怎的，首先派傅氏出娘子關佔領涿州，大概是讓他試探試探的吧！那知他以久守出名，後來終被奉軍所俘；時鮑文樾為張學良的參謀長，以保定同學關係，加以庇護，傅就蟄居天津。到民十七年張宗昌退走，傅作義由曲同豐（偉卿）疏通日本領事，領了少數游勇，過河北大橋，佔領天津舊督署；等到何成濬所預先接洽的徐源泉向河北去時，日本人就不讓過橋了；這樣子傅就做了天津警備司令，真是『先入關者王之』；閻雖不太相信傅，但是傅能替他佔領地盤，總是樂意的。」

傅作義其人就我現在的觀點看起來，當時傅與北平警備司令李服膺（慕顏）與我皆有多次接觸，傅甚狡黠，而貌似忠誠。李甚拘謹，而人欠開展。大概因為當時中央在北方無重兵，又無得力的將領，而傅又不為閻所信任，故蔣先生特予重用；孰知首先斷送華北唱為局部和平者，即其人也。最不幸的是李服膺，抗戰初期，調任大同警備司令，後以大同撤守，按軍法槍斃；有人告知我說：實際李是奉閻命撤守的，後來中央查詢、共黨督責，閻一時無法交待，始以揮淚斬馬謖之手法犧牲之；李賦性謹愿，為維護主官而死；我深知李甚忠於職守，絕不敢無命令而大膽撤守。篤念老友，此一疑案，終覺耿耿於懷也。

倒戈將軍名不虛

又有一人問：「馮玉祥以『倒戈將軍』出名究竟他倒幾次戈？」

一位北洋老將軍答曰：「開始他以一個混成旅長駐防湖北武穴，通電反對老段；這是第一次倒段合肥之戈。民四年他駐防成都，反對成武將軍陳宧（二厂）反對帝制，這是第二次倒四川將軍之戈。民十三年二次直奉戰，他受張作霖收買，回師北京，囚禁總統曹錕於延慶樓，以致直軍大敗；這是第三次倒曹、吳之戈。民十四年他密令駐廊房旅長張之江，劫殺合肥親信徐樹錚，並在北京威脅段執政下野；這是第四次又倒合肥之戈。至於與閻錫山合作，搞起中原大戰，這算是第五次倒國民政府蔣主席之戈。這麼許多次，還不是名副其實的『倒戈將軍』嗎？」時在座者皆大笑！

更有一位形容馮氏的作偽醜態說：「曹三爺（指曹錕）信任那兔崽子李彥青，做總統時，派他做總統府軍事廳長，小人得志，氣焰薰天，對於各部隊領餉，皆有對折以上的扣頭，並且各部份軍需處長，很難見得著他；馮玉祥氣極了，親自去找他；他一見李彥青，就先『拍通！』來個立正，還大聲叫一下廳長！李自然不敢輕忽，就說：『請坐！』馮還是立正姿勢，必恭必敬站得挺直的說：『廳長面前，那有玉祥坐的！』就這樣他總是站著，隨後請李發餉，總算領到十萬塊錢。等到他民十三那年回師北京時，一進城先派人到李彥青家，李還未起身，就在被窩裏抓起來，綁到天橋，拿他槍斃了！你們看他做得多麼像！」

以上這些閒談，並非一天所可得，我因它有合於稗史的資料，多少有點趣味，就把它積彙起來，作為此次中原大戰的花邊新聞。這就繼續下去，言歸正傳。

閻、馮反蔣之中原大戰，差不多在民十九整整鬧了一年，北方始粗告安定；而陳濟棠（伯南）又於民二十年五月三日，自廣州發出通電，反對中央。此為自陳銘樞（真如）主政粵東、卸職反京以後，直至抗戰前一年，最長期之寧粵分裂。亦即北方反蔣失敗後變相之延續。蓋以汪精衛（以下稱汪先生）、李宗仁、唐生智等亦已均蒞粵垣，以陳伯南為具有實力之實際盟主，而另以空洞之委員會形成獨立之形態。此一組織的狀況，在爾後四個月期間，突來「九一八」日寇佔我東北之鉅變；中央艱於對外，反使粵省於此夾縫中，贏得多年之休養生息、與異常之繁榮；誠亂國之治世也。

南園豪飲險喪身

此時我在天津，久已無所事事，因得唐老總電，亦往廣州，以參議名義月領毫洋數百（彼時廣東尚未改用銀元），坐食而已。在粵之保定第一期同學何犖（公車、時任廣州公安局長）、鄧剛（君毅）等多人，時相過從，頗承招待，越秀山、黃花崗、荔枝灣、六榕寺諸凡名勝，不負壯遊。

孰知樂極生悲，害了一場性命交關的大病；本來區區生命，微不足道，來時去順，事理之常，在本文固無記述之必要，尤不足以污讀者之目；不過我這一次病：第一、是因酗酒好勝，咎由自取，足為豪飲者之大戒；第二、是病情險惡，特異尋常，枯骨復生，可資談助；本刊編者也贊成我把它寫出來，我就先把它在此充充篇幅：

我素昔好飲、好熱鬧、好逞能爭勝，也經過不少酒陣醪兵；這一次是在廣州南園酒家午讌，有人用激將法問我能以啤酒杯子連飲三杯白蘭地否？我即連續舉杯，滿引而盡！真是氣壯山河，博得人人鼓掌；後來我又在終席之前，陸陸續續又滿引了三大杯，這六大杯烈酒，如此每杯一口而盡，真比當年樊噲喫的項羽所賜的生豚還難吃哩！假如身體差一點，當時就可以使臟腑爆裂，衝撞而死！我也覺得好厲害，但只是呼吸短促、口鼻冒火，還不以為意，還能維持終席，笑語而退。可是坐到車上，就噴氣如烈火，心躍如奔泉，隨到東亞旅館，開個大房間，放滿浴盆涼水，躺下去，只一會兒，胸口前的水就沸了；這時只見心臟猛跳，血管飽露如吹脹，全身紫赤如紅番，雖氣急敗壞，而神志仍清；出浴缸後，更加心火如焚，就在房內跳上跳下；沙發、桌面、床舖、寫字檯，無所不跳，惟並未臥倒；這時有一位廣東朋友是中醫，來看我，煎一服中藥，當然無效；唐老總聞信，就偕同幾位同學何公卓、葉南帆等來看我，見情形不對，就要他們把我立刻送韜美醫院，我當時還很倔強，說：「我向未進過醫院，我不住醫院！」

唐老總很嚴厲的大聲對我說：「你還沒有生過病呢！」

又對大家說：「你們把他抬上車！」

就這樣，我就被送進法國韜美醫院，待我朝病床上一躺，從此就人事不知了。大約在始終毫無知覺的情況中，整整睡了將近三個月，當然每天在診治，不過我不知道罷了。

已經多活四十年

這幾個月內如何治療、誰來看我，一切都茫無所知；大家認為我毫無希望了，就打電話到北京把我太太接來；她來到了，我也不認識，據說最嚴重時，腸出血十五磅；這叫「腸穿孔」，醫生說，萬難有望的了。這就預備辦理後事；棺材也看了（這是此次到港，遇見老同學廖剛告知，當時是由唐老總拿錢交給他辦的），冰也定了（這是把屍體冰著等太太來的），到這時候我的病忽然轉頭了。這位院長是法國人，曾在北京當幾十年院長，此時已很老了，他很高興、很奇怪，繼續醫治。這時的我，如同陳死人一樣；進院時是兩百磅體重，現在全身無一片肉，只乾緺如枯樹之皮，包了幾根骨頭；四肢完全無知覺，絲毫不能動彈；身上有三個大冰袋子，一在頭腦、一在心口、一在腹部，這三只冰袋，可是把它拿掉了很費事；因為日子久了，每一冰袋部份下面，已經結成盌口大的疤，只要一取掉，就全身抖顫，這就每去一只，另留兩只，如此輪流替換，又費了半個月的工夫。關於四肢骨節方面：每天抬到電療室，在兩肩、兩肘、兩胯、兩膝，每處電療三秒鐘，如此電了若干天，才微微感覺到每一骨節處如蟻過蚓游，栩栩而動；繼之又如髮觸芒粘，茸茸似癢；終乃如流泉下注、積水衝堤，蓋至此而血脈始通，四肢屈伸，漸入佳境矣。

這一場大病，住院幾及半年，最後已能緩緩步行，醫囑可以出院，即決定回北平休養。臨行，向法籍院長辭謝，我說：「等我回到北京，一定選一件古董送您，以表謝意。」他說（院長中國話講得極好）：「你不用謝我！你這樣的病，就是一萬個人，也不會好的！我只每天第一個先替您診視，也只能用例行辦法，聽其自然，照病情是決不能好的！實在因為你的體質太好了，就是一萬人十萬人也難得，真像是銅筋鐵骨，我實無功可言！你回去可用芝士煎羊腦、另用子雞加點花雕酒不要水放在悶罐裏，隔水蒸成小半茶盅雞汁，每天連續吃，大概最多一年，就完全復原了！」我辭別後，就同內人到香港乘亞洲皇后郵船到上海，在一品香飯店住了幾天，知道唐老總已隨汪先生回南京，以同赴國難任軍事參議院院長，我亦早被任命為參議院中將參議，好在這是支乾薪養老的差使，就去信報告病愈，暫時不到南京，逕回北平養病去了。

北平是最好養病的地方，我照院長的辦法，吃了好幾百隻羊腦（北平羊腦最多最便宜）、幾百隻小雞，果然不久就復元了。跟著就把家遷回上海，再到南京，改任軍事參議院總務廳廳長，算是結束那一次廣州之行與病死還生的經過。我那時是四十歲，到現在算多活了四十年。回想起來早死也罷！

因為我在病中很久，對於「九一八」開始時期許多大事，有些脫節，只得請本刊主編姚先生將那一段重要事件，查出個編年項目來，好讓我再整理個頭緒，下次續寫。

由民十五至二十

一、由民十五國民革命軍自廣東出發，大舉北伐，至民十八東北易幟；這四年期間，算是完成北伐初告統一時期。這期間包括有蔣先生以國民革命軍總司令領導北伐，率同兼領之第一軍及第三軍朱培德、第六軍程潛、第七軍李宗仁鏖戰江西，克復南京，掃盪東南，底定長江，消滅孫傳芳五省聯軍之勢力；唐生智以北伐前敵總指揮兼領第八軍，佔領湖南，開北伐之門戶，會同陳銘樞、張發奎之第四軍挺進武漢，消滅吳佩孚之主力；尋而蔣先生大舉北伐，北定中原，雖被滯於日寇之濟南事變，不旋踵而終與閻錫山會師平津，盡驅東北軍於關外；更命白崇禧以偏師盡殲奉軍別部張（宗昌）、褚（玉璞）餘孽於關內；馮玉祥亦坐收西北；至此而張學良舉軍內附，完成統一之功。

十

二、自民十六至民二十，中間包括十六年武漢與南京國、共之分，十七年李宗仁、程潛與唐生智之交訌，十八年桂系武漢之變與廣西之獨立，唐生智在鄭洛間奉命討馮之役，唐生智鄭州之變，十九年閻馮反蔣之中原大戰，二十年胡漢民被幽於南京，汪先生在粵主持非常會議，並由陳濟棠於二十年五月三日（「九一八」前四個月）在廣東宣佈獨立，這算是單純的內爭時期。而陳銘樞於二十二年十一月二十日（「一二八」後一年零十個月）在福州組織人民政府不與焉。

由民二十一至二十六

三、自東北軍入關，加速了日寇侵略東北的民二十年「九一八」之變，跟著就連續爆發了澎湃的學潮，激昂的輿論，左翼分子社會名流對政府的攻擊，以及全國人士對不抵抗將軍張學良的辱罵；其時國府內外交迫，一度遷都洛陽，政院迭更，遂以同赴國難網羅各黨各派而根本改組；不料陳銘樞以十九路軍因應人心，獨行其是，作了一次非全面而孤注一擲的民二十一年「一二八」淞滬抗日之役，以致上下隱忍、恩怨重重，衍變而有民二十年十一月二十日福建人民政府之叛國組織；此為極端混亂時期。

四、自民國二十一年至二十五年國府釐定「先安內而後攘外」之決策。勵精圖治，整飭軍隊，設四省勦匪總司令部於南昌，蔣先生躬親督戰，圍勦瑞金赤區，同時削平閩變；又設華北政務委員會於北平，以智慮深沉眼光遠到之黃膺白（郛）先生為委員長與日方折衝，中央並先後與日成立淞滬協定、何梅協定，以冀爭取時間，準備一切；此為履行「先安內而後攘外」之決策時期。也是全國上下比較安定時期。

五、迨至民二十五，張學良以國仇家難，受延安共黨之策動，突然發生西安事變；蔣先生無恙歸來，既切齒於日寇「七七」蘆溝橋之尋釁，又影響於全國上下之同仇，因之決心抗戰；此為由「先安內而後攘外」之國策，一變而為「先攘外而後安內」之時期。此一轉變，包括有八年抗戰，與汪先生和平政府之成立；及共黨八路軍、新四軍利用抗日擴充坐大；與夫勝利後勦共受挫，失去大陸各情形。

根據以上這一分析，除中原大戰以前各節目，就予所知，或詳或略，已有記述外，茲再陸續言之。

學潮與抵制日貨

在日寇發動「九一八」事變之後，全國震驚，自不待言。而當前最顯著攸關之事項，則有數端：（一）學潮與抵制日貨。（二）行政院人事之五日京兆與遷都洛陽。（三）同赴國難全面改組之國府組織。（四）安內與攘外國策之先後問題。（五）「一二八」淞滬之戰與閩變。此五者，為西安事變以前，最最困擾蔣先生與中樞當局；幾經藎籌，始告安定；所謂「多難興邦」，非易易也。回思往事，分析如下。

吾國在昔士子，但知讀書求為進身之階，無所謂學潮也。自戊戌變政，公車上書，似具學潮之雛形；甚至馬關條約，割地賠款，亦只有清流之責難，而無士子之呼號；蓋民氣為專制政體所埋葬久矣。迨至「五四運動」掀起，風聲所播，瀰漫全國，允足稱為時代轉捩點。此次日寇悍然於我東北瀋陽發難，進而攻襲錦州，一時全國學生風起雲湧，請願遊行，皆以保衛疆土撻伐倭奴為事；尤其京滬一帶，動輒集合數萬人，上海北站臥軌奪車，交通阻塞，南京中山路珠江路，麕集滿途，不可終日；同時全國商民，抵制日貨，或自動焚燬，或搜查消滅，儘可同出於愛國熱情，而社會不安，人心惶惶，首都受其影響，政令為之停滯；此關於學潮及抵制日貨者一。

因為民十六寧漢初次分裂時，陳銘樞以武漢衛戍司令兼十一軍軍長被迫出走，蔡廷鍇率其一團東下，蔣先生嘉其忠勇，陸續擴編為第十九路軍，駐防京滬沿線；陳以蔡粗直易使，始終自承為太上軍長，此際京滬騷然，頓成天之驕子；遂於民二十年十一月二十一日被命為京滬衛戍司令長官，距「九一八」僅兩閱月耳。不一月，又以行政院副院長，代理院長，未及半月，孫科任行政院長，陳仍以原職兼交通部長，直至翌（二十一）年一月二十八日汪先生就任行政院長，而政局始稍定；然同時「一二八」之滬戰以起！尋而更有遷都洛陽之舉。遷洛一節，為時雖暫，然重要機構，樞府文籍，俱已西行；即此中樞人事變動之匆遽，與首都往復之更新，其情形混亂，可以想見者二。

赴國難國府改組

再前則為同赴國難改組政府。本來在民二十以前所有內爭！或由於黨見，或由於誤會，原無傷於國本；現在大敵當前，救國為要，拋除宿憾，推誠合作，自是人同此心。至此，國府作一徹底之改組，其重要者如次：

國府主席　林森（林先生為最民主的領袖）。

軍事委員會委員長　蔣中正（軍委會委員長兼執行陸海空大元帥職權。大元帥本國府主席當然職權，現由主席委託軍委會委員長執行。此一解釋，係予後來任中央制委員會第四組「軍事組」組長時，親聞之於戴傳賢院長，時戴兼法制委會主任委員）。

行政院長　汪兆銘（此為改組之重點。亦即一般所謂蔣汪合作）。

立法院長　孫科（原任胡漢民居港未來，實際遙制陳濟棠之獨立政權）。
監察院長　于右任。
考試院長　戴傳賢。
司法院長　王寵惠。
行政院各部長從略。惟汪先生兼外交部長，顧孟餘任鐵道部長，陳公博任實業部長，皆汪系。

軍事方面：
參謀總長　朱培德。
軍政部長　何應欽。
訓練總監　李濟深（李不久因嫌出走，後任福建人民政府主席。李出走後，遺職由朱培德兼任）。
軍事參議院長　唐生智（唐於民二十年十二月二十九拜命，調任訓練總監、兼軍委會執行部主任，直至抗戰初期，兼任軍法總監，以衛戍南京無功，卸去各職；終抗戰八年，雖未拜新命，未嘗背離蔣先生也。今在大陸，亦老矣）。

汪先生是於民二十一年一月二十八日就任行政院長，是年八月辭職未准，由宋子文暫代院務；十月底，留書出國，赴歐養病，其實對國事有所主張也。民二十二年一月十二日，曾在日內瓦發表對日侵華宣言，隨於是年三月十七日回國抵滬，在黃浦外灘，受到民眾學生萬千人之熱烈歡迎，是月底，赴京銷假，復任行政院長。此屬於國府改組同赴國難者三也。

安內攘外有先後

再談安內攘外的先後的問題：所謂安內，即是勦共；攘外，自然指的抗日；這兩者皆係當務之急。如果同時並舉，問題本甚簡單。但是國力未逮，雙管齊下，絕無可能；那就談到孰先孰後的問題，這問題，可就關係複雜，成為大大的問題了！假定說是先勦共以求安內，則全國激烈派、教授、學生、共黨同路人的強大反應壓力，諡之以惡名，脅以以群眾，任何當局受得了嗎！另一方面，日本人能安坐靜待你們肅清內部嗎！反過來說，先抗日幸而待勝利後再勦共以求安內，這正是今日失去大陸的現象。然而在當時，則是順應人心，維護正義，上下一致，勇往無前的辦法；又誰知家賊難防，乘時坐大，尾大不掉，甚於養癰呢！

汪先生對日主張，始終一貫。一面以和平交涉，緩和日敵；一面肅清共黨，準備對外。這先後之分，具遠大之見；是以就職伊始，此志不渝。獨惜淞滬戰起，國論支離，海外養痾，情非得已。迨重長政院，未改初衷；蔣先生主持大計，同意執行；因之有四省勦匪總司令部之設立。動用精銳軍隊，圍勦多時，卒能犁庭掃穴，將瑞金赤區剷平，得以安定全國。這時汪先生兼長外交，先後與日方成立淞協定，以結束淞滬之戰。成立塘沽協定，以使華北得以苟安。同時又在北平成立華北政務委員會（名稱或有異同記不甚清），以黃膺白（郛）先生為主委，本中央之政策，與日人相周旋。以此自民國二十一年至二十五、六年之交，中央與地方，皆能勵政安民，整軍經武，為北伐以來之盛世。此乃汪先生力主和平，蔣先生功成安內；以期生聚教訓，待機攘外，所謂先安內而後攘外之功也。其苦心孤詣慘澹經營之奇蹟，雖一時名流賢達，動有不負責之訾議；反對分子，時來唱高調之危言；不顧也！老氏有言曰：「受國之垢，是謂社稷主。受國之不祥，是謂天下王。」吾以謂蔣汪二公，可以當之！此屬於安內攘外決策之先後者四也。

黃膺白心力交瘁

這裏我要鄭重寫一寫兩次坐鎮華北應付日寇的黃膺白先生其人：膺白先生其人逝世已三十五年矣，世人或已淡忘之。他是一位軍人、政治家、而兼外交家，高瞻遠矚，膽識過人。辛亥，任滬軍都督陳其美的參謀長，兼第十師師長；其時蔣先生與為袍澤，相知甚深。北伐初期，任國府外交部長。當蔣先生督師由津浦路越徐州而挺進濟南時，忽遭遇日人無理之濟南「五三」慘案，致交涉使蔡公時被戕；黃先生以外交部長不避危難，星夜馳赴濟南，與日本領事交涉，卒使我軍能順利通過，北定平津；此黃氏對北伐之功也。

黃氏嘗於北洋政府絕續之交，任一次攝政內閣，利用馮玉祥入城倒曹（錕）之時，與馮部鹿鍾麟改訂清室優待條件，迫令遜帝溥儀出宮，收回宮殿文物，成立故宮博物院；甚為有義意歷史性之行為，大率如此。

日寇發難於遼瀋，進迫及錦州，在津沽一帶，不時尋釁；蔣先生素敬黃氏為人，盱衡當世，對主持華北人物，甚難其選；因於交涉困難之際，託以華北重責。樽俎因應，煞費周章，前後兩次履任，心力交瘁；最後改任宋哲元承其乏，以下駟之材，處不可為之局，遂有「七七」之變。黃氏南歸休養，終病歿於滬上；天不憖遺，亦足悲矣！黃氏於國家至計，對蔣先生每有贊襄。其所重視的人才，如俞大維、沈錡等，多為蔣先生所倚畀，建樹尤多。吾意黃氏若後死至今，於抗戰期間，必能多所獻贊於國家也。

予於民十六任職武漢時，黃氏謬採人言，邀予談話，初識之於漢口德明飯店。嗣後在滬，時有晤談。尤其在京時，黃氏於北平任內，每次蒞寧與蔣先生商洽要公，寓中山門外陵園野墅，余必前往拜謁，聆教之餘，倍感親切；有兩次外客廳已坐客盈庭，余再三告退，黃氏猶留談未已；至今思之，最念相知！黃氏歿之日，余請假赴滬，敬臨其喪。輓聯有「恨無一日報知音」之句，以未能追隨黃氏服勞任職，多所學習也。余於黃氏外此外知不多，謹就其所知者述之。

關於淞滬之戰與閩變，下期再寫。

十一

現在且談：民二十一年一月二十八日（簡稱「一二八」）十九路軍淞滬抗日之役，與翌年十一月二十日陳銘樞（真如），在福建成立人民政府之變。這兩件事，前後相隔不到兩年（一年零十個月），而由同一榮譽的軍團，做出極端相反震動朝野的變故來；其矛盾處：是愛國與叛國；是求全與怨望。政略方面是該戰不該戰；輿論方面更是愛戴與懷疑。這其間動機是非的微妙，真是玄之又玄；至今世人尚有為十九路軍鳴不平者，其實非也。

淞滬抗戰與閩變

在北伐初期，陳銘樞（真如）是第四軍的師長，蔣光鼐（憬然）是團長，蔡廷鍇（賢初）是營長。武漢既定，真如由第四軍分出來擴編為第十一軍，任軍長，蔣、戴遞升為師長、副師長；蔡則升任團長。迨真如出走，蔡廷鍇率其所屬東下，第十一軍在武漢之餘部仍併入第四軍，故蔡部實只原來第四軍之一營耳。蔣先生將其擴編為十九路軍，置於京滬沿線，為拱衛近畿之勁旅。但在該軍精神上之人事系統，始於保有陳、蔣、戴、蔡之階級觀念，這是因為蔡是老粗，雖掌實際軍權，而仍須聽命於陳；蔣是誠篤的軍人（保定一期生），在資歷上為蔡之長，在性格上亦惟陳是從；又軍中多粵籍，戴是皖人，和而不爭，尊而不親，備位一系列而已。故陳乃十九路軍之真正後台老闆。故自「九一八」事變起，陳即本十九路軍之實力，得奉命以行政院副院長兼京滬衛戍司令長官。戴戟亦同時任上海警備司令。故「一二八」淞滬之戰，雖由蔣（指光鼐）、蔡、戴三人連署作戰命令，實乃陳為之也。以後閩變雖以李濟深為人民政府傀儡主席，亦陳為之也。這兩次相連而相反的驚人異動，其發縱指使，皆陳也。茲再分析言之。

關於十九路軍滬戰之榮譽

抗日是天經地義，打日本，能說打錯了嗎？當東北事變之初起，全國沸騰，方以不抵抗醜詆張學良；十九路軍對於上海日寇，憤激之餘，忠勇奮發，雖在敵人優勢火力無法制空之情況下，前仆後繼；一種愛國精神，感動得全滬士民，慰勞捐獻，如醉如狂，金錢物質，殆無量數；此一無上之榮譽，自應永久歸之十九路軍，決不可以後來之閩變，加以抹殺。蓋政治上之錯誤，自有負責者在；不可侮及純潔之軍人也。此關於十九路軍滬戰之榮譽者一。

關於陳銘樞發動滬戰之錯誤

甲、抗日戰爭是國家的事，要等統帥命令全面行之，非一軍一地一時所可發動。

乙、十九路軍係國軍，蔣先生編為國用，陳銘樞已離開軍隊，做了高級政務官多年，不應以舊日之系統，視為私人軍隊而僭用之。

丙、當和戰未決，安攘未定之交，不應以私意率先行動。

丁、軍隊忠勇的美名，是國軍的，是應有的，不可由某一軍獨享；這近於順應人心，爭搶鏡頭，兼有形容政府不先抗日的嫌疑。其實蔣先生也命張治中組第五軍與十九路軍並肩作戰，而社會上竟多不知有此事者。

此關於陳銘樞發動滬戰之錯誤者二。

關於蔣先生的措置

甲、十九路軍聲譽既洋溢乎中外，上海方面之踴躍輸將又如火如荼，此先聲奪人之勢，誰得而論列其專擅之非；所以蔣先生迅即派遣張治中以第五軍增援滬戰，一以泯統御上之痕跡，一以示對外之同仇；這是默認事實，無法形容的苦心孤詣，局外人不知也。

乙、滬戰終難久持，又不能將錯就錯演成大戰，自然運用外交尋求結束，所以成立淞滬協定。

丙、十九路軍如繼續駐滬，難免與日方再有接觸，只有調離上海，所以於民二十一年三月底，任命蔣光鼐為福建綏靖主任，同時率該軍開赴閩省；這是不得已，也有外交上之內幕。

此關於蔣先生之委曲求全者三。

關於閩變之開始與結束

閩變是「一二八」的尾聲，是陳銘樞憤激之行動。他於民二十二年五月十七日偕蔡廷鍇由香港赴福建，同年十一月二十日宣佈成立福建人民政府；以由南京出亡之訓練總監李濟深為主席，而自任副主席；以蔣光鼐、蔡廷鍇分長政軍；又收羅幾個似左非左的所謂人才王禮錫、余心一、歐陽予倩等，雜湊成一個局面。在陳銘樞的意想，可能有以下幾點：

一、抗日之戰，應居首功，今反被徙置海隅，全軍已忿忿不平，正可激勵所部，利用其方張之士氣。

二、以滬上之聲威，見民眾之擁護，自可得各方之響應。

三、揭櫫人民政府這一招牌，可以右聯瑞金之共黨，南得廣州反蔣之同情，更可結合全國之左傾分子及一般唱高調者流。

四、蔣先生在內憂外患交迫之時，必無餘力用兵討伐，自可乘時坐大。

五、閩省地勢：西與贛接，北與浙連，兩面皆阻群山；東跨大海，南有粵陳之獨立；蔣先生不易進兵，正可藉以自固。

六、以滬上捐輸之所得（國×銀行即係此款所創設），及閩省出產，或更可得外援之接濟；軍費不致拮缺。

根據上述這幾點，在發難之始，陳氏頗有傲視一切予智自雄之想。不知成敗以順逆為本，事業非意氣之爭；僥倖求功者，亦只曇花一現；陳之失敗，與其所期者正相反也。其結果遠出陳之預計之外，情形略如下述：

一、人民政府不正，不獨得不到當世之同情，且令人對十九路軍之盛名而惋惜。

二、當時在瑞金之朱、毛，已成困獸，且亦不認陳為同路人；廣東陳濟棠，正在自固吾圉，謀求繁榮；對中央雖稱獨立，而意甚和平，自不與真如合作。

三、蔣先生以雷霆之勢，派蔣鼎文率軍由延平、邵武東下福州，直如摧枯拉朽，不旋踵這一組織即告瓦解，殘部改編為暫編軍，調離福建，閩亂遂平。（筆者按：福州上游形勢，俗有銅延平、鐵邵武之稱。民十一年孫傳芳即由此入閩，取代王永泉；自福州迤南興、泉、永以至漳、廈，皆無險可守。余曾於民十一、二年在閩久，深悉其形勢；知蔣先生此次用兵，甚得地利與人和也。又受編之軍長某，予在滬曾晤及，見其兩手戴有份量較重之金戒指四隻，真是俗不可耐，不似一個高級軍官；以此知任何榮譽集團，到失敗時，自有下駟之材，醜態百出也。）

這次閩變，戴戟在滬，並未參加。不過淞滬警備司令一職，另由吳鐵城接替了。我對這「一二八」戰役與閩變兩個問題，感覺到有奇峰突出、波譎雲詭之異；而社會人士又有疑團莫釋、寵辱難分之感；故不憚辭費，加以鞭劈，亦以見為國者之難也。

一念老友良足悲

余於陳真如，交非泛泛，重惜其為人；本知人論世之旨，最後仍欲一言：陳氏是宣統元年由廣東陸小畢業升學到南京第四陸中，與我同期，自習室、室皆望衡相對，時與攀談，偶言語不通，則繼之以筆，校中所出刊物，彼此同有發揮。辛亥武漢起義，亦同往參加。迨入保定，他分入砲科，我是工科，幾於朝夕相見；故在求學期間，即相知甚深。癸丑，他先期出校，參加二次革命，直至民十六，他任武漢戍總司令，邀予為參謀長，相處既稔，認識愈多。民二十年底，予赴粵過滬，在一品香旅邸小住，他正以政院副座衛戍京滬，「一二八」期前未幾也。一日，他輕車簡從，親蒞予寓，謂予曰：「你可以幫我忙嗎？」

我說：「你現在地位已高，人才濟濟，應該不需要我了！我這幾年跟唐孟瀟，盡做了些失敗的事，你要我何用？」

他說：「我還是希望你到我這邊來！」

我說：「這，我要與孟瀟商之。」

他又說：「你現在很窮吧！我要送你些錢！」

我說：「不！我多年沒有跟你做事，我不能用你的錢！」

他最後說：「請你批評批評我的毛病在那裏？」

我說：「你現在是大官了！你的行動，動輒影響國家，我以老朋友的資格，就不客氣的談談，不敢說批評，算是一點貢獻，作為你的參考罷了！」他笑應著，我就接住說：「你的思想太複雜，辦法太多。騖於名的方面多，求於實的方面少。患在務求遠景，忽略近功。此我自武漢相從以來，加以這幾年觀察之所見。希望你善用職位，在實際上多下功夫！」

我又繼續慨歎的說：「在同學中，我一向認為你同孟瀟，可以成就一番事業，所以先後相隨。孟瀟有才有斷，可惜看事太易，致兩次自墮其功，今後不知何若！你富有軍人政治家風度，幸好自為之！李德鄰忠厚有餘，氣識不足，姑且勿論。如我這樣碌碌者流，言知遇則因緣有定，言自用則今非其時，真有吾誰與歸之感矣！」

談至此，陳遂告別。第二天，他請我在他滬寓吃一次飯，並特別介紹他新羅致的人物王禮錫與我交談，格格不入，虛與委蛇而已。

自此次與真如別後，未幾即發動滬戰，製造閩變，乃至抗戰時在重慶組黨，勝利後靠攏大陸，受老毛之辱罵，禁部屬之往還，以及歿身魔窟，將近四十年來，即未與再謀面；一念老友，良足悲矣！

真如博學多聞，好高騖遠。癸丑失敗後，一度佞佛，嘗從歐陽竟吾遊，捨身南京毘盧寺；後來雖得權位，亦不津津於本職，不善辭令而好演講；詩文書法，皆有可觀，喜以學者自居；好名之過也。在武漢衛戍總司令任內，未嘗一至司令部，予為勉主其事，所以被迫出走而不自知；又嘗誤聽人言，欲旌表吳佩孚部下之鄂督蕭耀南，為傾向革命而自殺，並以其子蕭某為旅長。不知吳佩孚馭下暴戾剛愎，前有陝督閻相文之自殺，繼之則為蕭耀南，甚至武昌守將劉玉春退老津門，亦為吳氣得疽發背而死；如對蕭予以旌表，豈不為革命軍之奇聞，貽北洋人以笑柄。當時我與朱一民（紹良）堅執不可，議遂罷；此殆真如書生之見也，偶憶舊事，因併及之。

十九路軍前後的事，是各方面尤其上海人所覺得莫名其妙的，所以本期不厭其詳的專寫此一問題。

自從「九一八」事變發生，國民政府改組以後，大家憬然於國難之不可終日，各黨各派，泯除公見；蔣汪二公，衷誠合作；竟形成自北伐以來未有的好現象。這是所謂多難興邦吧！

軍參院中任廳長

我在廣東那一場大病，回到北平已經養好了；唐生智對軍事參議院院長，業已就職多時！我就以中將參議赴南京報到，旋即奉國府任命為軍參院總務廳長。這軍事參議院，就是現在台灣國府的戰略顧問委員會，在北洋政府時代稱將軍府，其性質一也。軍參院設總務廳、軍事廳各一，設中、少將參議、上校諮議各若干，皆有定額（已記不清）；每一任命，或由蔣委員長直接手令，或由院長呈請委座，經核准後，再由院呈請國府明令發表之。軍事廳長為周維寅（恭甫、保定同學），唐老總舊部師長也；主管研究軍事，徵集各參諮議著述，出版書報雜誌；總務廳則管理經費、餉項、人事任免。這機關雖說是國安安置高級軍官，儲以備用，實際上即所謂「冷衙門」、「養老院」耳！我們在外邊經過幾年的政治、軍事變亂，或順或逆，或起或伏，總不是軍人的正當出處；現在算是外臣還朝，奉公服政，也可收其放心，為國效力，倒不覺恬然安之。

訓練總監部，第一任總監為何應欽，第二任為李濟深。李就職未幾，因故出亡，乃以朱培德（益之）兼任；民二十三年年底，特任唐生智為訓練總監。軍事參議院則改任陳調元（雪軒）為院長，我亦同時調任為訓練總監部總務廳長；雖然同是廳長，但這一調動，使我們由冷而熱，由簡而繁，由無可作為而服勞致用；唐老總那時正四十五歲，強仕之年，精神煥發，蓋宣勤盡瘁時也。

再談訓練總監部

訓練總監部：編制龐大，職權廣泛，凡關於全國部隊及軍事學校之教育訓練，與夫國民軍事教育皆屬之。其本部編制，總監下設副監二人，一為周亞衛，一為張華甫，皆沉潛於軍學，熟悉於簿書，以助總監政務繁劇之勞；各廳、監、處，則有總務廳、步兵監、騎兵監、礮兵監、工兵監、輜重兵監、機械兵監、交通兵監、國民軍事教育處、軍學編譯處各單位；國民軍事教育處，更轄有全國每省各設有之國民軍事教育分處一所，範圍尤為廣大；各兵監視業務繁簡，組織較小；編譯處則設有中、少將，上校級編譯官若干，皆有名之軍學著述家，及通曉外國語文之譯述家；總務廳分設文書、管理、教務三科及印刷局一所，教務科主管中央軍校及派遣留學生考試各事務，科長為少將級；管理科之會計部份：除本部及附屬機關經費外，並各軍事學校經費之銷轉賬、及管理軍事留學生之出國及留學經費等事項，並皆事煩責重；總監並代表蔣委員長簽署聘用外國軍事顧問合約事宜（其時尚聘用德國顧問），並隨時與各顧問研討軍事；副監及各單位主官，並皆中將級；此本部組織之大要也。

訓練總監部所有附屬軍事學校，除陸軍大學校歸參謀本部外，計有：中央軍官學校（附高教班及教導總隊）。陸軍步兵專門學校、騎兵專門學校（後裁撤）、礮兵專門學校、工兵專門學校、輜重兵專門學校（後改交輜兵、外國語文學校）。

所有各軍事學校之校長，皆由蔣委員長兼領，而以教育長負責行之；對於總監部呈文，亦由教育長署名；此一辦法，實有歷史因由：蔣先生在黃埔創辦軍校，即以校長著稱於世；南京中央軍校繼承黃埔之系統，當然還由委座兼領校長；但對訓練總監部有統屬問題，上下行文書，多有不便；故唐總監簽請委員長，對於各校之公文署名，一律照中央軍校辦法辦；一以正名，使歸一致；一以覈實，利於負責；此關於附屬各校之概要也。

總務廳裏三科長

現在再談我總務廳的人事問題：本來長官的調任，對於事務員，是不能更動的，所以唐老總只調用我一個人，這是對於新任務上負責的關係，非「一朝天子一朝臣」之惡例可比；因此我對於本廳，只有管理科會計部門，最關重要，庶務方面，就無所謂；因此我請唐老總派一位會計主任，唐說：「我沒有人！可派吳××為管理科長（吳是保定一期同學，多病，就職後不久即病故，名字我忘了）！」

我說：「吳當科長，不成問題！但是他對會計方面，同我一樣外行，我還是要一位會計主任！」

唐說：「好！」

我說：「我沒有人，就要找趙處長推薦（趙就是我在唐山推薦的趙樂平，此時已在南京任職）！」

唐說：「好！」

後來由趙樂平去電山東請了一位老軍需賈葆言來，見過唐老總，就用為會計主任；迨吳科長病逝，就保他升任管理科長，一直到民二十七年，賈仍隨我辦理結束訓練總監部事宜，取得軍委會核銷公文，我們才分手；我之與賈，猶唐之與趙，皆素昧生平，而能管理軍需善始善終者。

文書科長谷某，貴州籍，係何應欽總監最初用的老人，自無問題。惟教務科長某，自動請調編譯處為少將編譯官，只好另行物色補充。查該科原有一上校科員劉澤沛（安農），係孝廉公，南京陸師學堂畢業，前清曾任貴州陸軍小學總辦（即校長），何應欽任總監時，委派此職（何係由貴州陸小、武昌第三陸中，入日本士官，本劉之學生，大約因為他老大，故置之下僚）。我因他資歷甚深，文才武學，皆有可觀（有詩集、著述很富），垂老不遇，未免有憐才之感，因擬保升其為少將科長。惟軍中升遷，由上校晉級少將，這一關最難；且時尚少壯，恐怕唐老總第一關就難通過，萬一引見委員長，看出他精神不振，儀態萎瑣，那就靠不住了！我就指導他整容肅立，恢復青春，換一套新軍衣，去盡那老資格、名士派的習氣，總算周旋中禮，批准升官，我就不解許多大人先生們，自己出身寒微，乘時發達，對那些前輩師長，目不一括，連芝蔴綠豆大的小官，亦靳而不予，能說是愛惜名器嗎？後來這位科長，真能恪供職守，有條不紊，省了我許多麻煩；民二十七撤退在湘潭，他調入武昌軍訓部，臨行，於風雨之夕，夫妻乘肩輿到我姜畬鎮寓所告辭，執手唏噓，不勝知己之感；抵重慶後，頻有詩寄滬，後卒於渝，未及見勝利也。

國難當前無私見

唐老總接任之日，正值那年陰曆臘底，前任總監朱培德尚未辦移交，而習慣上又不能不發一關薪餉；分文烏有，何以卒歲？我就以私人關係，在南京相熟的銀行裏挪借十萬元，關餉過年，皆大歡喜。這時我的家，已由北平遷回上海，就請假赴滬，稍事料理，順便看看些老朋友；一天，見到老鄉周作民先生，他素昔很愛護我的；一見面，就對我說：「現在南京是國難餉章，你新接事，一定不夠開銷！我替你預備了一萬元，你帶去貼補貼補，將來你有錢就還我，如不便就算我送你的！」這件事我總覺著他多麼親切而大方。所以我常常想到，送人錢也有一種技術。取與之間，更有哲學存焉！上焉者，輕描淡寫，不露痕跡，雙方保持尊嚴；次則有所為而贈與，或有所挾而需求；再則示惠邀恩，施而望報；若作態相詢，呼爾而與，下矣。至如上次陳真如在上海一品香問我以窮，涎我以錢，需我以為用；如非老朋友諒其不善詞令，直是侮辱人耳。

此後數年之間，我們按部就班，繼續服務，公事方面。外弛內張，皆以準備抗日為第一要務。不久，唐老總又奉命兼任軍委會執行部主任，這是一個秘密機構，專門辦理京滬沿線及南京城內外地下工事業務，甚見緊張。蔣唐之間，接觸愈多，信用日篤，此際林主席垂拱而治，蔣先生忙於軍務，汪先生專主政院，既無院會之紛爭，亦無府院之齮齕。南京在表面上，熙攘往來，真有太平景象。我們純是軍委會直屬機關，與汪先生亦未晤謁，決不捲入政治問題；閻錫山亦曾來京謁蔣，寓北極閣宋子文所建之茅廬中，一泯過去之裂痕；馮玉祥住在南京中山門外一小樓，不時到陸軍大學上課旁聽，更無異動；廣東陳濟棠之獨立，也因余漢謀之來歸而取消；凡此皆看出國難當前，足以消除私見；所謂「同赴國難，相忍為國」，不其然耶！

話說總理紀念週

現在且箚記我們在京服務期中的部分生活：

我所參加之紀念週有三：一、國府舉行之紀念週。二、蔣委員長領導之紀念週。三、本部舉行之紀念週。

國府的，在國府大禮堂，中懸總理像及遺囑，佈置如儀。禮台前立有高腳牌二，上分寫文官席、武官席，按文東武西植立（按此牌即禮記所謂「著」，辨序列也），參加文武官員，皆按序肅立，樂隊設台下左方，然後林主席蒞臨登台。開始奏樂、行禮、讀遺囑、唱國歌、主席訓話、禮成、散會。這一儀式，時間不長，但威儀肅穆，令人想像到歷代朝儀，雖民主、專制，時代不同，猶是泱泱大國風也。尤其林主席，氣象沖和，銀髯飄拂，望之儼然，即之也溫，各國使節覲見時，亦莫不肅然起敬。我在那段時期，最樂意到國府參加，似有恬靜愉快之感也。

關於讀總理遺囑，亦小有因革，附記於此：

最初，並不懸掛遺囑原文，但文辭雖短，讀至爛熟時，亦有偶忘不憶、間歇中斷者；當時尷尬，非常難堪。又原本全體尋聲朗誦，後亦取消，甚至會議場所，有僅由主席默念而不出聲者。我有一次在考試院開法制會，輪坐主席，讀遺囑時就忽然中斷，念不下去；幸而戴季陶院長在旁悄悄念給我聽，當時真覺得下不了台。我後來嘗把我熟讀的古文，試行背誦，也有此病；這才知道熟極而流的文字，一樣會背誦不上，所以讀遺囑的變通辦法，我認為很合理。

蔣委員長領導舉行的紀念週，規模之偉大，又自不同。地點是在中央軍校大禮堂，每次參加的，大約有五千人之譜。堂內最前第一排，是各部次長、各廳處長、各校教育長、各單位首長之中少將級，以次各級軍官，直至禮堂大門以內，滿滿一堂，排列整齊，已有一千人之數；大門外長方形操場，更排立著軍校學生、高教班、教導總隊全體，早已肅立無譁。禮台上皆上將級，如何部長應欽、唐總監生智、朱主任培德（軍委會辦公廳主任）、軍校教育長張治中（文白）亦在台上，分立兩旁，等委座一到，號音甫落，萬足齊鳴，委座這時總是威儀嚴肅，向台前巡視一周，有頃才發令稍息，開始訓話。蔣先生每次訓話，時間很長，我們在前排的人，尤其要凝神靜聽，有一次，我由上海乘夜車趕回南京，立即赴軍校參加紀念週，實在撐持不住，時時要打瞌睡，曹浩森（軍政部次長、保定二期）站在我旁邊，怕我要碰釘子，總用指甲掐我臂膀，連那幾位上將，也要站班到底；他那一種軍人精神，實在是不可及的！

至於我們訓練總監部的紀念週，是由兩位副監及各廳、監、處主官輪流主持，或作工作報告及其他問題。因為在辦公時間，參加的人又同在一個大門以內（總監部辦公處，係李鴻章相府舊址，房屋甚多），究竟簡單多了。

關於京朝舊事，雖覺零亂一點，回想起來，不勝盛衰之感，作為小掌故看，亦無不可；且待下期續寫吧！

十三

在「九一八」到「八一三」這中間五、六年，日本人固然在那裏消化東北；而我們在南京也是做準備工作。所以在這間歇期間，除蔣先生完成圍勦瑞金共區及軍隊復員加緊編練外；所有服務中央文武職員，就表面看來，生活異常安定。所關心的：則日寇在華北有無新的蠢動；與共黨逃出至延安及有無新的圍攻；而奇峰突出，則民二十四年四屆六中全會行政院長汪先生之被刺；與民二十六年西安事變蔣委員長之蒙難是已。因此在這一節目中，仍寫一些京朝雜憶，為這北伐完成以後的國都點綴一下。

閱兵謁陵與祭墓

我想起歷史上在南京建都最長久的是東晉，也有一百零三年。所遺留給我們的，不過是南渡衣冠、東山詩酒，與夫新亭殘淚、王謝高門。現在我離南京雖已有年，而對當時故事，如在目前；一念過去紛華，能無嚮往。即云劄記，亦感滄桑！

國慶閱兵

現在國府在台灣，每年國慶閱兵，我們知道三軍將士，美式裝備，場面偉大；海外僑胞參加者，莫不歎為觀止，寄與復國之深情。但一回想起抗戰前期，在南京的閱兵典禮，就不免有今昔之感了！那時在城內明故宮，因為場地面積不大，中間又有方孝孺的血跡碑阻礙著，所以容納軍隊不多；軍容雖壯，裝備也非今日比也。空軍亦組隊翱翔慶祝。禮台上外賓席，則大國多而小國少（二次大戰前形勢不同），威儀洋溢，氣象萬千。中央各元老、首長、以及高級文武官吏，或禮服垂綬，或帶劍佩勳，進退趨蹌，儀容肅穆。蔣先生甫近五旬，英姿奕奕，雖值內憂外患之交，而國人之仰望，猶日麗中天也。禮畢時高呼口號，聲震山嶽，揎拳高舉，興緻盎然；蓋無不篤信未來國運之昌隆者。每一回憶此種榮譽之參加，殆無日不頌禱台灣國軍之能早日舉行國慶閱兵於明故宮也。予老矣，予日望之！

謁陵

每值總理誕辰謁陵。林主席以高年，張靜江以宿疾，多於清晨以肩輿先登。蔣先生必戎服佩劍，率領僚屬逐級攀登。陵墓在鍾山之麓，神道沿坡斜上，殆數百級（級數偶忘）；必至最高層，入靈堂，瞻仰遺容。一時參加人員，皆隨蔣先生後一步一趨，攀躋而上；彌望各皆層，參差上下，散佈如列星；無敢半途憩息者。此種肅敬如在的精神。每令人感念不忘。今忽忽數十年矣，山陵宛在，遺容難瞻；愴懷故國之思，悵憶謁陵之典；殆不僅區區已也。

祭陣亡將士墓

一次隨蔣先生祭陣亡將士墓。墓在靈谷寺無量（樑）殿後面平衍的園地上。由各軍、師單位在北伐各戰役陣亡將士中抽簽所得之骨灰為代表，列葬於此。編製號數，整齊排列，如多行縱隊；各豎菱形尺餘長之短碑為誌。備有香花醴酒，默禱祭告一番，蔣先生並在殿內，作一次簡短的訓話，隨即回京。我對此，時嘗想起我國歷來戰事，傷亡戰報，總是含混不清。即各方報導，亦多舉其概數。不曰傷亡數十人，即曰數百人，甚至每一戰役之總結，亦有以雙方傷亡逾萬或我方傷亡千餘記載者。這一種統計，簡直是絕大笑話，絕大殘忍；中國人命真是太不值錢了。我們試看近來越戰報導，必曰死亡幾人，傷幾人，失蹤幾人，絕無一點含糊。並且同時通告其家屬，對陣亡者遺族之撫恤，子弟之教養，皆有一定規章，照顧無微不至；這才算愛惜民命呢。我想今後總不能那樣子辦了吧！百姓恐怕也不能接受了吧！

在靈谷寺的左側，就是故譚延闓先生的陵墓。佔地甚廣，結構頗似一公園。譚先生學養，為國府惟一清品。宜其歸真之所，亦有林園之勝也。予日與湘人遊，獨於先生，生未承教，歿乃憑其壟焉。豈緣之慳耶，抑予之介也（予於大人先生向不請謁）。

蔣先生茶會祝壽

新生活運動

新生活運動，是蔣先生提出，使人實行的。由勵志社黃仁霖主其事。凡規定、勸導、指示、改革、各項行為，無不周詳美善。將欲去委靡頹喪之風氣，進而為勵志整備之良規。有時他還召集高級部屬，到政治大學演講孔孟之學，成仁取義，敦品勵俗，以及科學辦事；可謂忠告而善道，我們也列坐靜聽。有一次我們部裏一位老將軍任編譯官者，其人臃腫，重三百磅，著軍衣邊幅不整，躺在人力車上上班（我們一律軍裝上班辦公）；適值蔣先生到中央黨部開會，看見了，當命從官追令往見，及知其為革命老將，雖未予面斥，仍以此事通令全軍加以申警。我因抽紙烟太多，人中部份發現深黃色，唐老總警告我，如給委員長看見了，將討沒趣！我說洗不掉，也沒有辦法；這些小事，可見當時注重新生活之情形。蔣先生五十歲壽辰也是實行新生活。在勵志社前面草坪上，佈置長桌，圍以白布，以茶會式簡單舉行，我亦被柬邀參加日暖壽，在晚間慶祝，列席者祇數十人；蔣先生偕夫人蒞場後，由褚民誼演魔術，變出一對和平鴿子；大家皆鼓掌道賀；壽翁伉儷亦宛爾不已；當時，天朗氣清，微風習習，夜色凝祥，星斗熤熤！我想起這一晚情景來，至今不無感慨。褚先生以和平鴿子祝蔣，終以和平罪狀殺身。人事之反覆，豈其有預兆耶！

勵志社遇汪先生

中央軍校十周紀念

中央軍官學校繼承黃埔系統，計至民國二十四年，開辦已足十年。該校人才輩出，北伐、勦共、抗日諸役，豐功偉業，為天下所共知。此次十周紀念，確有其特殊之價值。是日在勵志社前搭台為各機關長官到賀之所。勵志社在軍校右隣，軍校禮堂，另有本校節目也。當文武百官濟濟一堂時，汪先生以行政院長亦翩蒞止。汪氏溫文爾雅，接物謙和，對人有向心力。他一到，識與不識，皆握手為禮，或寒暄數語，幾於滿室皆春。我因純軍人的立場，避開過去嫌疑，到京並未謁。

汪先生忽謂予：「怎的總不看見你？」

我答：「汪先生事多。」

又謂我：「可到我處坐！」

我說：「汪先生客多。」

當時好多人聽到，唐老總也在旁邊，這足見我們到京安心服務，準備抗日了。我剛巧藉與汪先生問答的機會，證明這幾年的行動；同時也可無形中替唐老總表白一番。最後蔣先生來了，大家立時嚴肅起來，幾乎鴉雀無聲。從這裏，我們又可看出蔣汪二公態度之不同，而蔣先生左右，難得有敢言疾諫之士也。

這次還發見一件小趣劇：台上有一位著上將制服者，儀表軒昂，身裁健碩，同人彼此問訊，竟無一人知其姓名來歷。照說，軍中上將，人數不多，尤其高級軍官，無不知者。伊何人兮，群以為怪。後來經多日查詢，始知係從前東北軍張作霖時代一位屯墾督辦，照說從前北洋軍官，無論任官與否，國府皆不承認；這一位是來南京任職的，不久發表一少將級職務，不免要摘去兩朵星，竟成笑柄。這種小故事，也可歸之「入國問禁」吧！

何上將獨保榮銜

任官

一般國家憲法，總是規定軍官終身制。所以要經過政府「任官」，明定階級，至鄭重也。清末編練新軍，改訂官制為：正都統、副都統、協都統；正參領、副參領、協參領；正軍校、副軍校、協軍校；三等九級；到了民國，北洋政府就改為將、校、尉，上、中、下九級，只是在民元至民十五間，因為任官太濫；名器陵夷；當時有首打油詩：「上將見天有，中將滿街走。少將人更多，上校不如狗。」可謂形容盡致。國民政府於北伐完成、勦匪粗定時，即籌備任官。事先，撤消軍政部之軍衡司，另設獨立之銓敘事宜。並改訂上將為特級、一級、二級的三級制；即所謂五星、四星、三星上將也。中將以下及校、尉不另分級。同時嚴格審查資歷，遂於民二十四年舉行第一次任官。由國民政府命令發表：蔣中正為特級上將。閻錫山、馮玉祥、何應欽、朱培德、程潛、唐生智、李宗仁、張學良八人為一級上將。顧祝同……等為二級上將。中將以下各若干人，亦同時發表；余亦忝居中將之列。這是三十五年以前的事。除蔣先生為惟一之特級上將，無人僭越外，其最初之八位一級上將，只何應欽一人獨保榮銜於海外耳。

昨見香港天文台報載有「我國一級上將現有十三員」一則。計為：何應欽、顧祝同、周至柔、彭孟緝、黃鎮球、黃杰、王叔銘、薛岳、余漢謀、高魁元、黎玉璽、劉安祺、劉玉章等十三員。觀於此，可了然於人事之變化，攸關於歷史之推移；而功罪之重輕，亦報施於禍福之消長。明此道者，知所止矣！

馮玉祥機變多端

同僚謁馮

馮玉祥是軍事委員會副委員長，算是我們的長官。本部各廳、監、處長，就約同前往他的寓所，作禮貌上的晉謁。寓所在中山門外新建的一座簡單平房，尚稱雅潔；室有幾排書架，所列何書，不便請問，然已非行伍出身之排場矣。我們共去七人，皆軍服佩劍，見禮如儀。他在一廳房門口，很謙虛的歡迎我們進去，一一握手。入座後，即以北方朗爽的聲調開言曰：

「你們各位都是老資格有學問的，玉祥何人，甚麼也不懂，也在這裏攪合到一起，真是很慚愧！」

他這種開場白門面話，先封住我們的口，也只好敷衍幾句了事。我指著架上許多書，問他喜歡看甚麼書？他說：「這是擺擺樣子的，淺的不願看，深的看不懂。」他的話完全是不著邊際，我們大家就興辭了。

馮氏身高體健，確是北方之強。他對軍隊及民眾講話，頗有煽動性與淺薄的幽默感。本來識字不多，後來，也能做白話詩了。這位曾在南北兩方，鬧得波瀾翻覆，可算得一位怪傑，不過他沒料到死於黑海之中。所以機變多者，終死於機變。「生也有涯，智也無涯。」可不警懼乎！

兩總監同祝母壽

兩總監相繼祝母壽

訓練總監部前任總監朱培德是雲南人，享厚篤實。北伐時任第三軍軍長，自卸任訓練總監後，專任軍委會辦公廳主任，為蔣先生所篤信。事母至孝，當彭蠡既定鍾阜雲平的時候，在中山門外搭一廣袤可容千人之篷場，為其太夫人彩觴稱壽。這一天是演的平劇，南京是沒有戲館的，班底、行頭，全由上海張羅得來；重頭戲由票友組成；大軸會審起解的蘇三，也是一位雲南小姐扮的；到也難得。這一天，真是高朋滿座，尤其各軍事機關人員，幾乎多半出席，熱鬧非凡，在南京算是難得的盛會了。我這一天辛苦周旋，直至曲終人散，始興盡回城。

隔不幾天，幾位高級軍事首長，又要替唐老太太做壽。這一次比較簡單，就在唐生智的公館裏舉行。雖不及當年在北平觀音寺街同福館之盛，但因廳狹人多，反覺熱鬧非凡；在這場合，我更是義不容辭，提調一切。就請了白雲鵬來唱一場大鼓。另外召來許多秦淮歌女，各各獻唱一番。又有幾位喜歡跳舞的，希望借用龍門飯店（這店名我記不清了，在當年是一新建築，其地位猶如香港的希爾頓）的樂隊，但是它向不出租又不借用的。大家用激將法對我，我就飲了幾杯酒，親自出馬，終於把這一樂隊借了來，於是皆大歡喜。適巧湘主席何鍵在京述職，他本是唐老總的舊部，我就大大的敲他一筆犒賞，去佈施那一班藝人與歌女。這才做到一晚歡娛，功德圓滿。

劉鎮華死得兀突

陪祭朱培德探病劉雪亞

朱培德上將於祝母壽後，不久忽然病故了。他本來身體不好，在家僱有看護，又傳是打針死的。這是一位一級上將，在現職上謝世，定都以來，還是第一人。蔣先生自然悼惜非常，就召集我們十幾個人，到一處地方設位奠祭（這地方我也記不清了），倍致虔誠，甚見篤念故人之誼。但是另外也沒有舉行追悼的儀式。

劉鎮華，字雪亞，曾任省主席。其人本是鎮嵩軍的「吳用」。是一位秀才。足智多謀，能言善辯，拳高量雅，酬應多方。我在北平，每嘗與共筵席，飲酒輒以打數計。他與楊暢卿（永泰）最相得。楊自卸南昌行營秘書長，轉任湖北主席，一日，被刺客狙擊而死；劉聞訊，即由南京乘機飛鄂；不料抵漢口下機後，一慟而昏厥，自此神志失常。回京後，臥病於陵園附近別墅中。予以舊誼，特驅車往視疾。其弟（保定某期畢業，後亦任安徽主席，偶忘其名）在別墅護持之。時劉已不能言語，一似無知覺者；未幾即逝。究竟是如何感傷，一至於此！且楊永泰向在兩粵，劉與論交甚晚，友情之篤如此，我終莫明其故也。

十四

我在二十歲以前，在南京上學五年；四十歲以後，又兩次在南京服務；前後達十數年之久。對這一座名城，始終沒有甚麼留戀。試看那：秦淮河一溝臭水，兩岸破墻，瘦馬不腴，板橋難記；莫愁湖潭水深深，幽情黯黯，勝棋樓圮，中山園殘（莫愁湖明為中山王徐達園）；烏衣則斜陽陋巷，新亭則今昔無殊。若雨花台，爬梳谷底，文石已空；躑躅山頭，茶亭蕭索。明故宮偌大廣場，棄置無用；軍委會以統帥之尊，局於中央軍校之一隅；門應南面，而氣自東來；蔣先生雖或以軍校為家，抑亦體制之失也。中山陵後依崇山，前迎石砌，雖見巍巍之象，能無濯濯之感！十年樹木，不見葱蘢，獨何故耶？明孝陵更無論矣。

至於後湖：在昔周回有四十里之廣。華林園本吳宮之舊，玄武湖亦練兵之場（或稱練湖）。易名五洲（改稱五洲公園）直五丘耳！新而不雅。若拓池至鍾山之麓，庶幾為首都「觀國之光」。凡此所見，皆我有歉於首都之建設；所以這兩期寫京朝舊事，皆無流連光景之辭；只好摘拾些人事餕餘，公務瑣末；雖覺枯燥無味，亦以存舊聞而已。

使館憲兵與軍校

參加各國使館紀念

各國使館，多在城內山西路一帶，大半是小規模的建築，或租賃的房子；遠不及當年北平東交民巷那一式富麗堂皇。但每逢該國國慶，必設有酒會，邀請我政府官員。因為各使館有軍事參贊，自然我們這一系列的同人，也要完成外交上的禮貌。只苦了我不懂外文，每次總是約同留學出身的或外交部的朋友一同前往，自居於「徒餔醊」之列。尤其德國顧問，與唐總監往來較多，凡遇德使館的節日，更須熱烈參加。因此，我想起當年由陸小到保定，本來學的德文（陸小規定英、法、德、日、俄五國文字每人必須學習一種直至保定為止），雖然多年不用，還有一點底子；就決心重理舊業，加以補習；當由軍校教育長張治中介紹在該校任職的德籍女教師到寓授課，月致束脩二百元，上課後很快就能回憶起來，非常高興；孰知人過中年，又無莊嶽之市，一時偶記，歷久又忘；如此補了一年課，只好作罷。我最初選讀德文，原是預備到德國留學陸軍的，怎知道自從晚清光緒末年，南京陸師學堂送過一批德國學生直至我學業完成，始終未有保送。等到國府考送軍事留學生（包括法、德、英、義各國）的時候，我已負有管理一部份留學事務了。可知人生的計畫，自有安排，難以預料的。同時更要知道一個軍官，通曉外國文字，是有其必要的。此不獨為軍學上的進步，而在業務上亦有其需要也。

檢閱憲兵及中央軍校

憲兵司令谷正倫，字季常，貴州籍，為正綱、正鼎之長兄，世所稱為谷氏三傑者。其參謀長錢卓倫，予於民初，分發在江蘇第二師工兵營見習時，錢其連長也；故舊相逢，倍增快慰。憲兵已陸續編練成七團，士兵多初、高中畢業者；質素既佳，訓練謹嚴，學科術科，具非常時一般軍隊所可比擬。尤其服務精神，難能可貴；即偶值玩法軍官，亦能禮貌周至，委曲不屈；可算得威儀秩秩，守法不阿。其維持軍風紀，安謐地方之功，誠不可沒。

中央軍校沿用陸軍第四中學之舊址，設備諸多擴充改進。那是隨時代、科學、地利、金錢而自然的發展，都覺得無關弘旨；最重要的兩點：一則學生資格的平均升級，一則教官學術的人才集中是已。時教育長為張治中，其人面諛巧笑，善迎人意，正得蔣先生之信任。以職司教育，亦未職其為大奸巨猾也。我對軍校之進展：認為革命精神在黃埔，而學術邁進在南京。故五期以前，多傑出英偉之才；而五期以後，則正規守成之輩。至於抗戰期間，分校太多，支流繁衍，則斗筲之士，偏裨之流，戰時之強幹也。時勢造英雄，固有其人；英雄造時勢，吾誰與歸！

陳辭修的一段古

陳辭修初露頭角

有一天，唐孟瀟打電話要我到他的公館裏去。我到了，他就對我說：「昨天陳辭修來看我的病，門房裏因為我這幾天不見客，就對他擋駕了；晚上我看見會客簿才知道。辭修現已赴滬，你馬上替我往上海走一趟，去對他打個招呼！」我聽了，私心以為這本是友情間的小事，用不著要我去賠不是。而且，那時的陳誠，位不過軍長，就資望學歷（唐是保定第一期，陳是第八期）而言，唐孟瀟何以折節如此？其實此中確有關鍵的。

原來唐老總曾奉委員長命，到香港疏通陳伯南取消廣東獨立（這事後來由余漢謀將軍促成），回京後即患病，有時精神差一點，就不見客；同僚問疾，事所常有；但陳誠自江西勦匪以後，主持漢口訓練處，後來又任廬山訓練團教育長，深得委座之信任，早已非吳下阿蒙。南京同仁，對於人事的親疏升沉，是有敏感的寒暑表的；唐老總豈有不知。我既奉命到滬，就在國際飯店見到辭修，他正同新結合的戰友張××在，我不便多講，又不願向他低聲下氣；只談談孟瀟的為人，及對抗日工作之進行（指執行部）；陳最後對我說：「你告訴孟瀟先生，我們抗日時，還需要他！」他這聲調口吻，儼然是委員長的派頭。我回京告知唐老總，他隨即斷然對我說：「你不要聽他的！沒有用！」於此可見唐老總早知陳氏對他具其成見，足以影響當塗。此是後話，隨後再寫。

對於這一位當代偉人，身貳極峰，雖已蓋棺，尚待論定。現在美國學者，正在為之立傳，而官書傳記，更屬應有文章；只是海外僑胞、港九人士，猶多驚異其位高，不明其出處者；我今以稗史立場，先述其傳奇之遭遇；亦以見天之將大任於斯人也。至其謀國之得失，施政之功過，見仁見智，則有待爾後各節，再縷及焉。

前清各省陸軍小學，只辦及第五期為止；四所陸軍中學，只辦到兩期為止；故保定軍官學校，由陸小及陸中畢業升入者，到第七期為止，即無繼者。迨第八期，始由各軍隊挑選，及要人保送。陳誠，浙之青田縣人，青田有一位軍界前輩杜持，字志遠，曾任福建軍務幫辦（時督辦為李厚基）兼第十四師師長，以條陳軍民分治，為袁世凱免職，改任國會議員。其子杜偉，字時霞，已畢業於保定第一期，陳誠因時霞的關係，丐其父保送入保定第八期，畢業後，分發浙江任用。時浙省警察廳長夏超（字鼎侯）代理省長。夏久任警廳，精明強幹，練有軍隊四個團。陳偕各分發者往見夏，夏以其身裁矮小輕之。

隨問：「學何兵科？」

答：「砲科。」

再問：「那幾種砲？」

他回說：「軍校的砲，給吳佩孚拖走了。我們操的是木製的砲。」

因此夏超就不用他，他也就到廣東另謀發展了。這可見人生遇合之奇，去留得失之間，有成敗相因之數。在夏超固是有眼無珠，而蔣先生之於陳誠，獨能拔擢於群帥之中，位之以副貳之選，亦異數已。

此一段古，係予在北平養病時，親聞之於同學章爕。章向為夏部四團長之一，係保定二期畢業，為陳之青田小同鄉。渾名「機關槍」，口不擇言，當陳氏謁見夏超時，章在場目睹。洎陳發跡，到處宣傳，且加醜詆，遂為陳所通緝，致終生淪落。此在章固嫌刻薄，而陳之不能容物，亦可見一斑也。

前面所記在滬見到與陳同行之某公，當時南京亦有盛傳之新聞一則。緣某本汪係大將之一，汪任政院時往謁，閽者辭以公出，某立庭中，聞汪在樓上語聲（汪寓洋房非如北平之深堂大院），以為在家不見，有意擋駕，因蹬足謾罵「丟那×」，憤憤而去。自此改投陳辭公，追隨甚密。未幾，即以考察之名，漫遊歐陸。抗戰時，更有方面之寄。此與唐老總兩件擋駕故事，迎拒不同，而趨捨亦異，存乎其人而已。不過大陸棄守之後，棲遲海外，搞風搞雨，大有人在，已非陳氏所可羅致入台矣。此所謂巧宦也，唐老總自然望塵莫及。連類寫此，見微知者，陳辭公之不可一世，早在抗戰之前矣。

汪被刺與蔣蒙難

汪院長被刺與蔣委員長西安蒙難，這兩件事，見之於公私記載，指不勝屈，無待贅言。這裏只略述當時首都之反應，與對日和戰之關係而已。原來汪先生始終是主和的。所以於同赴國難之初，即以先安內而後攘外之決策，堅定其立場。迨外次唐有壬被刺於上海，已發現不利於汪的朕兆。中央黨部驚人之一擊，謀之者久矣。首都人士，雖議論紛紛；黨中派系，雖爭持激烈；迨出國就醫，兇手見逮，久亦淡然置之。至抗日之舉，本屬時間問題。即無西安事變，最多在緩急之間，準備程度，有所期待；蔣先生固已早有決心。而童騃輕燥之張學良，竟受共黨之利用，突發此前古罕有之事變；以致促成提早抗日，自亂步驟，滋可惜也。當時南京方面，當然顧慮到現實問題。是以立法院迅即通過討逆總司令部組織法，以何應欽為總司令，並主張轟炸西安。在義憤填膺之狀況下，國府要人，不免人同此心；此就正面設想，意在脅迫學良之投降；而在另一面設想，豈不有害於蔣先生之安全。隨後宋子文蔣夫人端納等，以微妙之感情，私人之信賴，竟能克服此一難關，使蔣先生安然脫險；此奇詭之結果，不世之創聞也。以後急轉直下，衍成八年抗戰；延安困獸，死中得生；以成今日之局。國命之所在，運數之所移，顧不重哉！討伐之舉，固然作罷。而何應欽終不免有求全之毀。

其不能榮膺副座，殆以此耶！

當蔣先生安抵洛陽之夕，京中要人十餘位，群集唐老總寓中，相與討論，等候消息；我適趨車至，黃季寬、張文白即高叫曰：「××來了，有何高見！」（××是大家戲呼我的外號，我不敢承。）這就看出舉坐徬徨的景象，我還未及答，外面鞭炮已轟然如鼎沸矣。

以後張學良之受軍法會審及判刑邀赦各節，事歸平淡，大家不復措意。惟尚有一趣聞，可資談助：蔣先生自回京後，稍事休息，含及西安大樓同難諸人，召集到軍委會同攝一影，作為紀念。事先，由陳誠將座位排好，中留一席，繪圖填好人名，計：陳調元、朱紹良、萬耀煌、陳誠、晏道剛……等十餘人（蔣百里已奉派赴歐，邵元冲當時已死，另有褒揚，其餘人名，現已記不全）送閱，蔣先生看見晏道剛的名字，勃然大怒，命陳誠當場將他剔除，予以扣留。然後蔣先生才出來就座同照。這一幕「喜變憂」的趣劇，說來自有道理。當東北軍調駐陝西時，張學良請派參謀長以示無他。晏道剛即奉命任東北軍總部參謀長。照說這有一點監軍的責任。此次發生巨變，晏於事前竟毫不知情，未能有所密報。臨時被張與蔣先生隨員一同被扣，何能居同難之列？此自取其咎也。聞晏後解至渝，終獲釋放，然自此未見任用也。

廬山訓練唱竹枝

參加廬山訓練團

蔣先生自西安回京後，了加緊抗日工作，就命陳誠辦廬山暑期訓練團，自任團長，而以陳任教育長，主持一切。蔣先生本人，也常住廬山，召集各方名流學者，討論國事，以期統一意志。這暑訓團兩星期一班，分別召集全國各單位主要幹部，參加訓練。文的自縣長以上、武的自團長以上，警察局長亦與焉；我是以中央軍事機關單位長官奉令調訓的，因為階級的關係，任為參事，其實仍團員也。這辦法規模宏大，費時不多，主事者僅做了一些表面文章；轉感覺到形式方面多而實際方面少。甚至演講訓導，不知所云；真正有辜蔣先生的原意了！

我在這半個月期間，一面惦記著本職的事務，一面困感著無聊，曾經編了一篇「廬山訓練蓮花落（一作樂）」與一百首「廬訓竹枝詞」。雖有諷刺之文，仍寓譎諫之意。這兩件與另一「國大竹枝詞一百首」，俱已在大陸遺失。茲檢得由大陸帶來詩韻本中夾有殘稿九首，又在故友唐天如處覓得五首，兩共十四首，並錄於後，以誌鱗爪：

盧訓竹枝詞

炎炎夏日數家常，漫把竹枝當樂章。最是小心文字獄，零縑尺素好收藏。（某中將，係予保定老師，與予同房，警告予曰：要小心文字獄。）

教育長最顯威風，代表元戎亦總戎。天下英雄來眼底，阿誰不識我辭公。

名流講學話連篇，招待差池怕侮賢。閤第光臨多備轎，怪哉雞犬盡登仙。（名流携帶眷屬登山皆為備轎。）

封疆大吏最郎當，撒（江浙人讀赤）屁吐痰訓有方。文武一堂齊肅立，煌言讜論怎能忘。（某省主席訓話要我們不可隨便放屁吐痰。）

小冊紛紛儘賣錢，駭人銷數萬盈千。版權推廣翻新樣，恭喜君家大有年。

講堂原不讓沙場，號令森嚴許徜徉。昭告同人殷鑑在，鐵窗風味一宵嚐。

陂陀曲曲一排排，「得此戚施」莫倒栽。神禹乘欙千載下，何嫌巧製高跟鞋。（某將軍與我並立斜坡上，戃然慮向後倒，予調之曰；如著高跟鞋則平衡矣，猶禹之「山乘欙」也。）

鵠立廣場學唱歌，豪情十萬劍橫磨。手之足之華文憲，附之和之鄉人儺。（華為樂隊長。）

昨宵風疾雨澌澌，忽報同仁有折枝。潦倒一針歸去也，沙場不死死胡為。（七月十四日四十五師參謀長某自行打針而亡。）

清泉絕壑喜容與，雅興融融在課餘。隊隊赳赳赤裸裸，問君何似美人魚。

紅裳女子最摩登，暑訓團中異彩增。一撇驚鴻飛去也，山中妒煞在家僧。

光陰荏苒忍蹉跎，半月工夫感逝波。試看兩週課程表，條條紅線等閒過。

蘆溝橋畔起烽煙，多士峨峨猛著鞭。號令一聲歸隊去，大家預祝凱歌旋。

參事學員總不妨，講堂下了又操場。官生半月渾閒事，也有文憑紙一張。

十五

自廬山訓練回京，即加緊抗日工作。而最初期之抗日工作，實為：

一、首都機關人員全部大撤退之準備與實施；

二、第三戰區人事佈置與淞滬作戰及撤退；

三、放棄首都之預擬與衛戍南京之失敗；是已。

講起中國這一部抗日戰史，自然是英勇壯烈，獨步千古。但一敘到抗戰開端，總不免步驟徬徨，示人以避敵棄守之感。試看「一二八」十九路軍徹底之抗戰，固已遷都洛陽，而匆匆來去；今則遷都武漢，又皇然為第一步之撤退目標矣。言之慨然！

我厠身軍府，雖位非戎寄，而負有一部份機關職務；同時側聞默察，儘有秘辛，國故心聲，或有未能已於言者。現在且先談我在撤退離京以前，有關公私部份的預備工作，足資記述各節。不過這些事實，總在廬訓以後乃至淞滬作戰期間。時或有後先，事或有巨細，為行文便利起見，自有錯綜歸納之嫌，不及計矣。

總監部撤退武昌

公文書之裝運

予嘗謂中國各機關之檔案文書，一遇事變，即成莫大的包袱。平時不能去蕪存精，存其所應存，但以普通習慣，存查備閱，積成廢紙，庋藏滿架，蛛網塵封，真無義意。訓練總監部成立不及十年，予到職後，已命清理一次，此次尚易辦理；不過所屬軍事學校較多，國民軍事教育文書亦夥，各兵監以及編譯處所頒發印刷書籍，更是汗牛充棟，只是各就所司，自行處理；惟本廳（指訓練總監部總務廳）所有本部經費，各校轉報經費，以及留學經費，事關綜覈，更是諸多繁複，纖毫必具；好在先事準備，尚無臨期倉卒之虞。

職官與眷屬之撤退

本部直屬職官衛隊不過三百人，若加以官長眷屬，則為數可觀。在以撤退為安全的狀況下，其爭先恐後之情形，自然不言而喻；而職司運輸者，既為方便之門，又為賈怨之府；好在輪船火車，另有專司分配，本廳只登記數目，接洽行期無直接為難之處；凡事豫則立，自非臨事周章比也。我在京幾年，家眷只來過一年，是賃屋而居；後來我在明故宮右翼置地建一五畝之宅，他們一直寓滬，始終未來；此次大舉西遷，不知何日東返；適本部交通兵監在滬新購卡車七十輛運京，我即電話告知內子，令其携帶家屬，隨這一批卡車來京（此時滬戰迫在眉睫，交通已斷），一同西上；她以人口眾多，安土重遷，以堅決口吻答我「寧願死在上海」，我自不能勉強；所以我是單身撤退的，並無眷屬之累。但是她這一決心，就不免影響我爾後回滬加入和平政府的出處問題。

話又說回來，家眷同去就能變換我的環境嗎？我終不能以本身行動，卸責於婦人女子呀！訓練總監部規定是撤至武昌，本廳及其他一部份撤至湘潭，及期，就照此施行。

防空壕安慰人心

防空壕之建築

滬戰就要發動了，在大家尚未撤離而待命期間，還是照常辦公的。逆料日寇一定會轟炸南京，我們就奉命在本機關附近，建築臨時防空壕，並派我為這一區的防空司令；我們就在李相府大門外築一橫列長二十丈的壕，上覆掩體，又在後花園內築兩個小的，都是木架土掩，只不過安慰人心而已。「八一三」第一天，日寇果然來炸，大約三十架飛機，我私宅附近老虎橋中了五百磅一彈，房子被震，有點顫動；又一天，李相府左前方，有鹽業銀行管業市房五幢，中了一彈，毀屋四座，這全是本部職員住家，幸無傷亡。其實這些掩體，毫無用處，即使鋼骨水泥，亦有出口被封甕中悶斃之處。生當此際，何從避起！我惟有屋外仰視其列陣，屋內默察其機聲，所苦者不能抽煙耳。後來滬戰形勢未有進展，本部各單位逐漸先後出發，我即轉到山西路唐老總新膺任命的「軍法執行總監部」去，聽候消息，以定行止。

私寓圖書全放棄

私寓的結束

我的私宅，在明故宮右側八寶前街。拓地五畝，三層樓小洋房一座，由遺族學校一位山東園藝家設計的園庭：竹石池亭，具體而微；牡丹葡萄、櫻花（十棵）鐵樹、芭蕉天竹、玉蘭（由中大園購移兩本）蠟梅（又名黃梅），應有盡有；落成才三年耳。中期盟弟李服膺隨閻錫山來京，將本寓大小各房尺寸一一量去，在大同防地所辦之地毯廠製成全份地毯，運寄到寓；我將他這一份厚贈，逐件按房鋪上，真有貼地蒙茸、舉步僄窕之感！及今思之，故人足下，可勝感念！所以當年我曾將半生所搜積之文物書籍（即前在本刊所寫之「小型圖書館」）悉置其間；今則不得不包捆裝箱，流離道路；至於其他一切，自當付命運於南京矣。

山西路住宅區別饒異彩

南京西城山西路一帶，為建都以後惟一新建築之住宅區。各獨立中上級之屋宇，鱗次櫛比，庭院清陰，遠非門東、門西（聚寶門內東西兩部之舊稱）之古老蔭翳可比；各國使館及各省政府辦公處與夫高級住宅在焉。敵機轟炸，多集中東北一隅，以重要機關所在也。疏散之後，離京者眾，漸成空置；而游手職官，過氣政客，每多麕集於閒散之辦公處間；此中以山東省政府之駐京辦事處為巨擘。他那院內，有鋼骨水泥坐位舒適的地下室，時韓復榘為山東主席，其駐京主任唐某手面濶綽，聯絡多方；雖在轟炸之時，而高朋滿座，談笑盈庭，牌聲、語聲、酒色徵逐聲，譁然雜作；固亦小型俱樂部也。此特殊之現象，我知道還有好幾處，顯然在抗戰初期，撤退聲中，呈一異彩；似樹抗戰風紀之先河，用特辭而記之。

告別式共有三項

我的告別式

我將行矣！別矣南京！我第一項告別：是我這小小住宅。因為這是由我一手經營，又在裏面住了幾年，所有陳列，無不巧為利用，自具匠心。因此未免引來一點疑忌：

有一天，唐老總對我說：「有人報告，你新造公館了！」

我說：「不錯！我這一塊地皮，是孫傳芳在江蘇的時候，省議員郝星垣讓把我的，是三千塊錢，這次開頭包工錢，是由青島匯來六千塊錢，這是在北政府時的存款，銀行有賬可查；我在此因為喜歡花錢，只有貼本，剛到差時，周作民還送我一筆錢，我決不會動用公家的錢；況且公款，概存中央銀行，規定五厘利息，還要四厘歸公，那其餘一厘，也不是隨便可以動用的；現在誰不蓋大房子，有我這樣清白嗎？」唐亦無言。

現在我要和它鄭重告別。就命厨子燒好一盌排翅，又點上幾味名菜，約了我的老師萬仲篪（廷獻，前清陸軍四中總辦、孝廉公、留日士官第一期，清授副都統，現任軍參院上校諮議）、本廳劉澤沛科長（孝廉，清江南陸師學堂第一期，貴州陸總小學軍辦）、老友趙樂平在寓病飲一場，作臨別紀念。夜間在三樓涼茗談，時正皓月當空，俯視明故宮，遙望中山陵，這幾位皆久歷滄桑，愴懷今古，不禁感慨繫之。

我第二項告別：就到李相府巡視一番。這是訓練總監部的官署，現已空無一人。我在此晨夕趨公，已歷數載；老屋三六排，大小百餘間，其建築形式，頗似揚州鹽商之住宅；本由上海商人租賃，改為娛樂場之用，訓練總監部成立，沿用至今；走廊長巷，皆宿所踐履；庭堂複室，皆日所行藏；尤其東院總監室前之桂樹數株，高逾兩丈，時近百齡，完全維揚格調，金陵所未有也。追念李合肥之往跡，低徊今幕府之威儀，既往者之難追，亦今茲之視昔矣。

出李相府，即驅車往湯山溫泉作臨別之沐浴。湯山溫泉，本由前清道台陶駿葆（南京人）所開設，後改為營業性；軍委會乃另闢一池，設室置衛，頗具規模；予亦嘗偕三數僚友憩息於此。連日塵勞，又將遠行，故往沿而賦別焉。

第三項告別：為由公路驅車至鎮江，拜別冷禦秋先生，並夜遊焦山。此舉友人多不贊成，予終毅然行之。京鎮公路，最稱坦蕩，此時滬戰雖酣，而這一截尚無阻隔；冷先生遹；在鎮江老革命中，趙聲（伯先）以外，一人而已；與予為忘年交。清潔自守，每多高論，曩予過京口，輒往聆教，故於此劇變中抽暇往別。是日並晤鎮商會長陸小坡，承其以鮰魚獅子頭並酒餚送登焦山，另邀酒友數人作伴，是夜月色橫空，北望淮左，徒懷祖宗丘墓之鄉；南憶江東，更興朋從別離之感；江山之勝，酒食之腴，一夕歡娛，萬般惆悵。翌晨回京，總算完成我的告別式。

這以下要談到唐老總的出處了。我雖戎裝在途。但最後仍要等唐老總的行止為依歸呢！

唐老總為人所扼

抗戰開始之人事佈署

抗戰雖肇端於「九一八」之侵略東北，激發於「七七」之蘆溝橋事變，而熱戰開始，則爆發於「八一三」之淞滬戰役。當滬戰發動之前頃，統帥部首先發表四個戰區司令長官。淞滬方面，屬於第三戰區。司令長官為馮玉祥、副長官顧祝同。前敵總指揮為陳誠；唐生智僅被命為軍法執行總監；戰區長官，固榜上無名也。軍法執行總監部，在戰時尚遠不及後勤之重要，唐氏既無用武之地，亦不得不勉為之；即以袁華選（士權）、王懋功（東臣）為副監，在南京先組織起來；亦未作撤退之準備，蓋欲觀滬戰之發展，以待後命也。

溯自民三十三年以來，軍委會即設有一執行部，執行京滬一帶國防工事，以唐氏為主任，是一極端秘密機構。那時規劃，為淞滬區、滬杭區、杭江區、蘇北區等四個分區，固今之第三戰區之藍圖也。據悉原有一計畫表，以陳誠、張發奎、孫連仲、黃紹竑為分區司令，總區則為唐生智。後來在戰前不久，表上唐之一傍，忽添有「或馮玉祥」字樣，究不知如何有此變化？當然，唐氏或為人所中傷耳。唐以此，頗興拊髀之嗟；爾後增設第五戰區，我意其未嘗不思效命，但又發表了李宗仁；至此，吾人始知抗戰期間，唐已為人所扼，殆不能一顯身手矣。

臨危受命守南京

衛戍南京之人棄我取

淞滬之戰，雖稱壯烈，而制空在敵，損兵折將，終不能殲其海軍司令，消滅虹口之一隅；又不能節節撤退，據守所預設之第一、第二防線；竟至長驅棄守，越金陵而西；蓋已豫定放棄南京矣。蔣先生重念國體所關，明知難守，不能不戰而放棄首都。於是廣徵守將，苦無應者；乃至憤激而欲以統帥之尊，作守陴之鬥。此時唐老總義憤填膺，既致憾於報國之無由，又感念於領袖之急難；遂慷慨而言曰：「領袖豈可守城！守城係我輩（指在座諸將）事！」

蔣先生即轉謂曰：「孟瀟兄身體行嗎？（因在病中）」

唐答曰：「我服從命令！」

遂定議以唐衛戍南京。蔣先生亦允於危急時，派飛機接唐出險。此一經過真有患難君臣臨危授命之慼！而豈淺見者流，所能仰望其赤膽雄風於萬一耶！

跟著發表唐生智為南京衛戍司令長官。匆遽之間，組織一長官部；軍隊皆殘破之餘，人員亦急就所集，心腹將領，只有一劉興（鐵夫，曾任唐部軍長），委以江防司令，固無一兵一卒與礮艇戰艦也。

我此時即對唐老總表示：「願留南京，共渡難關。」

唐老總斷然謂予曰：「你還有訓練總監部的職務，怎能在此！可速去湖南，安心辦事！我在此，忽念也！」

我就留一位醫官趙某給他，這是我在北平帶來在部裏用的，可以隨時為他診視。第二天我就乘輪赴漢口轉往湘潭矣。

十六

我自從別了南京，乘輪溯江西上；在這鼙鼓聲中，對浩浩江流，不免有多少回憶：最初，是辛亥武漢起義，偕同學數十輩，參加了漢口、漢陽戰守之役；那是初生之犢，我們還能追隨黃大元帥克強的鞭蹬，回到南京，看見中華民國的成立。這第一次長江之行，總算是豪氣干雲，興復不淺。

回憶五次長江行

第二次長江之行，是民五洪憲之役。蔡松坡將軍抵成都後，以病須赴日就醫，遂任滇軍總司令顧品珍為四川督軍，黔軍總司令戴勘（循若）為四川省長，而川、滇、黔三方面各不相能；惟黔戴為蔡之心腹，特電滬由百里師推舉人員，輔助戴氏（蔡將軍與百里師同為梁任公弟子，關係密切），因以張承禮（耀庭、曾任保定軍校教育長，為百里師之副手）為戴之參謀長，同學李拯中、張襄、與予同為戴氏幕僚，先後入川就職，不幸滇軍先行退出，而黔軍旅長熊其勳火燒成都少城，致張參謀長被戕於麻店子，戴省長被迫自戕，同時蔡將軍亦在日病故；倒袁一役，只落得蔡將軍身後榮名，我輩自亦倉皇東下，僅以身免；這一次江行，算是乘興而去，敗興而歸。

第三次長江之行，我就在東下時，路過宜昌，適值吳光新統率大軍，以長江上游總司令兼四川查辦使入川勘亂；我以識途新馬，隨節西行，到渝後，又奉命赴蓉慰勞軍隊，查辦災區；一轉瞬間，海桑異勢。嗣是而棲止彝陵，往來武漢，達四年之久；因之而身歷皖直系之盛衰，奔走三角同盟，參加直奉之戰，斷續綿延，凡歷十載；偶參密勿之樞，益懍鬩牆之鬥；計至今對於北洋舊事，已可作白頭宮人矣。

民十六，北伐初期，備位漢臯，往來寧漢，為第四次長江之行，自此追隨唐老總以至於今；此次西上，蓋已為第五次矣。人生幾何，江流永逝；舟行岑寂，百感攖心；頗致疑於以撤退為先聲之抗戰，是否較優於先安內而後攘外？國是所關，決策者有在，蓋非吾人所容置喙矣。舟過馬當，夜不成眠，俯視江流，口占志感：

幕府難為別，登舟思不窮。
角聲來海上，行色在軍中。

上將危城寄，離人歧路同。
吳山含落日，楚水動秋風。
五度隨流逝，半生逐歲空。
者番誰一擲，和戰兩懵懵。

總監部換了招牌

我到了漢口，就渡江到武昌去，看看訓練總監部各單位疏散的情形。原來招牌已經換了，改為軍訓部，白崇禧為部長，各兵監、處一切照舊，只是我這總務廳長，已改任了徐國鎮（原任步兵監，與白同為保定第三期）；另任我為軍事參議院中將參議，以「訓練總監部結束辦事處主任」名義在湘潭成立「訓監部結束辦事處」，辦理結束事宜；我這才來了個恍然大悟！他們把我單獨疏散到湘潭，和總監部大部份分離開來，早已預計到唐老總守南京一定失敗，就藉此免去他的訓練總監本職；同時以何成濬補上他軍法執行總監新職；那民二十三年以來所兼的「軍委會執行部」的秘密機構，自然一併辦理結束。這種佈置機宜，自然有人陰謀計畫，蔣先生未必顧慮及此；尤其最顯著的，是以白崇禧將軍為軍訓部長。軍訓部與訓練總監部，是換湯不換藥的名稱；結束與交代，是避免唐、白正面接觸的辦法；我對此，就想起灤州易帥的事件來：這不是恩怨循環的報復政策嗎！這是巧合呢？還是有意呢？這何異「狐狸狐搰」呢！國家任用大員，何以要採取這一種「譎而不正」的手法？還是我的小人之心，莫測高深呢？

蔣先生主持公道

這時武漢方面，已競傳南京失守，唐孟瀟不知下落；而落井下石者流，竟出全力對唐攻擊；有欲繩之以法，有欲置之死地；聞最激烈者以陳誠為首，更驅使桂永清（中央軍校教導總隊長）羅織細故告唐一狀；當時議論紛紛，大有眾口鑠金之勢；聞蔣先生曾制止群議，謂：「此次唐孟瀟小的地方或有差池，大的地方沒有錯，你們大家不用多說！」這才停止了眾人的攻擊，保全了唐孟瀟；這地方看出蔣先生終不失領袖的風度；就是在最危急時，沒有實踐前言，派飛機去接他出城，我也不以為憾，因為制空權完全操自敵人，即有飛機，亦無從降落。不過我拿滬戰作一比較，損失國家幾十萬精銳，一個虹口也沒有攻下；連敵人的海軍司令部，也變成一座堡壘；「八一四」（八一三之翌日）我空軍大舉出動轟炸黃浦江之敵軍旗艦「出雲號」，投彈數十枚，竟未命中，還要定此日為空軍節，豈非自我諷刺！那時第三戰區，雖以馮玉祥為司令長官，他自始即駐在無錫，不負責任，蓋與陳誠作尹刑避面也；副長官顧祝同將軍，素以溫厚謙退名，那還不是前敵總司令負全責嗎！乃竟一退千餘里，置已備之第一、第二工事陣地及首都於不顧；這樣情形，怎麼沒有人檢討攻擊呢？

唐老總率疲敝之士，守棄守之城，既無掌握之兵，又無可靠之將，無輜重軍儲之損失，空城一座，為國蒙羞；受命之始，固已預料其犧牲，更何罪戾之可言！夫己氏不知自反，尚有面目責人耶！

我寫到此，又回想起唐老總幸而不得為第三戰區司令長官，否則，上海這樣的失敗，他還吃得消嗎？國家的功過，因人而施；時人之是非，以勢而異；竊有憾焉！

最近在港，遇到唐孟瀟的姪倩陳教焜君，始知唐老總於最後離開南京時，既無衛士，亦無隨從，正在獨行踽踽，遇到一位憲兵認得他，這才伴送他出挹江門到下關，在海軍碼頭由劉興準備的最後一艘小輪，送他過江；這名憲兵名王正才，後來一直跟他到重慶做隨從副官，勝利後方到南京歸隊，這也算是吉人天相了

唐老總到了安徽蒙城，我們才得到消息，隨後回到漢口，見了蔣先生，對他還是溫語有加；並預備設一「湘鄂贛預備軍區」，以唐為司令長官，唐即請假一個月回長沙休息；孰知假滿後，渺無消息，蓋已因讒人孔彰，石沉大海矣。這裏面的情節，暫且按下不談。

到昆明作寓公去

我離開漢口，就趕回湘潭。在武昌車站，遇見運輸司令周武彝，他是湘人，本唐的舊部，與我同期同學，自然關心唐老總的一切；他就隨車送我幾站，在軍運繁忙期間，得了不少便利。到了湘潭，原來總務廳的人員，業已分配在城外「沈家大屋」；所有教務、文書兩科人員，就全體歸入軍訓部；管理科只留下有關會計、庶務人員便於辦理結束事務者，又增加些僱員，成立訓監部結束事務處，以原任管理科長那位老軍需官賈葆言主持重要業務。這項結束，有兩大部份：

一、就是自訓練總監部成立以來，由第一任總監何應欽順次至李濟深、朱培德、唐生智，這前後四任期間，概括事務的總結束。

另一、就是唐任內經辦事務與各項經費向軍委會報銷的詳細交代。

我把人事與工作分配就緒，逐日上班；這是一份綜合業務，必須分清項目，詳核數字，須要好幾月時間，非內行人不辦，我只有付託賈科長與幾位會計了。這時敵機因轟炸衡陽，不時經過湘潭，都是過門不入；沈家大屋，雖是高樓大廈，但俱係木料砌成，最易著火；為保存重要文件，就在附近鄉下預備幾所民間小房子，臨時疏散職員；我在距城二十餘里之姜畲鎮小山邊，搭了幾間茅屋，每日往大屋督促辦公，以期早日竣事。

湘潭這一邊，大致已告停妥；我就再到長沙，向唐老總報告辦理結束的主要事項與計畫大綱。我並說：「這一任務，大概最少需要半年以上；等到那時候，蔣先生對老總，如果還沒有下文，我是要另尋出路了；軍事參議院，我決定不去報到的（這時參議院疏散在澧陵，院長是陳調元），我為抗戰而來，總不能揹了一個空頭銜，到後方去享抗戰之名，做逃難之實呀！」

老總答我：「到時候再說，你看到辦好了！」

就這樣我又回湘潭，繼續工作，但是唐老總不久，就去昆明作臨時寓公了。

離筵話別倍傷懷

此後我在湘潭，只有一心督促著結束工作的進展，並排列進度表，限期完成；每日照例聽聽報告，看看稿件，蓋蓋圖章；只見那冊籍如書肆，單據如牛毛，真是枯燥無味；有時澄心如止水，有時動念如轆轤，誠不知涉身何似。湘潭附近，並無名山，而湘水急流，亦不能扁舟容與；聞湘綺樓相距不遠，因往訪焉！至則圯樓一座，四野田園，庭院蕭然，曠無人居，名賢遺跡，如是而已。住衡陽之葉南帆、陸寄塵等係負責辦理唐老總任軍委會執行部之結束者，約予同遊衡山，這又消磨兩日，雖臨勝境，未解逸懷，轉有「烽火遊南嶽，山靈應笑儂！」之感矣。歸時，適有軍訓部幾位舊同事，因該部即將撤往重慶，特由武昌來潭遠道辭行；感念高情，離筵話別，吞聲悒悒，悵飲依依；其少者相期異日之重逢，其老者傷懷此生之永訣；一似以予之不復赴渝為預卜者！予亟慰之。是日詩人劉安農有長歌誌別，秘書徐葆和亦賦七律四章，皆音有餘哀，我乃以高亢之聲和；是夕留宿一宵，縱談半夜，翌晨別去。

眼前出處費安排

我現在的責任與工作：雖日日緊張，而事事平淡；譬之待熟之瓜，經秋必落；短程之路，抵步而終；限期工事，固計日可待也。所縈繞於懷者，年未半百，而事已全非；正是人懸崖上，舟滯中流；對於我的今後出處，就預擬了幾個方案：

一、唐老總如果在幾個月內蔣先生能再任用他負有抗戰任務，我當然還是跟他幹。但可慮的，是陳辭修從中作梗，恐怕此路不通。

二、我就以軍事參議院中將參議到重慶去待機；但是我以四十餘歲的現役軍人，不願意在冷宮中吃閒飯；並且在當時的環境，與我過去的經歷，不會有人用到我，所以我決定不去。

三、低首下心，屈就陳誠；他決不歡迎我，我也決不肯幹；何必自討沒趣。

四、同學任戰區司令長官者，大有人在。惟顧祝同將軍，與我自小尚有感情；但他是一位溫厚穩重的人，是良將，是福將；和我這行險好動、好作主張的人，根本性情不合；我何必去搞亂他呢？他縱或給我面子，也是一樣養老；如果希望有實在職務，那還是要呈請蔣先生批准，假如碰了釘子，更不好看！所以我雖想到，也就作罷。

五、抗戰開始，需要幹部人才。軍官分校很多，我很願從事軍官訓練職務，自問也可勝任愉快。但蔣先生能知道我、信用我嗎？白健生（現長軍訓部）肯忘記那灤州一役嗎？

六、記得張岳軍先生曾在上海找我談過一次唐孟瀟潔河出走的情形。他最後勸我到地方上做事，容易表現成績。那時他當湖北省主席，我還在訓監部任職，一時不能他去，所以沒有能追隨他。現聞中央已發表張先生為四川省主席，我想此時可對他表示願意入川，稍盡棉薄。我認為此時尚時可行，就寫信到漢口，聲明我從前曾數次入川，並述及川中現任軍事長官，多係同學相知，可效奔走之勞。隨即接得岳軍先生覆函，謂新職尚不能到任，雖表歡迎，暫無辦法云云。嗣知開始川人確係反對中央入川，經過很久，才以蔣先生兼領省主席，岳軍以秘書長代行，始得勉維局面，確係事實；但其時我已辦妥結束離湘矣。

以上各節，皆予深思熟慮，曲意安排；結果皆成畫餅。故於歷時八閱月之後，完成結束事務，取得軍委會核銷公事；即由長沙逕飛香港。痛心宵小，知猶障於龜蒙；篤志仇讎，敢忘情於宗社。一年西狩，寧為簿書審覈之勞；千里南飛，愧對戎馬征塵之願。書以示憤，我勞如何！

十七

我從前乘飛機，最喜遇著在雲海上面，一幕白雲，平鋪千里；而雲浪翻騰，有若億萬轆轤，排列奔馳，縱橫有緻；又若銜枚列陣，天馬行空；然非風和天淨，不易覯此；此太平景象也，不能得之於地，安能求之於天。我這一次由湘赴港的飛行，在經過廣西上空時，卻遇到矗立在天際的一座崧高而深厚的雲山，綿亘當前；是烏雲，可不是白雲；當機身橫斷穿過之瞬息間，如入幽谷，如進洞府，深邃冥漠，一黑暗世界也；置身其中，不知所可；迨攢出雲層，復出天日，曚昧與光明，亦猶身世之變化也。

飛機飛至粵境西江，適值敵機轟炸廣州，我機遂上下盤旋，不能前進；此時機身震盪，乘客惶然，予默坐幽思，輒作非非之想；如果機身被炸，予得化為飛灰，散之太空，以千萬身，遨遊於無涯之大野，豈非一大快事；或者全體毀滅，而予以殘肢獨存；於以見我生之奇跡，養尸居於浩然，與人無侮，無間死生，豈非又一妙事；然而兩者皆非易易也。

到香港暫作寓公

迨至廣州警報解除，我機遂安然飛過，到達香港；承老友唐天如接機，下榻六國飯店，又開始我「無官一身輕」的生活。民國二十七、八年的香港，表面上還是亨歌酣舞喫喝遊樂之場，實際上已為歐美中日間諜情報之集中地；尤其是國府和戰兩派明暗宣傳之鬥爭所；更為華中華南部份過氣大老的逋逃藪；是以幕裏幕外，蠕動無方；為友為仇，豹變莫測；我以韜晦之身，作小休之想；縱情頹廢，可免累於是非；善養身心，自忘懷於得失；遂決意在港小住。

適予有北平舊友張子慧君，為參茸鉅商，曩以予介，設分莊於港，於「一二八」及閩變之後，十九路軍各首要交易參茸，頗有所獲；在港營業大為發達，感予舊誼，殷勤招待；於是酒食徵逐，日快朶頤，並為予賃寓作久居計；時港府尚公開煙禁，酒館客寓，皆一榻橫陳，只要牌照九毫，即可吞吐煙霞，終日無禁；蓋英人以鴉片之役，攫取香港，視鴉片買賣，為其發祥要務，始終因以為利也。曩予在北洋政府，習見各方接洽事務，多有在煙燈上密斟以行之者，甚至商場亦然；時年少頗不慣。

吸鴉片要懂藝術

民十三、四年，予往來平津，時與忘年老友李徵五相晤談；李寓津門王承斌宅，素有煙霞癖，其如夫人善打煙泡，圓潤、大小、光滑、鬆實，千百如一，殆同機製；貯以犀象盒，護以貝母粉，隨時裝入斗門，自可吸煙入口；李謂予曰：「此消閒養氣最高享受；如在頹喪失憶時，對此一燈，即能消遣世慮，得少佳趣；今可試為之，以備不時之需。」予乃嘗試其第一口，銜則走氣，吸則不通，已塞矣；蓋雖不良嗜好，亦有藝術存焉，為之廢然。聞當年四川軍閥極盛時代，有專業燒煙侍女，一扦能燒成多泡，且可巧為花朵鳥雀之形，予未之見也。

故友楊琪山夫人，為袁項城女公子，朝鮮王妃所出，我們戲呼楊為「駙馬爺」；這位「公主」的蘭閨中，別具風格；她的櫥櫃，分門別類！若者為煙槍：竹管、甘蔗、雕磁、蛇膽木、翡翠、象牙……等等；若者為煙燈：雲南燈、太谷燈、膠州燈、廣州燈等等；若者為五十年陳膏以及三十年、二十年等等；下迨各種附屬零件：如煙扦、煙盒……無不搜羅備具，蔚為大觀。她一生嗜好，就是沉醉於煙燈、磨挲於飾物，迷戀於戲劇；我乘便寫出來，可作阿芙蓉小史觀。

這一次我來香港，承張子慧君款待，他用參湯收膏，我因為體壯，無福消受。又因為香港用的煙斗是雌斗，北方用的是公斗；北方煙泡以黃鬆高為貴，噴雲吐霧，可優為之；港方則泡小如豆，粵人吸之，箜筒有聲，簫管成調，非富於丹田中氣不辦也。但我經此一番悠閒歲月，遂為爾後回滬大抽鴉片煙之鎬矢；也就實踐了李徵老所說的「頹喪失意消遣世慮」最好法門。現在想起來，我真成了一個「三教九流從流忘反」的人了。也可矯飾為「一物不知儒者之恥」吧！但是目今流行的所謂「大蔴」、「迷幻藥」究竟近似甚麼味道，還是不夠資格呢！

一幕歷史性戲劇

我在香港，糊裏糊塗住了幾個月，上海家中來了好多信，要我回去，我想回上海去躭一陣子也好；那曉得這一次回去，又參加了一幕別開生面的歷史性戲劇來！

民二十七、八以來，上海雖成孤島，而滬港海上交通，始終未斷，我就乘輪很便利的到了家。這時梁鴻志的維新政府，已在南京開張；汪先生尚未來滬；我就閉門卻掃，在我這腐化煙燈前，研究抗戰問題。自問尚可勉附於「軍人學者」之末，因成「抗戰理論條議」若干則；這算是我對抗戰初期之所見。世之達者，其或許我為王猛捫蝨之談耶！

抗戰理論條議（這是前篇，迨寫到勝利時為中篇，大陸變色前為下篇）

（一）日本侵略中國的原始策略

日本想由一個島國成為大陸國，處心積慮，歷有年所。但是他們是用蠶食式、推進式逐漸發展的。每一階段，是有若干年的間歇性的。這是怕引起各國之疑忌、中國之反抗、與其國力之休養、及消化之時間。所以第一階段併吞朝鮮，進而侵佔滿洲，再一時期就要謀及華北。現在如津沽事件、蘆溝橋事件，皆是想我國承認他對東北主權之獲得的種種煙幕，尚未到大舉入寇的時候；所以我們應該一面交涉、一面加緊而徹底的做強國準備，再行收回失地，不應遽言抗日。

（二）安內攘外的後先問題

本來在民二十一年全國領袖同赴國難時，汪先生任行政院長，蔣先生在江西剿共，完成消滅瑞金之偉績，這時「先安內而後攘外」，已成既定國策；如果繼續下去，不亂步驟，則延安餘燼，不難肅清；然後增強國力，一致對外，可速可緩，可攻可守，不致有偌大犧牲，使敵蹂躪國土也。反之，若先攘外，於勢不能不與共黨合流，如今後之所表現，不獨江西剿共之前功盡棄，而共方又借攘外以坐大，國府焉有餘力以安內耶；此先後之機，一轉移間，成敗隨之，此中關係，豈淺鮮哉！

（三）西安事變豈應影響國策

張學良劫持領袖，罪大惡極；在劇變中，無論用何方式，有何諾言，只求領袖之安全已耳；事過境遷，俱可置諸不論不議之列。學良到京，既受軍法審判而判罪、而特赦、而安置；蔣先生對他，已算仁至義盡，對於安攘先後之國策，自不應受其影響，亦無食言而肥之歉咎；然而決心抗戰，固自西安事變始也，此百八十度之轉變，其影響顧不重且大哉！

（四）「七七」與「八一三」是否為發動全面抗戰之導火線

抗日應自「九一八」始，十九路軍「一二八」之役是也；然而北則以塘沽協定、南則以淞滬協定而告緩和矣。「七七」之變，敵之騷擾政策也；「八一三」上海虹橋三人之死，日寇亦未欲以此啟釁；然而箭在弦上，此第二次之滬戰，實為全面抗戰之開始矣。

（五）抗戰起點究竟應在華北抑在華中

若論春秋大義，我們應該出兵東北，「討伐」日本。如言「抗戰」，則敵來而我「抗」

之，戰地何在，權在敵也。如我欲先發制人，則是「致敵」；「致敵」而不濟，則「抗」；所以這「抗」字已居下風，習用之不覺也。如係「致敵」之戰，則戰地開始應在華北抑在華中，宜有所擇矣。試詳論「八一三」之滬戰：

滬戰得失之我見

（六）「八一三」滬戰之得失

在淞滬協定中，本有「蘇州河以北二十里內中國方面不得駐正規軍」一條。蓋日人早已預防我國部隊，可能對虹口作戰；故裝備設施，異常完固。第三戰區決定滬戰之始，即由滬西陸續改裝民兵部隊，分頭配備，跟著大軍進入陣地，而滬戰開始，時正民國二十六年八月十三日也。

此一戰役，陳誠為前敵總司令，此一決策是陳誠贊襄蔣先生決定為多。我意陳氏主張有利之條件當如下：

（甲）蘇州河以南接連虹口之地面為英租界，日軍無法活動，不啻為我軍右翼之屏障。

（乙）虹口彈丸之地，橫亘黃浦江濱，可迫使日軍為不利的背水之戰。

（丙）虹口為一市區，除民房建築物及日敵之海軍司令部並其他設備外，無險可守，難於持久。

（丁）敵方遠離國境，除海上運輸，補充困難。

（戊）我以精銳之大軍臨之，我眾彼寡，彈指可下。

（己）一鼓作氣，可收先聲奪人之效。又可保上海海口，供我軍海上運輸。

（庚）爾後可免京滬沿線及首都南京之威脅。

以上一定是陳氏的如意算盤，但是結果未能如預期之順利，以致越首都而西撤，這裏我們可檢討出以下幾點。

（甲）以上海為抗戰起點，是否有利？

（乙）我無制空力量，如不能速戰速決，一舉而佔領之，則持久作戰，傷亡過重。

（丙）南京立受威脅。

（丁）向西大撤退，誘導敵人跟蹤作戰，深入我沿江心臟地區。

此關於滬戰得失之我見。在當路者決策而只求徼幸，失敗而不知自反，誤國而猶享榮名，是非只在主觀，國人不求深解，滋可嘆也。

對和戰個人觀念

（七）戰場在本國之害

從前日俄中東之戰，兩方皆以我東北為戰場，當時滿清國弱，無可奈何，歷史家猶引為憾。此次抗日之役，正當辦法，自宜假以時日，增強國力；尤其備戰之重點，必須有強大之空軍，方能作戰；作戰的目標，也應向東北收復失地；若敵人進一步大舉向我內地來犯，才不得已在國內抗戰。若以唯一可恃之大陸廣大地盤，而作隨戰隨退之持久戰，則損害在民，慘痛在國，勝亦敗也，豈可輕於一擲！孫子曰：「全國為上，破國次之。全軍為上，破軍次之。」偉哉斯言，謀國者不可不察也。若云「焦土」，則焦吾土也，更是憤激、慘痛而輕率的笑話。

（八）可和之階段

「七七」之後，繼塘沽、淞滬兩協定，若再來一個蘆溝橋協定，一可和也。開戰之初，德使陶德曼之提議，二可和也。二十七年十二月日本近衛發表之三原則，與汪先生致重慶中央主和之艷電，三可和也。而終以國事犧牲於客氣之中，誰之過也！

以上八則，是我在家中閒居的感想，也可表明我對於和戰的個人觀念；可算是有「傾向和平、懷疑抗戰」的見解罷了。等到我最初看見汪先生豔電原文，對於日本近衛文麿所申明的三原則——善鄰友好、共同防共、經濟提携——與我國利害關係闡述詳明，已見其眼光遠到，謀國忠誠，不免私衷贊佩。近日我覓得原文，又往復盥誦幾遍，在三十年後今天的現狀下看起來，汪先生真不愧為聖哲之士也！超越時代之人也！我記得十四年前，汪希文未自殺時，還約了二十幾位老友在大觀樓紀念一次汪先生誕辰，及今廻繹遺文，蓋不勝「人之云亡，邦國殄瘁」之感矣！

在滬初見汪先生

我雖掛名國民黨員，但是對於黨及政治方面，向來不過問的。這一次回上海幾個月，每天看見報紙上和平運動及特工互殺，鬧得如火荼；但是對於此中內幕情形，竟茫無所知；真是閉門枯守，孤陋寡聞。民二十八年夏季某日，上海警察局長盧英（楚生、保定二期生）到寓見訪，說汪先生知我在滬，命他來接我往見（盧氏係於汪先生豔電發出時在滬最先去電歡迎者，故信任之，每命其奔走），我就坐上盧氏的車，開到虹口一偏僻之區一座獨立洋房前停下，盧氏引我入內，即退出，時廳內只有汪先生一人，予鞠躬為禮，先生與予握手，即簡單謂予曰：「知你在此，我需要你！」

我即答曰：「是！我跟先生！」

先生曰：「好！」

就這樣不假思索，一言而決。汪先生隨即送我一萬塊錢，我即退謝，先生不允，遂興辭而出處，仍由盧英送我回法租界寓中。至汪先生所住之處，關防甚嚴，亦未問盧氏，至今仍不知其為何所也。後此再晤汪先生，便在愚園路一一三六衖前王伯群宅矣。我的參加和平運動，即係如此經過，看來似突兀，其實自有淵源也。

十八

吾人遭逢亂世，既未能特立獨行，自用其力，以經營天下；自不得不作毛遂之脫穎，或王粲之依劉。然知遇難，遇合尤難；或知而不遇，或遇而不合；比比然也。予在大陸；半生擇主，一事無成。蓋遇合之不同，亦命運所由繫。因此回憶到民十六、七那一次在武漢秘密反共之一幕，我到南京，曾向蔣先生進言，請與唐孟瀟分由津浦、平漢兩路齊頭並進，大舉北伐；大概因為蔣唐並列，有失主從名份，以此與蔣先生遇而不合，在蔣先生未必為失人，而我則深引為失言也。後雖數承簡命，非蔣先生能用我也；直以用孟瀟而連帶及我耳。以故黃膺白先生雖兩次欲為我向蔣先生言之，我皆拒卻；蓋知而勉遇，縱遇亦不合也。

汪先生要我何用

汪精衛先生對我，所知有限；我與汪先生，關係不深。何以於儔人之中，獨蒙傳召，親切有加？而我亦於眾口囂囂之際，毫無考慮，一言而決？尤其他說「需要我」，我有甚麼能力夠得上他需要呢？而我在那匆促之間，也就一口答應下來，好像可以負擔什麼似的；豈不荒乎其唐嗎！這其中有歷年接觸的因素，和我當時心理的感應；所以形成「不言而喻、心悅誠服」的結果。茲分析其事於後：

第一、我雖是國民黨員，僅僅照例登記，毫無地位，更談不上汪派。對汪先生的敬仰，那是辛亥前後當學生時候的事，是人同此心的。到了民國十一、二年，汪先生代表孫總理，與段合肥的代表吳光新在上海同孚路接洽孫段三角同盟的事，我是其中奔走幹部之一，就在那時，才第一次認識汪先生。後此鄭州事變前後，我在天津與香港間做往來情報工作，達半年之久。民十九年汪先生赴北平之前，孟瀟由香港電我，囑將我羊市大街住宅，預備為汪先生下榻之所；後因閻老西在東城另有安排而作罷，此亦見我因唐而見信於汪之一端。在南京時，每遇先生，必與我立談幾句。就這樣斷斷續續的，說沒有關係，也有點關係；說如何親切，還談不到；所以這一次我與汪先生見面的情形，一定還另有緣因呢！

第二、當時我對和平運動的來龍去脈，實在一無所知，只在報紙上略悉大概；就是後來參加服務，對許多事還是茫然；直至這次避亂到香港，看到朱子家先生所著《汪政權的開場與收場》，才洞明一切；真有「身在此山中，雲深不知處」之感。汪先生當時究竟需要我有何用處呢？

軍事方面需要我

第三、我對於和平運動有關人物，除軍人外，幾乎全不認識。這其間如周佛海、陶希聖、高宗武、林柏生、梅思平、羅君強、傅式說、李士群等人皆素昧生平；只陳公博是在北平周作民宴會席上，常常見面相識的。至於周佛海如何也不認識呢？因為我與唐孟瀟總覺得是降將還朝，不免處處要避嫌疑；所以我向來不到侍從室以及政治部、特工各部門。如周佛海、陳布雷、林蔚文等，皆無往來，以免是非。甚至如孔、宋、二陳，那些大人先生們，雖常有人介見，我亦決不前往，我之習性然也。最好笑的，金雄白先生（即汪政權著者朱子家）以周佛海的摯友關係，介入此一場鬧劇，我在蘇北與周甚多接洽，苦無疏解之人；竟終汪之世，未嘗一晤；直至此次在港，始得相識；至今我以衰耄，多承其照顧幫忙，引為莫逆之交。似我這樣不活躍的人，汪先生需要我有何用處！

第四、後來我知道那些軍人參加的：有楊揆一、劉郁芬、鮑文樾、鄭大章、葉蓬、蕭淑宣……等，有東北軍的、有西北軍的、還有游離而雜牌的，這些人當然汪先生所知不多，甚至有從未謀面的，這就比較上皆不如我之關係了。我這才明白：汪先生在黨方，我不夠需要；在政治上，我沒有可需要；在和平運動上，更不需要我；所需要我者，軍事方面也。所以他劈口就說「需要你」，我就表示「跟他幹」；這雖不能算知己之感，而相須之殷、親信之情，也就不容稍加考慮了。天下事每有「莫之為而為，莫之致而致」者，我之參加和平是已。

與朱惺公辯漢奸

第五、我與《大美晚報》朱惺公辯論「漢奸」問題。我初回上海，在鴉片煙燈上，大做其罵漢奸的文字，送《大美晚報》發表。其中有兩篇：一為〈討漢奸檄文〉，一為〈祭漢奸文〉，前為四六，後為騷體，一時膾炙人口。朱惺公與予初不相識，贊賞予文，力求晤面，以此遂成莫逆。每發稿後，即來予寓，朱亦有煙霞癖，或下榻樓面，翌日乃去。隔鄰高子白，軍界名宿，擅圍棋，予三人乃相與茶煙夜話，棋局運籌；時或朗誦予文，為之擊節；致足樂也。迨汪先生抵滬，盛傳即將組府，朱丏予並以漢奸討之，予不可曰：「『維新』及『北京政府』背棄黨國，擅立府號，託庇日寇，改用五色國旗；非和非戰，旨在竊權，是謂叛國，故曰漢奸。汪先生本是黨國領袖，猶復請中央以和救國；國民黨猶是也，國民政府猶是也，青天白日國旗猶是也；所揭櫫之『和平反共建國』六字嘉謨，如能成功，國之幸也，民之福也。這是一政治某團，能愛國、能犧牲，有主義、有辦法，何得謂之漢奸。儘可一時目論，眾口鑠金，後之史論家，當有間矣。」惺公極不以予意為然，後終被狙擊而亡，可敬也！亦可傷也！我因為有此諱眾之見解，故不自覺其為文之矛盾，亦無愧對於惺公。自參加和平政府後，但知恪恭本職，安緝淪陷區，以救濟流亡民眾；只要問心無愧，固不知有所謂漢奸也。當時意想如此，到今日自信還是如此。若徒享盛名，只知邀人之寵，不能受國之垢；而猶不自檢討、不知悔禍，罪更浮於漢奸矣。吾國文人，專喜掉文。二十年來，大陸與海外，每互詈為「匪幫」，試問全中國兩皆「匪幫」，與半中國盡為「漢奸」，國家民族，有何體面！快意當前，曷三思之。

一連串的新職務

根據以上所述，我之參加和平政府厥有四端：

（甲）由於與汪先生直接的關係而參加。

（乙）為淪陷軍事工作上的需要而參加。

（丙）根本同意汪先生的政策而參加。

（丁）我由南京撤退至湘潭結束任務後，無抗戰工作而參加。

我參加後，在上海被指定為臨時軍事委員會委員，迨至汪先生還都成立南京國民政府，先後被任命為：

軍事委員會委員兼第二廳廳長；

軍事委員會委員兼第一廳廳長；

兼點編委員會主任委員；

兼軍訓部次長；

蘇北行營主任。

以下我只能就本人職務範圍記憶所及分別敘，比較上總是軍事方面為多；惟蘇北行營兼官民政，尤其為中共新四軍的發祥地，有關清鄉勦共，情形複雜，頭緒紛繁，自有不少異聞軼事，足資披覽；惟事隔多年，鄉心已碎，泛其餘波，難為胸臆；總不似朱子家先生的名著《汪政權的開場與收場》源源本本，溯始要終，具有歷史上的價值；所以風行海內外，為各國圖書館所庋藏。不佞承教以來，又得姚立夫兄鼓勵，始能奮其衰朽，述其庸行，所遺憾者，西滯湘靈，東旋歇浦，未能北走龍沙，南遊洱海；添我詩囊，潤我籌筆；徒令海隅一角，銷霸氣於泥塗；淮水千尋，弔英雄於遲暮。亦足悲矢！

還都前在上海虹口，曾有一次重要會議，為決定組府與否的問題，頗有爭論。結果仍以組府為多數，蓋箭在弦上，不得不發也。組府之先決問題：

一、國民政府還都南京，仍奉林森為主席。汪先生為代主席。

二、國旗照用青天白日旗。只旗杆下角附一飄揚之三角形黃布橫幅，上書「和平反共建國」六字。（說者每引此為病。予按：附於旗杆直幅緣上飛揚之橫幅。古有九斿十二斿者，此可牽強附會。）

三、各院部根依舊制。

關於黨亦由汪先生於民二十八年九月一日召集「中國國民黨第六次全國代表大會」作為二十七年四月在武昌舉行第五次代表大會之繼續，這是在上海極司非爾路七十六號舉行的。

以上兩項皆非我所與聞，只簡略寫出，以備一格。

設立軍事籌委會

我自虹口謁見汪先生後，過幾天就第一次到愚園路一一三六衖再去看汪先生。這地方是從前交通部長王伯群娶大夏校花保志寧藏嬌之所，門外先是一條長巷，巷口即顯森嚴之象，內部一幢幢房屋甚多，汪先生實際上住虹口，到這裏祇是辦公和接見必要人員。我見到汪先生時，室中尚無他人，先生說：「明天任援道來見我。」我唯唯。少頃，先生又說：「我們先設一個軍事籌備委員會，每星期就在這裏開一次會，大家先行分頭做準備工作。」我答「好。」先生當時就拿起筆來寫：

軍事籌備委員會委員：周佛海、劉郁芬、楊揆一、鮑文樾、葉蓬、蕭叔宣、臧卓、楊毓珣、鄭大章。

寫畢先生又說：「這裏有西北軍、東北軍及各方面的軍人，你可多注意蘇北的軍事，大家分頭接洽！」

我說：「這些軍人我統通很熟。」

先生說「那很好！」

又說：「哥倫比亞路設有招待所，你可到那邊同他們談談。」

我說：「是！我會去看他們的！」跟著就規定了數項：

一、西北軍：由劉郁芬、鄭大章接洽。

二、東北軍：由鮑文樾、楊毓珣接洽。

三、湖北方面：由葉篷接洽。

四、蘇北方面：由臧卓接洽。

至此，我就興辭而出。

招待所裏的人物

過一天，我就到招待所去看他們。果然楊、劉、鮑、鄭等齊住那裏，只楊揆一、葉篷、蕭叔宣沒有來，大概他們另有住處。這是一所獨立洋房，有小花園，據說由楊毓珣經理其事。他帶了一位準太太，其餘皆是寡人。我與他們全是老朋友，鮑、鄭更是同學，歡然道故，同事新朝，似有隔代雲煙，倉茫前路之感！

他們各位皆有些故事可供談助，我就乘這還都前的時間敘述一番。至於挨一……那幾位，以後再談吧！

楊毓珣字琪山，早期陸大畢業，曾數度往返法國，此次因在巴黎與汪先生為鄰，故加入最早。他又自命親近，預擬為上海市長還不滿意，堅欲兼任警備司令，終致齟齬憤而北上，由王克敏的關係任山東省長，勝利後率省署高級人員自首，表示守法，未得哀矜，庾死南京獄中。他是晚清北洋大臣直隸總督楊士驤的胞姪。士驄之子。士驤、袁世凱之前任也。袁以其朝鮮王妃之妾氏所生女妻琪山，即予上期所寫富藏煙具之公主夫人也。琪山驕縱任性，玩世不恭，好以口語損人，尤多刻薄粗陋，不留餘地，在奉軍任京奉（遼寧）鐵路執法司令，性好殺，每多過情之舉，我在平津久與相識，歡場流連，非益友也。此次相值，竟又鬧兩場笑話，可資噴飯。

其一，大陸銀行總理許漢卿在寓請客，有梁眾異、有我、有琪山，另有某君，已六十餘，亦維新政府高級人物，與琪山素稔，於稠人中嘲其有「舌耕」癖（衰老不能耘其田者，代之以舌。琪山直用粗褻之語辭，不堪入耳，予以此二字易之，教書匠當不以為侮）。並朗誦一首詠「舌耕」的七律詩，刻劃入微，聲容並茂，形容盡緻，妙到毫顛，不知他從何處得來；某君實不能堪，大起衝突，互詈「漢奸」，互擲盃碟，舉座為之不歡。

又一次，我同姚錫九與他同往大西路一英國飯館，我們吃的有一味燒雞腿，他太不經意，操刀而割，竟將一雞腿直標到鄰座一盛粧的英婦身上；他機警得很，掉頭就走，幸虧姚擅英、法語，再三道歉乃解，真是下不了台。他死亡已久，我本不應追述其行為，記之以警世之貴介公子。

鮑文樾字志一，保定第二期畢業。民十五、六年傅作義率晉軍一旅守涿州，被俘於奉軍；時鮑任奉軍參謀長，以同學關係（傅為五期）優待庇護，始有以後一段風雲際會。勝利後，鮑以和平政府軍政部長獲罪，聞以傅之力保，雖判死刑，並未執行，以其時中央對傅倚畀正殷也。

鄭大章與大為為嫡堂兄弟，同畢業於保定第一期騎兵科。二次革命失敗後，袁世凱以大為之父鄭汝成為上海護軍使，於日本天長節往虹口日領館道賀時，車過白渡橋，為民黨所刺死，世凱傷之，於未演帝制前，即迫不及待，追封汝成為一等彰威侯，世襲罔替，予曾戲贈大為以「中華民國第一侯」圖章，蓋譏民國本無侯也。其時大章弟兄極為北洋軍中所重視，惟大為能力較差，大章在西北軍中，曾升任至騎兵軍長，十九年柳河之役，大章以騎兵奇襲中央軍幾陷於危云。

劉郁芬字蘭江，西北軍老將。為人誠樸，曾任甘肅省主席。加入和平政府後，發表為開封綏靖主任，未能到任，僅以拉攏孫良誠部歸向和平陣線顯贊助之勞，後以病卒於南京。

十九

一幕歷史性悲劇

現在又寫到世人所認為唱反調「不名譽」的紀念日，那是民國二十八年三月三十日汪精衛所成立和平的南京國民政府還都的日子。這一天，就在從前南京考試院（舊武廟）的大禮堂，舉行成立及就職典禮。汪先生在肅穆而感喟的氣氛中，完成這一幕有歷史性的悲劇。同日，重慶國府也頒佈了以汪為首的一百零幾名通緝令；我是第三天才到南京就軍委會委員兼廳長職的，自然也榜上有名了。

汪府的軍事委員會組織，一切率由舊章，自然是汪主席兼委員長，陳公博、周佛海為副委員長，再加上幾名委員；辦公廳主任是楊揆一；陳曉秋為第一廳廳長；我是第二廳廳長；未幾，陳病故，我調任第一廳；何炳賢任總監；此其編制之大概也。

楊揆一，湖北人，留日士官畢業；北政府時，曾任福建軍務幫辦王永泉的參謀長，後來也做過湖北綏靖主任何成濬的參謀長。

陳曉秋，福建籍，曾為北軍的參謀處長，與我同為保定第一期；他久病未癒，等於未任職而亡。

何炳賢是留美畢業的，回國後向來隨汪先生任職，倚畀甚殷。

汪先生自兼軍委會委員長後，對於軍事，異常認真，規定每星期開會一次，必親自出席主持；對於我們的公文及簽呈，必親筆批答；甚至有頂批、旁批，多能切合事實，有若老軍務者然。所以，在草創更張之頃，亦皆案無留牘，事無廢弛。

我廳內的編制，除秘書、副官外，另設兩處，處內分設各科；第一處處長王弼，曾任第二十師師長；第二處處長張綱，曾任第五師旅長；並皆山東人，保定一期畢業；科長以下資歷稱是，無濫竽者。我在第二廳，為時甚短。關於人事上；只訂了些投效軍人臨時法規，及取締那些擅立名號的散兵游勇、地方部隊、游擊隊等等司令、指揮、暫編軍、師、團隊種種投機不法之徒；並建議另由政府設立武官處，以安置有資歷的投效軍人，及被取締而安份來歸的人員。這武官處與軍事參議院，本有疊床架屋之嫌；但是當時新成立之國府，總認為由「南京維新政權」與「北京臨時政權」之三結合所保留機關，係屬遷就事實，自外生成；

如梁鴻志之監察院，任援道之方面軍與軍事參議院，甚至北京歸納之政府，對之皆取放任態度，大有「爾為爾，我為我」之勢；故武官處之設立，亦各行其是也。

京滬線漸復舊觀

我這次重回南京，原來住宅，雖未炸毀，但已雀巢鳩居，為一日軍少將所佔，一時尚無住處；故一面函日本總顧問影佐索回，一面託人臨時代覓一所住宅；適有前留在唐老總處服務之趙醫官，於首都陷落時，未及撤退；他是南京本城人，就在維新的南京市政府當上衛生局長；他去找市長高冠吾替我要住宅，高就指定山西路一座小洋房給我，略加佈置，便安頓下來。隨後不久，日人又將我八寶前街的屋子還給我，我去一看，花草樹木，折毀殆盡，室內雖修裝完好，但一想從前文物陳設，一空如洗，軀殼雖存，神髓已歿，一轉瞬間，盛衰之象，竟至於此；村落民居，尚堪問耶！以此我亦始沒有遷回去住，直至蘇北卸職，生活困難，以一百萬儲備票將此屋賣去；時幣值既低，僅維持數月開銷而已。

講起這位市長高冠吾，他是江蘇陸小第三期同學，本是袁祖銘部下第十軍軍長王天培的參謀長；王也是保定一期，北伐開始，調駐徐州前敵，在蔣先生第一次下野期間，為當道指其通敵而槍斃（這也是冤獄）；高冠吾由此出走，淪落半生，此次參加，亦迫於命也。他聽說我到南京，親自為我寓所安排一切，並盛筵洗塵，情實可感；高才調高華，能言善辯，文筆書法，造詣甚深；後轉任江蘇、安徽兩省長，亦亂世之雄也。大陸變色時間為周恩來羅致幕中為秘書，用其才也，不以漢奸視之。

在和平政府初成立期間，各地方尚未接收，和平軍亦未編成，所不同的，只是京滬沿線已復舊觀，南京城內漸趨熱慶而已。上海方面，如外白渡橋、北火車站亦取消了一應行人侮辱式的向日軍脫帽鞠躬，已覺大快人心。在南京有衛隊旅，有憲兵隊，尤其警察廳長蘇成德（留俄）幹練有為，成績昭然，對於安緝災民，恢復商賈，無微不至。夫子廟、中央飯店已成一片雍熙之象；劫後餘生，易感滿足，固不計及於大人先生義利之爭，孰為流芳，孰為遺臭也。

從未見過陳璧君

我接任第一廳，事務較繁，謗書亦至；後來調任蘇北，更是樹大招風；我向來是不事敷衍，不搞關係的；尤其在這風雨飄搖局面之下，有何心情與群鶩爭食？我只知道一心服務，以報汪先生之能用我耳！

這裏，在我尚未寫到那些正式工作之前，先將我在和平政府終始期間，所有重要人事接觸的情形，綜合報導一番；一以見我之為人習性，一以見人之度量相越；雖在艱虞之際，或相須、或相跂，或觖望、或傾軋，亦不易為也。

一、汪夫人陳璧君，我從未見過，這大家不會相信吧！我向來很敬重她的，不過本「非公事未嘗至於偃之室也」之意旨，所以不去；有一次，她過生日，公館中有人邀我去拜壽，我還是沒有去；我這種做法，所以避奔競之風也。

一、陳公博：我在南京只與他接觸過三次，兩次是他到我寓找我的。這兩次：一是為的任援道第一方面軍編師的數目問題；一是他兼上海警備司令，預備要用許金源做參謀長，但是要我保證其為人，才能決定；我深知許是保定二期，山東人，歷任熊式輝、楊虎在上海任內的參謀長，當然願保；另一件是李明揚對汪先生上的條陳，願意來歸；我到立法院去見他，拿給他看，他僅一笑置之。我同陳公博往來經過，僅止於此。

周佛海約我面談

周海佛，我同他向不認識，現因職務上的關係，當然有接觸了。頭一次，他給我的信，並約我相見，那信上要緊的話說：

「現在警察方面，特工方面，稅警方面，皆對吾兄不滿，請於某日、時，來寓一談。」

啊！這還了得！我到時去見了他便說：「現由日方買來三萬枝步槍，三百萬發子彈，這是你周先生所知道的！汪先生下了手諭，交我保管，並不是交我分配；我是軍人，沒有主席手令，我不能發給任何人一粒子彈的！他們各方面都來跟我要槍，我說：你們找主席拿手令來，我就照發；他們說：你有權，有意推諉。又在背地說我有意把這些槍械留給任援道，如何能私相授受呢？他們這許多人不滿意我，就是為的這一件事。」他聽了，就說：「你有沒錯！我告知他們。」

又有幾次他寫信給我，都是收編軍隊的事。或是怪我有意延宕不辦；或是說周先生已答應了，或是責備我官僚派、架子大。我對周說：

「某部份是在華北地區隊伍拉不過來；某部是買空賣空；某部是騙周先生的，周先生雖答應，主管方面還應該查明；某部正在接洽中，這些通統有許多手續，還有日軍方面的留難，那能盡如人意呢！」周也無話可說。

及至我調蘇北行營，因為兼管民、財兩政，我也沒有請他派人，他也沒有幫助我一點，我也沒有用過財政部一塊錢，還是規規矩矩，由經理總監部領費用的；所以終我任內，與周佛海不免有許多隔閡；不過因為我是汪主席直接任用的，他雖沒有四顧我，可也沒干預我；我現在想，要是那時候就認識金雄白先生，那就便利多了，他當然能講公道話，自可減少不許多必要的誤會了。可見朋友之遇合，亦有數存焉。

羅君強上萬言書

羅君強我更是素昧生平，連這個名字，也沒有聽說過。有一天，汪先生交下一封信來，是羅君強給主席的萬言書，專門攻訐我的。大意是說我：收編舞弊，任意去留；保管槍械，隨便支配；尤其弄權驕橫，目空一切，更加我八個字的考語是「落伍軍閥、腐化官僚」。我第二天去見汪先生，我說：「我根本不認識羅君強，他大概也不知道我的為人，更不明白我的職掌；我如果有絲毫違法，請主席辦我，不過空洞的話，我不加辯白；至於對我那個考語，我還不夠資格；我覺得在這種艱難局面之下，同事間應該和睦相處，為國家辦事，我決不介意他。」後來汪先生寫了一封短簡給我，說：「這事得我兄（汪先生給我的信，皆稱我兄，不稱同志，大概不認我有黨的關係）平心靜氣以處之，至引為慰！……」後來，我知道羅君強也是為了想分槍械，去辦稅警；他曾經到第一廳去拜望我，副官們擋駕了，我實在不知道，所以大光其火；是一位無修養的冒失者吧！此後他對我又好了，薦一位政治大學畢業的某君到蘇北，我就用他在民政廳當科長，好讓他回味回味。」

楊揆一也寫信告我一狀，最妙的，汪先生也把他的原信發交我本人看；我這一次就來個相應不理；心裏明白「舟中皆敵國」就算了。後來楊去湖北，我調蘇北，劉郁芬接辦公廳主任，劉是一位好好犺生，自然風平浪靜了。我真不明白，這小朝廷還在驚濤駭浪之中，無權可爭，無利可奪，大家還要如此傾軋，天下焉得不亂呢！

梅思平，從前做過江寧縣實驗縣長，我在京同他沒有來往，現在他當實業部長，我到蘇北後，有一次回南京，他盛筵請我吃飯，原來他向我商量，要去接收南通大生紗廠，這是張季直先生所辦實業之一；我說：「我對地方私人資產，概取不干涉主義，聽其自由發展，在目今狀況之下，貴部還是不要伸手為宜。」自然也是不歡而散。我不解這些人，怎麼如此挖心思，亂打主意；真要是長治久安，那還了得！

特工李士群，為我分轄蘇北，致影響他的江蘇省長之統一職權。明爭暗鬥，齮齕多端；我以其為奸猾小人，以正禦邪，不為所脅；終我蘇北任內，他的特工不得過江一步。差幸他被毒害而亡，亦積惡之報也。

國府文官長徐蘇中老先生是一位革命元老，我素不相識。有一天，他折柬相邀，盛席款待，位以上賓。

我說：「老先生何以如此折節下交，愧不敢當！」

他說：「我看了你在此次政、軍會議席上所提的十條議案——汪政府成立後，曾召開一次政軍會議，我以軍委會第一廳名義提十件議案——真能顧慮周詳，維持大體，中心敬佩，所以屈駕相邀，以便不時聆教。」

我一面感覺到老輩之謙沖，一面傷懷待價之難沽；而風塵巨眼，獨遇知音，以視那些為弓影而含沙，爭鮒魚於涸轍者，為何如此。

天下烏鴉一般黑

以上這些敘述，僅僅表示我在和平政府一方面的關係情形，自不免影響到工作上的掣肘；其他我所不及知者，或當另有許多黑幕；我經過了新朝舊代，眼見些鬼蜮僉壬；從可知「天下烏鴉一般黑」了。

我已虛度過了八秩了。檢討以往，一夢恬然。在南京時，我正是五十，有好多人要替我做壽，我堅行謝卻，只備辦了些酒席，讓屬員們吃一頓就算了。記得我三十初度，正在長沙。那是因為吳光新被王占元扣留，想請譚延闓（時譚為湘督）收容長江上游部份軍隊的。我寓在長沙大吉祥旅館，到了生日那一天，一個人帶了一瓶酒，一些滷小菜，過江上嶽麓山，在黃興同蔡松坡墓上，自斟自酌，過了一天。黃蔡二公，兩墳相對，並無墓園。我想起辛亥那年，在武漢，在南京，曾兩隨黃公鞭蹬；而於蔡將軍，也白跑四川一趟，未及遇蔡而亡；所以我祭祭他們兩位，同時我也過了生日。我四十歲的生辰，是在北京過的。那雖是唐孟瀟失敗的時候，而漯河出亡，析津嘯傲，卻還生意勃然；所以我仍接受周作民他們一班同鄉的介壽。這一次五十歲，可不同了，人已中年，時逢末造；雖得君於危難之交，而乘時非剝復之候；操心慮患，滿座孤臣；衣冠猶是，心情已非；豈復春酒容與，冬榮作頌時耶！今值民國五十九年雙十節，回溯吾人憂患之生平，以此作為本期拙稿之收煞。

二十

所謂「和平政府」，自然是為的全面和平。但是全面和平一時既辦不到，那只有在淪陷區範圍內，就力之所及與心之所安了，以期對這一班逃不了又活不下的虎口餘生，盡其綏安撫宇的責任罷了。

淪陷區三種現象

講起淪陷區，因為戰火愈遠，而陷區愈大，自黃河以北，已有大量的「治安軍」，在那裏維持著，姑且不談。南京方面，目下所可先行整理者，則有江蘇全省、浙東全部及浙西一部、安徽之皖北、江西之贛北、湖北之鄂北、河南之隴海沿線與夫廣州及東江潮汕一帶，這些地域，其重要點線，或駐有少數日軍，或與中央軍犬牙相錯，或仍留有中央潛在的少數機關，或有脫離本隊進退失據的中央零星部隊，其餘則幾全部為真空地帶；這許多部份的老百姓，在戰火之餘，既受了日軍之蹂躪，又繼之以散兵遊勇土匪地痞之壓迫、搶掠，甚至燒殺橫行，無惡不作，就形成了三種現象：

（一）無人管理；

（二）敵人管理；

（三）壞人管理。

在無人管之下，則必終日惶懼，無法聊生；在敵人管之下，則必百般凌虐，不知死所；在壞人管之下，則必為虎作倀，黯無天日。所以我主張有人管，未必勝於無人管；國人管，當然勝於敵人管；好人管，則自優於壞人管矣。

當和平政府成立之初，頗多不主張編和平軍者。我是力主點編者之一，所以汪先生就成立點編委員會，而以我為主任委員。誠然！我們是為求和平，自然不需要軍隊；但如不是陷區太亂，何必要和平軍；不是為安定陷區，又要軍隊何用！和平政府算是在敵人佔領之下，接收了一個廣大淪陷區爛攤子。百孔千瘡，自尋苦惱；些許軍隊，非自固也！非與任何方面為敵也！和議能成，則多幾塊乾淨土；反攻來臨，則悉為國軍之助；庸何傷乎！

我向來在賦閒的時候，是有點放誕不羈；一旦任起事來，絕對有責任感的。現在我既擔任軍委會第一廳又兼點編主委職務，所以我所記述的，關於事務性方面多，而關於政治性的則少之又少。誠不足以發揮汪先生的苦心於萬一，而縷悉和平政府的業務於毫顛。惟就一己經歷所及，殊覺無慚衾影耳！

提出了十件議案

民二十八年秋季（日期不憶），汪先生召開政、軍會議於南京，各方政軍首長均出席，議案甚多，茲不具述。我以軍委會第一廳名義，提出議案十件如下：

提案一：關於淪陷區內一切軍政事宜，概依舊制辦理。

理由：現在政令不一，諸多紛歧；為顧慮爾後全面的變化，應依舊制辦理。

提案二：加強拱衛首都的部隊。

理由：對於憲兵隊及警衛旅，應加以擴充、充實，以拱衛首都；尤其更應以強大之警衛軍作整飭各路和平軍之用。

提案三：對於維新時已成立之各部隊，應予接收改編之。

提案四：對於淪陷區內應予收編之部隊如下：

（一）原有國軍部隊未及撤退，分支流散、無隊號系統而自願收編者。

（二）散兵遊勇或極小單位携有槍枝無統屬而流竄者。

（三）投機利用、聚散為整、成立較大單位、自立名號而無正式委任者。

（四）地方豪強、編併遊勇、招募壯丁、自立名目者。

提案五：對於國軍正規或雜牌部隊之來歸，以自動加入為主。

理由：（甲）查國軍之願參加和平者，各有其不同環境與苦衷；其原因不外下之數種：一、因人事上的關係對其長官素有積怨；或與友軍間有磨擦；或以抗戰付與任務之不當。二、以軍隊歷史上的關係，素受待遇上之歧視。三、在日軍與共黨夾縫中，難以完成其作戰之任務；同時感覺到敵我力量之懸殊而贊同和平運動。

（乙）在全面和平未達成以前，絕不與任何國軍接洽加入，必須聽其自動來歸；以免涉及牽動抗戰陣容。

提案六：應與日軍交涉事項：

（一）接收其已經收編的游雜部隊。

（二）接收其所移交之國軍俘虜。

（三）必須取消其所編之「皇衛軍」名目。

提案七：所有被收編之部隊，一律以有槍枝及其他武器為主；同時聽候點編，賦予番號。

提案八：和平軍以維持淪陷區治案、負責清鄉勦匪為主。不與任何方面作戰。其與國軍交錯之處，尤須注意。

提案九：請設立中央軍校、軍官訓練團；另成立武官處。

理由：（甲）中央軍校，培植基本幹部人才，以作補充之用。

（乙）軍官訓練團，作為收編部隊軍官之補習機關。

（丙）武官處為收容投效軍官及編餘軍官之用。

提案十：請逐漸建立一個以上的軍區，以集中和平軍的訓練。

以上這十件提案，也不過應當時的需要，與和平軍的本旨，兼顧及抗戰陣容之大體而已。而文官長徐蘇中老先生所引譬我者即以此，實在慚愧慚愧！

中央軍官學校，就在從前軍校、也是前清陸軍第四中學原址；軍官訓練團，在南京通濟門外，是交輜專門學校舊址；汪先生對於這兩處，到是特別注意，凡開學、畢業、校閱，固然親自蒞臨；即在平時，也常前往訓話，其要旨為：「一、解除淪陷區民眾之痛苦，是和平軍惟一的任務。二、無論全面和平，抑或抗戰勝利；軍人總是保衛國土、愛護民眾的，最後總應當為統一國家的干城！」我揣他的意思，就是說抗戰與和平，在國家的政策上，雖臨時有歧異，實際為國家著想，則二而一也；不過利害的觀點不同耳。

先向丁錫山開刀

現在要實施點編的工作，先就各地區所散佈之部隊情形，分別先後，規定其步驟如次：

（一）上海方面；

（二）京滬沿線及浙江、安徽方面；

（三）隴海沿線；

（四）蘇北方面；

（五）廣東及湖北方面；

（六）其他零星散佈者

茲先講上海方面：

上海自國軍西撤，早成孤島，尋且為雙方特工及日本憲兵的天下；及後逐漸演變，又出了一個丁錫山，盤據浦東，橫行滬上，其行為儼然成了一個「山大王」；故必須向他開刀，以割去這一毒瘤。

原來淞滬戰役之後，在浦東未及撤退之國軍，及遺失武器，為數其多。有何天風者，乘機收編，竟達三萬餘眾，在浦東地區打游擊。當汪先生在滬籌備回京之始，何天風率先來歸；時號令不一，尚由七十六號特工主其事，何遂日與特工周旋，在滬西賭台舞廳，樂而忘返；二十八年耶誕前夕，何偕友赴滬西兆豐花園對面之兆豐總會跳舞，並帶同武裝衛士十人隨身保護，不意變生肘腋，其衛士中忽有拔槍對之轟擊者，何當場中彈而亡，蓋有人買通其衛士以殺之也。何之死出於何方，言人人殊，姑置不論。而丁錫山遂以該部副首領地位坐統其眾，即所謂第十三師也。民二十九年以後，丁益驕縱不法，在浦東方面，包庇煙賭，欺壓善良，固不待言；又在上海剽竊汽車，改裝出售，綁架肉票，藏參取贖；更以「××司令丁」（這是他自封的，名號我忘記了）的名義，威脅商賈，勒令捐輸，真可謂惡貫滿盈，遂以軍委會命令，首先點編該部；分割其部眾，另編為第二軍，以劉培緒為軍長，駐蘇州崑山一帶，丁仍暫任師長；劉為保定二期，係北洋宿將，曾以守信陽負盛名；此一措置，為京滬東段增加實力不少；亦以見汪先生對軍事上有其卓然斷然之施為也。

民三十年，丁錫山以罪被逮捕，拘於鎮江監獄，竟勾通其舊部越獄潛逃；率其少數殘部，經杭州轉赴內地，向國軍投誠；勝利後，又輾轉投共；在浦東等處施其故技，大肆滋擾，終為國軍圍勦擊斃，並梟首示眾於江蘇青浦縣城門；惡人之下場，終難逃其顯報也。

任援道與綏靖軍

上海方面，還有周佛海所主持訓練的財政部稅警團，周自兼團長，羅君強與熊劍東為副，其兵員：一部份為招募的壯丁，大部份為日軍移交之中條山戰役國軍俘虜；其槍械：為領自由日購買之三萬枝槍中之一部；其幹部：則為稅警幹部訓練班（在北京丁家橋）之學員；故在和平軍中，可稱精銳之眾。周氏原意：一則為收回上海租界之用；一則預備為重慶大反攻時，作維持上海敵後策應之用；惜未及反攻而以原子彈勝利，非所料也。

上海還有南京海軍部所屬部份小型艦艇及陸戰隊，又有海軍學校所訓練而成的學員，勝利後與稅警團並皆為國軍所效用；事實具在，非誇誕之辭也。

其次關於京滬沿線及浙江、安徽方面：

講到這一節，就要先講任援道與「綏靖軍」；再由「綏靖軍」改編為和平軍第一方面軍。又因綏靖部隊成立之初，散佈在蘇、浙、皖三省，改編後逐漸調動，幾於集中在京滬全線及太湖之濱，故對於這三個區域連帶言之。但在這各區還有不屬於第一方面軍者，自當另述以明之。

任援道江蘇宜興人，原名鉞，南京陸軍第四中學畢業；早為同盟會會員，辛亥、參加漢陽之役，奔走國事，未及入保定也。民二十六年八一三抗戰事起，京滬先後撤守，梁鴻志成立維新政府，前浙江省長國軍二十六軍軍長周鳳岐參加維新，為綏靖部長，任援道為次長，未幾，周在滬被槍殺，援道坐升部長，得日人之助，就京滬沿線及津浦南段收編流散部隊，分區駐紮，成為綏靖軍；計在滬線者，為：

常熟地區司令　徐耀卿。

蘇常地區司令　龔國樑。

鎮江地區司令　熊育衡，駐鎮江後分兵一部移駐揚州。

在浙境者為：

抗州地區司令　徐樸誠，徐對太湖湖匪頗有辦法，任氏極倚重之，數年前死於日本。

湖州地區司令　程萬鈞。

在皖境者為：

皖北地區司令　沈鈞儒，駐合肥。

蚌埠地區司令　王占林。

安慶地區司令　劉毅夫。

教導旅旅長　任祖萱，駐南京，援道之長子。前幾年以癌症死於香港。

吳化文剿共降共

任部既編為第一方面軍，而防區亦有調動，故地區司令名義，不復存在，一律賦以師的番號；惟師的數字，大有斟酌；在援道必欲以八個地區單位及教導旅，一併成師；在政府自以減少為宜。所以陳公博先生曾經到我處磋商，擬給以七個師，結果仍未變其九個師的要求。其困難之處為：

（一）以人事關係，不能取銷任何一位地區司令；

（二）日軍方面，亦以任氏最初相從，頗左袒之；

（三）舐犢之愛，人之常情，況任祖萱亦後期留日士官生，資歷相當。

南京方面有許多不知我者，皆以我有偏向援道嫌疑。其實形勢如此，非區區之力所能轉移之也。茲簡列其改編之番號如後：

第一方面軍總司令　任援道。

第一師師長　徐樸誠，後升軍長仍兼第一師

第二師師長　徐耀卿。

第三師師長　龔國樑。

第四師師長　熊育衡。

第五師師長　程萬鈞。

第六師師長　沈鈞儒。

第七師師長　王占林。

第八師師長　劉毅夫。

第九師師長　任祖萱。

以上各師，除徐樸誠在杭州及熊育衡在揚州之一團外，其餘幾全部調駐京滬線，所以勝利時，蔣先生委任援道為先遣軍總司令；並明令撤消其通緝；今且優遊於加拿大，以娛晚年；比之同被蔣先生委任之孫良誠、吳化文、郝鵬舉等為幸多矣。

其在浙、皖及京滬線不屬於第一方面軍者尚有：

劉培緒之第二軍，先前述及。劉在大陸不知所終。

謝文達之第十師，由上海調駐寧波，為寧波警備司令，最後來港轉日，易名經商，已故。

吳化文，在予赴蘇北任後來歸，駐蚌埠，稱勁旅，軍紀嚴明，勦共最力，蚌人甚德之；勝利後駐兗州，血戰連年，終致降共；報章所載，世人當憶及之，茲不具述。

二十一

天下事有常有變。常則處順，變則處權。有常中之變，有變中之變，常中之變易理，變中之變難為。淪陷區，變局也；陷區之部隊，變中之變也。在三不管之情形下，小則稱霸一鄉，大則擁眾竊號；聚則可治可亂，散則為盜為倀。撫之則有挾而邀名位，聽之則審勢而慮疏虞。所以我們收編這幾十萬和平軍，要有多方面的顧慮：要想到地方的重點，如京滬線；要防到新四軍之發展，如蘇北區；要保全主要交通線，如津浦、隴海、平漢鐵路；要權衡大部隊的歷史，及與重慶中央的關係，而審慎收編或拒絕，如張嵐峰、孫良誠、吳化文、龐炳勳、孫殿英等。非有基本部隊以鎮壓之也；非欲強事拉攏以遊說之也；非欲擴充勢力以自固之也；直以其陷區之所需要，而人心之所同然耳。凡人之行事，總有兩方面：其勢順者，則無往不利；縱有差他，人皆得宥而忘之；其勢逆者，則雖功而為過，則為罪矣；世人但享其功、利用其功而不自覺，或昧其良以罪之；或掩其功以沒之；或攫其功而取之；和平軍之謂也。

隴海線上雜牌軍

閒話少說，現在且談隴海路的收編事宜：

隴海路線，在軍事上說，可算是南北的分水嶺。向來所謂北伐、南征、華北、華南，以及北洋時代各戰役、國府與閻馮之中原大戰，無不以隴海線為轉捩點。現在淪陷區的情形，自隴海鐵路線以北為華北治安軍所控制，而隴海線以南，亦自然形成為華中之範圍；所以隴海線上，就麕集了許多游離的雜牌大部隊。這原因是：

（一）北軍多不習慣南征；

（二）含有軍閥時代盤據地方的惰性；

（三）韓復榘被正法後，可能遺留下不少部隊。

因此國軍撤退後，又曾經過兩個過渡局面：

甲、吳佩孚派人在開封大張旗鼓，收編這一帶所有部隊，預備主持北京政府；後因與日軍接洽條件未合，而隴海部隊，亦多不肯歸附，致成畫餅，終乃竊得令名而死。

乙、和平政府，最先發表劉郁芬為開封綏靖主任，是因他本西北軍的老將，好去收容舊部，撫字豫中；但以張嵐峰部早已直接受編；孫良誠部又想移防蘇北，其餘如龐炳動、孫殿英之流，不堪承教；只得留在南京繼楊揆一之後，做了短時期的軍委會辦公廳主任，抑鬱病發而亡。

這兩種不同的想像收編計畫，既皆胎死；我們就實行分別收編；茲分述隴海各部編配之情形如下。

孫良誠要求諸多

一、第一軍軍長張嵐峰：共三個師，一萬二千餘人，多係西北軍正規部隊；器械精良，兵員充足，有良好訓練，駐紮開封、蘭州一帶；張年富力強，精明幹練，為和平軍之勁旅。

二、孫良誠：完全是西北軍建制部隊，共分兩個軍，其來歸頗費周章。原來這一部份，是劉郁芬接頭的，最初孫良誠派他的軍需處長某代表來京謁汪，表示來歸，由劉郁芬陪同引見；後來就提出軍餉、移防、及部隊番號種種問題；大概汪先生已不勝其煩。最後一次，劉與鮑文樾（陸軍部長）又陪該代表要求先發表該部兩個軍長名義，汪先生大光其火，拂袖上樓，僵置三人於客廳，久乃默然退出；劉郁芬受此刺激，回去大哭一場，蓋對於孫良誠方面太失面子也。汪先生對人素稱和靄，此種盛怒實所罕見，其意必以為軍隊尚未點編，如何能先行發表番號呢？加以別項要求，致觸其怒；亦彼等陳詞不善，近於有挾而求之過也。此事雖我主管，但是我始終並未與聞。

一天，劉郁芬與鮑文樾同到我寓，告知前情，託我挽回僵局；我說：「這事要先冷幾天，等有機會，我再向汪先生進言。」過幾天，汪先生到軍委會訓話，完畢時，問我各部點編情形，我簡要報告後，談及孫良誠事，似猶餘怒未息乘機說：「在亂時，一般被收編的軍隊，人數則以少報多，名義則力求其大，軍餉則逾額要求；此通病也。既編之後，則其權在我，虛報者可取締也。常聽說總理有過一句話：『下一百個司令官的委任狀，只要有一個成功，則為不虛矣。我所費白紙耳！』」汪先生不覺莞爾！孫良誠事，遂由此解決。

孫部本駐河南，後來經過許久，直到我在蘇北行營主任卸職，方始改以蘇北靖主任移駐揚州。抗戰勝利後，蔣先生委為「暫編第×路總司令」，一說大陸變色後被殺於蘇州。

郝鵬舉不擇手段

三、郝鵬舉：郝字騰霄，本西北軍的青年將校。他是由繆斌帶到蘇北，薦於李長江，鬧到失歡；我到蘇北時調停人事，調任郝氏為行營參謀長兼軍務廳長；不久被調到南京，任軍官訓練團教育長，以此見知於汪先生。汪先生素主分小省區，因有淮海省之建立，而以郝為省長。此是前話的後話，為列舉隴海線軍事，只得提前敘述。郝的故事，複雜而突兀；郝的為人，小有才而野心甚大；其詳情將另於蘇北行營部份述之。

蘇北之徐、海兩屬，當時之北京臨時政府本派有郝鵬為該區長官；嗣經交涉收回，改為淮海省，任郝鵬舉為省長（按：前任長官郝鵬，後任省長郝鵬舉，只差一字，可謂巧合）；這可能是汪先生一時靈機感應：「以郝鵬舉舉郝鵬而去之」。郝鵬舉低任後，居然不擇手段，獻機媚日，歛錢成軍，徐海皖北素為產兵之區，數月之間，便成立三個師。計為：

淮海軍第一師，師長張奇。

淮海軍第二師，師長曾慶瑞。

淮海軍第三師，師長乜庭賓。

郝鵬舉是西北軍出身，年輕剽健，長於練兵，時間雖短，而軍容甚盛。踰年，抗戰勝利來臨，蔣先生委郝為「暫編第六路總司令」；以重慶方面有懲治其部下漢奸問題之勢，忿而投共，稱「人民同盟軍總司令」，與魯南之新四軍合；尋國軍知其故，又給以國軍名義（隊號已不復省憶），招之來歸，駐紮海州，仍與共黨戰；某日，鵬舉竟誤入魯東日照境敵陣，為共軍所俘，聞被火油燒死。數月之間，倉皇反覆，投機而無認識，聰明而實昏愚；其結果之慘，固自取之也。

隴海線上，還有龐炳勳、孫殿英等，槍枝部眾，均不在少數，他們雖歷次請求收編，但寵在北方，素無信舉；而孫又以匪軍著稱，故皆未允所請。迨勝利後，聞皆為共軍所消滅，而二人之死，殆皆同於郝鵬舉也。

點編督中一憾事

以上係隴海線東段大致情形，一時可告安定。惟洛陽方面，尚有一次點編失敗情形，為我所主持點編事務中唯一之憾事：

有劉錫義者，自稱係北大畢業，親到南京報告，謂所部有五千餘人，在黃河風陵渡一帶打游擊，無所依歸；携有表冊，堅請收編；經呈請核准，派員前往點驗；擬於編成之後，調至鄭洛之間；因該部在陷區極西偏北，路程較遠，特編成點編小組，以本廳第一處處長王弼為組長，帶同各組員，隨同劉氏前往；臨行時，並帶領全組人員謁見汪先生，聽候訓話，甚鄭重也。殊該組到達目的地時，劉即詭稱已受國軍收編；將王組長等扣留，禁於洛陽；雖稱優待，王亦抑鬱而死。此事，我們志在維持陷區，並無收編之必要。歸隸國軍，亦是正辦。劉某乃以詭詐邀功，致喪我一中將處長，殊為遺憾。

王弼處長與我為同期同學，曾任北洋第二十師師長；為人誠樸幹練，威武不屈，體魄偉，北方之強也。惜哉！王氏當時尚有遺族在京，經余呈報汪先生，優予撫卹，然我心終戚戚焉。

鄂粵兩省的部隊

關於蘇北事：最複雜、最複亂。開始一部份，是我在第一廳任內辦的；其他大部份，甚至部隊之編成，俱係我就任蘇北行營以後辦的；所以在此處，還是先將遠省幾處軍隊，簡單交代一下，然後再談蘇北方面。否則，就搞不清了。

關於湖北方面：

由武漢綏靖主任葉蓬收編者計有三個師：

第十一師師長李寶璉。

第十二師師長張啟黃。

第二十九師師長周屏藩。

關於廣東方面：

由廣州綏靖主任（兼省長）統轄者，計一軍三個師，及海軍：

第二十師師長朱存。

第三十師師長鄭洸薰、郭衛民、王克明先後繼任。

第四十師師長彭濟華。

特務團一團。

海軍：廣州基地司令招桂章、薩福疇先後受任。

潮汕總司令黃大偉在京奉命赴任所。

以上兩省一區的部隊，均由各該綏靖主任直接編定之。

綜合所有南京和平政府統轄境內之和平軍，除蘇北區尚未述及外，其餘各部份，因為有左列各原因：

一、有由我直接經手者；

二、有由各地長官主辦者；

三、有在我卸職第一廳廳長以後者；

四、相去近三十年記憶不清者。

所以有詳有略，大致上可以得其梗概了。

蘇北方面問題多

至於蘇北區，因為：

（甲）是初次建立的一個行政區——蘇北行營。

（乙）是分割江蘇省而成。

（丙）有十萬以上待編之軍隊：

一、由李長江自徐州帶來之第四游擊隊及顏秀五自沿海集合之游擊縱隊與各部民團——後皆編歸李長江，共為五個師。

二、由楊仲華集合之洪湖兩岸及鹽、阜東海之部隊，後編為四個師。

三、另有李實甫一個旅駐海州，及劉相圖、潘幹臣、蔡鑫元等三個獨立分駐寶應、興化、泰興、靖江一帶。

（丁）有由江南北竄之新四軍餘部，盤據發展。

（戊）民政方面，瘡痍滿目，百端待理。

有這許多，而所有軍隊，又是我到蘇北後才改編，所以不能和那些部份一道寫。我是蘇北人，在先，只是以第一廳職務關係，承命奔走，接洽李長江等各部之來歸；上項（丙）之「一」係由李長江領導出面，李明揚只在幕後匿居鄉村地下，一面保留其重慶關係，一面陰與陳毅聯絡，與指導楊仲華之收編事項。不意有一晚九點多鐘（日期不憶），汪先生電予寓，直接通話。謂予曰：

「今已決定設立蘇北行營，以你為行營主任！對外暫勿發表，你可準備準備！」

我既感覺責任綦重，又欣然於服務鄉邦，正應當仁不讓；所以發表後，受命未辭。我想：這雖是一個吃力不討好的爛污攤子，而又在東西互訐、和戰爭持的局面下。無名可立，無利可貪，無功可表；但是我深有自知之明，以我素昔行為，傲岸不群，似乎腦後有反骨；我這一生，除唐孟瀟，誰肯用我，誰又敢用我？今汪先生識我於儔人之中，任以軍寄之重；我又何妨屠門大嚼，牛刀小試呢？

以下分別詳述蘇北方面事項：

李明揚按兵不動

第一、行營未設前之醞釀：

（一）民二十九年前後蘇北之狀況——包括新四軍之北竄、八十九軍之失敗、江蘇省代主席韓德勤之西撤。

（二）李長江部隊之形成與來歸。

（三）繆斌之投機譎詐。

（四）李明揚之首鼠兩端。

（五）建立楊仲華部隊。

（六）我三次赴泰州。

（七）汪先生談縮小省區。

茲先就「第一」部份各節目順序述明：

（一）民二十九年前後蘇北之狀況

新四軍軍長葉挺，於皖南事變中，為第三戰區顧祝同將軍所俘；陳毅率其殘部向北逃竄，中途在茅山附近，又為綏靖軍所擊潰，僅以千餘人渡江，擬在泰州附近黃橋一帶暫謀棲息；時江蘇省代主席韓德勤計畫乘機殲滅陳毅；特派八十九軍軍長李守維率所部一師一旅暨保安隊，會同第四游擊隊總指揮李明揚及稅警總團陳泰運不下二萬餘人參加作戰；詎李明揚別有用心，按兵不動；陳泰運亦保存實力，袖手旁觀；卒使新四軍化整為零，施行突擊；於黃橋附近激戰三日，旅長翁達自戕，李守維亦墮河而死；這所謂黃橋之役。八十九軍既潰不成軍，李明揚亦以聯共自固；坐令陳毅得以挽回殘局，而致韓德勤愈趨頹喪，李明揚之罪也。

此時日軍之南部謙吉所部，乘國共互戰之際，進兵泰州。陳毅所部，只得散處地下，李明揚亦逃亡鄉間，而以李長江依附南部謙吉而保存。

韓德勤既損兵折將，蘇北南面之地區，全行失守，省府遂由東台而興化、而淮安之鳳谷村、而清江浦（淮陰）、而一再西撤；此時蘇北全境，除少數日軍外，殆已成無政府之狀況矣。

繆斌利用李長江

（一）李長江部隊之形成與來歸

李長江南京人，本腳伕出身，性耿直而能孝其母，當李明揚在廣州為李烈鈞參謀部衛隊司令時，長江隸其下，嗣於明揚在鎮江省政府任保安處長時，長江曾充保安團第四團團長，此二李之淵源也。抗戰之始，軍醫總監劉瑞恒在徐州命李長江招募擔架隊，劉氏撤退後，長江遂以擔架隊為基本，收集散兵槍枝，編成游擊隊。明揚是徐屬蕭縣人，本江蘇陸軍小學三期生，略知軍事，而人甚糊塗；以長江為其舊屬，遂長其眾，而夤緣為蘇魯戰區第四游擊隊指揮，時皆以第×縱隊稱；迨徐州國軍撤退，長江率隊沿運河東南行抵泰州，又聯合顏秀五之濱海游擊縱隊、丁聚堂、何霖泰、陳才福等地方部隊，尤以秦慶霖之西北軍基幹組成之部隊加入而聲勢大振；時值和平政府成立，汪先生正與日總顧問商討收回蘇北問題，李長江及其所聯合之各部隊，遂有歸附之心；繆斌適逢其會也。

(二)繆斌之投機譎詐

繆斌江蘇無錫人，曾任蘇省府民政廳長，素以貪墨名；因與李明揚為同事，以此並識長江。繆於北京臨時政府成立時，在北京任日人所組織之「大民會」副會長；南京政府成立後，認為利用李長江，可以在汪先生處取得地位，騙取金錢，正名利雙收事也。繆遂先到泰州，向長江游說；此時長江本欲投汪，正中下懷；他遂挾以自重。繆抵南京謁汪時，陳述李長江歸附和平政府之條件：

一、須先給予長江軍費二百萬，槍械彈藥若干。

二、長江表示：願歸繆直接領導指揮，不須直接汪先生，以免隔閡；其意蓋欲以此博得蘇北清鄉總司令也。

江先生疑其所提條件，甚為不倫，慮有黑幕，隨即命我前往泰州晤李，要當面問他，為何不願直接主席領導，反要由繆直接指揮，豈不成為間接了嗎？我啣命到泰，繆多方留難；我從前住過長江的房子，與其母及長江素稔，遂於深夜到他所住的「小泰山」，當面以汪先生意詰問之；長江跳起來說：「我為甚麼不要直接汪主席呢！」主席肯領導我，我正求之不得呢！」我回京報告，遂拆穿繆的西洋鏡，他的蘇北清鄉總司令，也就此告吹了。後來李長江正式受編後，曾到京謁見，汪先生當面將日記簿上所載繆斌事先所提的條件，念給他聽；

他力白其無；此可見繆斌之作偽心勞也。

陳毅愚弄李明揚

（四）李明揚之首鼠兩端

自黃橋之役後，李明揚即匿居鄉村，由長江供給其費用，不時到上海去逛窰子，自得其樂；加入和平軍這一切，皆由長江出面；其作用有三：

一、對於重慶中央仍保其第四游擊指揮的名義；

二、參加和平，表面雖是李長江，實際與他本人無異；

三、他與新四軍陳毅可以密切連絡，他也嘗找周佛海，並有一次上條陳給汪先生；真可謂首鼠「三」端矣。

這裏還有一段小笑話：陳毅與李明揚相處甚得，藉免長江軍事上之障礙，就利用其無知與迷信，以投其所好，引動其附共之心理。乃囑其左右，於扶乩時偽託呂純陽降壇，賜李以詩，中有兩首絕句云：

〈其一〉

白日西馬瞬復東，將軍草上枉英雄；
漢家左袒千秋業，大地橫飛草上風。

〈其二〉

折盡南枝尚北枝，一江春水再來時；
難封李廣揚名處，馬耳東風說與知。

第一首說日本將敗，李宜靠左；第二首說新四軍江南雖受挫，尚有江北可圖；尤其末二句影射李師廣（明揚字師廣）不得志於重慶，可由陳毅指教他；名姓暗合，恰到妙處，陳毅之故弄狡獪，亦可人哉！

本擬寫完這「第一」第的七項節目，但已眼光手顫，其未了之五、六、七三項，留待下期再寫吧！

二十二

蘇北這一地區，雖無崇山峻嶺；而東瀕大海，南臨長江，西枕運河而匯洪澤湖、寶應湖、高郵湖之水；北阻微山湖、獨山湖而以隴海鐵路橫亘魯南；固京滬之堂陛，而長江下游之奧區也。以全國言：自不得與四塞之國——山西、四川相比數，而以和平政府之現局言：則蘇北仍是一水鄉的四塞之國；因其地位之重要，乃有相因而生之計畫；故於收編李長江部隊之外，另以楊仲華建立一軍。

三赴泰州的任務

上期寫至第四個節目「李明揚首鼠兩端」為止，今且續寫建立楊仲華部隊之經過。

（五）建立楊仲華部隊

楊仲華（字岳輝）江蘇皋寧人，留日士官後期畢業（歷來軍界對於留日士官前後期可稱述者，有一、三、六、十各期；嗣後保送限制放寬，期數多不詳悉），曾充江蘇省主席韓德勤部下之江蘇保安隊第十旅旅長；迨韓氏由蘇北逐漸西撤，楊率其少數殘餘部隊游離鄉閭。他本人親到南京，陳述其意願！本其已有之基幹，擴充收集散處蘇北湖沼地區，及其本鄉皋吧沿海之零星分子，編為和平軍；我與仲華的一位伯父兩位叔父，係晚清淮安府中學堂的同學，他以老仁姪的身份來請見，具陳前旨，我認為有考慮之必要：

一、李長江部雖正式受編，但僅局限於泰縣、海安一隅，控制地區太狹；

二、蘇北其他廣大地區，實有配備部隊之必要；

三、新收編之各軍，人事龐雜，應有其他單位，收牽制、呼應之作用。

本右之理由，我即陳明汪先生請示，得其俞允，乃命楊仲華回蘇北進行；此即後來蘇北行營所轄第二集團軍四個師所由來也。

（六）我三次赴泰州

在民國二十九年蘇北混亂之交，我曾奉命三次赴泰州（泰州在前清為散州，次直隸州，大於縣，屬揚州府管轄；民國改為縣，以與泰興縣為鄰，名稱易於混淆，故習慣上仍稱泰州，其實應稱泰縣）：第一次是在黃橋戰役初告結束時；第二次是接洽李長江所部之來歸，並質證繆斌之投機譎詐、架辭說項；第三次是代表和平政府檢閱李長江部，舉行接收儀式。

當黃橋戰役結束時，國軍第二十九軍因李守維之溺死與翁達之自戕，所部潰散，為陳毅與李長江所收容；及至日軍南部加以掃蕩，泰州又入於日軍之手；新四軍隨即潛入地下，李明揚亦暫行避開，而以李長江出面，受庇於南部；同時江蘇主席韓德勤亦步步為營，續續西撤，蘇北全部，實已淪陷；汪先生既欲接管蘇北，預備以泰州為重心，先收編李長江部，並與日軍南部交涉一切；我第一次到泰州的任務是：

一、視察現地的情形；

二、調查李長江部的狀況；

三、根據南京總顧問部與和平政府同意的辦法，與南部司令作實地之協商。

我從南京出發，帶同本廳顧問村上大佐及翻譯，經揚州赴泰州，當時揚泰之間，尚無公路，只有半程可坐黃包車，其餘半程則坐民船；而水路兩岸潛伏的或軍或匪，沿途開槍，對小船射擊；不得已將所帶的衛隊，分配於河兩岸，隨船搜索前進；雖有冷槍，並未接近；總算安抵泰州。南部司令為人文雅，擅繪事，他說：「他生於中國烟台，其父為烟台領事，不幸而有此次中日之戰；關於蘇北的事，既由汪主席與總顧問部商妥，自當一切遵辦，所有細節，皆可迎刃而解；至於李長江部隊，等到實行編入和平軍，悉聽汪主席辦理，日軍無不加以協助。」這開始的交涉，還算滿意。跟著我就會見了李長江，李表示：「現與重慶中央隔斷，正在徬徨無依，極願歸隸和平軍；他已收集三萬多人，皆以縱隊為單位，有槍有兵而無餉，甚是苦事！」我說：「回去報告主席，短期內就有辦法。」隨又接見了他的所部各縱隊司令，慰問一番；我就回程，改由泰興乘小輪到鎮江，回南京向汪先生報告。此第一次赴泰之經過也。

第二次是因為繆斌利用李長江從中搗鬼，已如前述「第一」之（三）；茲不再及。但是這一次，因為郝鵬舉的事，卻憑空添了一段麻煩：

郝鵬舉在軍界裏，本是藉藉無名的人；聽說他先在西安一個軍訓機關當教職，為一桃色案子，胡宗南把他拘禁，他逃了出來，帶同那一位美人兒到北京，投奔繆斌，繆正在脫離「大民會」南下，就帶他到泰州，薦予李長江為參謀長，預先佈一著棋；郝鵬舉到差不久，就以李長江的代表身份到南京活動；時李尚未來歸也。郝到京，先去見楊揆一，請求謁見汪先生；楊閃爍其辭，多日無下文，轉而見我；我以為李長江部收編，正在醞釀中，對其參謀長，何必吝於一見，適值汪先生在開會休息之頃，我即帶領郝氏引見，自然得到溫語慰勉一番；此予識郝之始也。原來舊官僚作風，多喜將新進之人，抓在手裏，不使輕易接近領袖；我實無此機械心，楊揆一之忌我，此其一端；這且不談。

郝鵬舉初見我時，我看他少年英挺，在亂時亦屬可用之材，隱有提挈之心；惟見其一副舊西北軍的表情，殊不習慣：坐則臀尖一角，答則是！是！連連，而且聽我講話，一句一立正；未免足恭過甚，有點虛偽肉麻；我素來不喜這一套，以係小節，雖不滿意，亦未計及也。

這次到泰州，晚間有一宴會，李長江告我：「郝到職月餘，即勾結其部下長官，拜把兄弟，聯誼樹黨，為繆斌張目；又討好日人，冀取外援，相處甚不愉快；頃已迫其辭職，並收回其代行辦公之圖章；但他仍在鼓動我部下，借繆斌之力，對日方撥弄事非」云云。

我說：「正當我來時，即遇此事，外人不知，必疑是我主使；我勸你在收編前，一切忍耐，不可另生枝節；你將圖章交給我，我教郝鵬舉照常服務，將來我替你設法，將他調開，以免人事上的磨擦；也不致令我來了一趟，揹上嫌疑。」

我對郝說：「你少年氣盛，來日方長，坐席未煖，即和主官鬧彆扭，將來誰敢用你！你聽我的話，對你總有安排。」郝亦接受圖章，欣然而退。遂了卻這一宗公案；此我第二次到泰州之經過也。

第三次是以和平政府代表的身份，正式接受李長江的部隊；宣佈受編為和平軍。這裏也有繆斌的一段插曲：

我因為要在揚州與熊師長育衡有事接洽，所以仍循第一次赴泰州的路線，水陸兩截前進，自然行程要慢一點；繆斌知道了，他就由鎮江乘小火輪經泰興先趕到泰州；他尚不知道汪先生已經摒棄了他，而我已早有電報到泰；他到泰州就大張旗鼓，聲稱奉命前來接受；要李長江調動部份軍隊到小校場準備閱兵，大有搶先一步、喧賓奪主之勢；隊伍也編排好了，檢閱禮台也佈置好了，他跑上跑下，催促舉行；但是這個隊伍，此時還在日本人手裏；必須要由南部司令同我出席，正式宣布交接，方能完成手續；他想做成事實，好作清鄉總司令，這雖在亂世，也是辦不到的。結果，還是要等我到泰，南部與我及李長江先後發言，並舉行分列式，完成交接手續這一幕戲劇式的爭座位、丑表功。繆斌雖亦強顏參加，那只是畫蛇添足了！

這一晚，舉行中日雙方軍事長官及地方紳商的宴會，雖在抗戰聲中，而亦知飲痛以求和平之可貴！此予第三次赴泰之經過。

縮小省區的意見

（七）汪先生談縮小省區

有一天，汪先生對我談起縮小省區問題。

他說：「中國省的轄區很大，應該把它縮小，對行政效率，可能好得多！」

我答：「國人的習慣，鄉土觀念甚重；而鄉土則以所隸之省區籍貫為主；驟行更張，恐有不便。」

汪先生說：「譬如江蘇，分為江蘇南省，江蘇北省，仍保有原來的省名。在前明，不也有江南東路、江南西路的劃分嗎？」

我答：「大行政區，似乎沒有關係。」

蓋汪先生當時意欲改蘇北省，但尚未決定；所以後來有淮海省之建立；因時制宜，未為不可；然茲事體大，似非急就所宜；其時未便多所陳述也。

我退而細思，加以研討；私意以為省制問題：宜於平時集合專家研究，製成方案；於適宜時期，全國同時頒佈。當然！以汪先生之遠見，於此重大變更，豈有不知，而率爾以行之？徒以在此時一種殘破畸形的局面之下，有不得不權宜運用之趨勢；知其權、知其暫而為之，時也，勢也！

我從前在戴傳賢院長所主持的「中央法制委員會」中，對於劃分省區的原則，曾提出過若干意見；今且在這裏附錄出幾項，儻亦為後之論政者之參考：

1. 須就歷代相沿的體制，適宜劃分；不可有太大的變更。

2. 須就山河形勢，跨有兩方；不可逕依山河為界，致有憑險分裂之虞。如：長江各省，兼有兩岸地，河南省兼有河北地，甚為合理。

3.豐腴與貧瘠之區，宜調劑貧富，免啟爭端。如：雲、貴之於四川，廣西之於廣東，時常啟釁，即緣此弊。

4.民情強弱，顯著不同，宜融合為一；不應各別建省，以致歧視愈深。如：江蘇之蘇南、蘇北。

5.邊界：宜因地勢及歷史，犬牙相錯；不必如墾荒者之縱橫成形。

6.宜於大動亂後絕續之交，同時宣佈。則新制易成習慣，舊制不久忘懷。如：江蘇、安徽兩省，在清初本為江南省，康熙六年，始分為兩省；而「省名」亦採取江寧府之「安」字，與徽州府之「徽」字，合為「安徽省」；並無多大意義；行之三百年，亦沿用不衰，絕續之交也。今日如欲對省區有大興革，吾以為國府宜早作準備；若大陸於此行之，亦適時之作也。

自暴其醜三趣事

這時我的蘇北行營主任新任命，已經正式發表了。行營駐在地設在泰州，因為比較適中一點；至於揚州，過偏西南一隅；雖設備較佳，只好放棄。蘇北行營的組織，分設三廳十五處，一時人員既難物色，人事亦不易安排，我一面派人到泰州籌備，一面在南京接洽佈置；

並將軍委員第一廳職務結束移交。以後去了蘇北，到南京的時間就少了。我不免就此時間，寫一些我此次在南京期間的「爛污小史」，讓各位讀者笑笑，我也輕鬆輕鬆。我是好人中的壞人，也是壞人中的好人，不怕自暴其醜的！以下是我的三件趣事：

第一件：在上任前的那幾天，當然有人替我餞行，同時必然打牌。有一次，牌腳有嚴家熾（孟繁），他那時是周佛海則政部的次長；打完牌，他贏了，就在牌桌上拿籌碼還我一萬二千塊錢，我勃然大怒，對他說：「現在是什麼錢，從前是什麼錢？你當年在天津欠我的一萬二千塊錢，那是現大洋，距今十四個年頭，我沒有向你問一句；現今你這樣子還我，不如不還，猶有點交情在。」

原來這有一段古：民國十八年，我曾和嚴家熾在天津張鳴岐（堅白）家打牌，張是清末最後一任兩廣總督，其時嚴是廣州知府，所以總有他在座；我們打的是現洋，結賬時開支票，他輸我一萬二千玩，支票不兌現，請大陸銀行總經理許漢卿對我講人情：說他北票煤炭股票，不能兌現，所以暫時沒法。我說：擺住再說。這一下擺了十幾年我沒有提起，他也不談。現在這樣的還法，我如何不生氣。

第二天，嚴氏特為在家設宴替我送行；我一到，就命僕人在我面前，鋪上紅氈子，引來南京的紅歌女王熙春跪到地下，就喊我乾爺，向我叩頭；這就算為我賠禮了事。倒反使我貼了見面禮，以後王熙春在上海天蟾舞台下海唱戲，又找我代她銷了三千張票；老官僚的手法，好不厲害！

第二件：一次，南京報上，忽然發現大幅某律師聲明廣告，說我遺棄一個女子，曾結婚十年，要法律解決。這是我的妾侍，只同居一年多，已在上海經過律師脫離關係；並有某名公及某聞人簽署證明。這女子希望復合，居然到南京謊言登報；同時僱了汽車，停在軍委會附近，等我上班；又到我各友人家，自稱是我太太；又帶同兩個外籍女子，到京找我；又專在我的汽車停放處，日夜等候，幾乎天天捉迷藏，鬧得我無法辦公；我只好去報告汪先生，自請辭職。汪先生問：「你同她結過婚沒有？」我就說：「是妾的身份，沒有結婚！」並將脫離字據與照片，給汪先生看。汪先生說：「這是無理取鬧，送她回上海好了！」她從前是一位交際花，也是我一生對女人的大失敗。後來，我聽講她還到過蘇北，要找我，在揚州給熊師長把她送走了，好不厲害。

第三件：又是一次無妄之災：我從前在上海長三堂子，捧過一個姑娘，也有三年多的時間；我的朋友所贈她的詩詞，及我所製的嵌字對聯多副，皆由榮寶齋裝璜懸掛，艷名甚盛；雖未未論娶嫁，而往來甚密；後為一友量珠聘去。時在抗戰之前，我在南京服官，慮招物議，未之顧也。這位獵友，本北洋達官之後，亦以遺產為銀行股東，寓北平而時來上海。和平政府時，第十三師師長丁錫山在上海橫行（即上次受改編監禁者，曾詳前文文），將這位豪客，綁架到浦東；於是北平銀行界，有以為是我所主使的。我並不知有此謠諑，後來還是由大陸銀行總經理許漢卿告知我，他並為我辯誣，說我是俠義之士，豈肯出此。我才恍然自笑，我不幾乎做了一次綁票匪了嗎！孟子說：「桀紂之不善，天下之惡皆歸焉！」莊子說：「羊肉不膻，那有蠅蚋。」我其為桀紂乎！我其有羊臊氣乎！寫至此，不覺大笑！

下次再寫正文。

二十三

吾國政治之不上軌道，其原因莫過於人事問題；而人事之所以複雜混亂，則源於：一、綿延不絕之內戰；二、割據式之獨立；三、人才訓練之不統一與各種派系之形成——地方性、領袖性、政治性、學派性；四、前後需用的年資與數量不能啣接，致新者擁進，舊者塞途；五、任用私人。所以無論在平時、在亂時，只要有一機關成立，或有一主官發表，無不薦牘紛來，應接不暇；陳情投效，履歷一堆；或古董過氣，或年少有為，或敘黨齡，或論軍籍，或挾勢以相要，或論交以道故；一事未做，已知怨望之多；八面玲瓏，自有求全之毀。可憐我一生沒有做到大官，今在此殘敗閏餘的局面中，出主蘇北行營，賣氣力，揹惡名，也要受人事上的折磨，編組上的困擾；所為何來！

蘇北行營的編制

我因為這幾十年的交遊及同事，自抗戰軍興後，都到重慶去了。現在在汪政府的南京，要搞一個較大的行營組織，真覺得舉目無親，只有就現地情形，因陋就簡，編制起來：

行營參謀長，最好是前第一廳的王弼處長，但可惜他在洛陽出差死了；我就用了郝鵬舉，並兼軍務廳長。一因郝其才可用，二也對李長江實踐前言，有個交代；政務廳長，用的一位黨老爺掌牧民；他是阜寧人，與我雖素昧生平，但是他有個哥哥在前清淮安府中學堂同我同學，也算有一點瓜葛；總務廳無甚關係，適有保定二期同學姚秉誠來投，他本是長江上游總部的老人，就給他這養老差使（後來果然死在任內）；民、財、建、教各處長，悉由政務長保舉任用；軍務廳如參謀、交通、軍務、軍械、軍法各處，亦由郝自行組織；秘書長是一位山東老舉人，橫豎重要公事，我自己會辦，完成體制算了；副官長是故友劉玉春將軍的少爺，他是留日士官後期生；軍需處長潘粹卿，是訓練總監部的會計主任；衛隊團長是第二期保定同學張某；還有些獨立機構，如：稅務總管理處、猪捐總局、蘇北物資（雜糧、棉花、油、酒、薄荷、白菓、猪鬃、黃狼皮等等）貿易總公司等，皆由地方人士及各軍推薦；我既志不在弄錢，也就不找這些麻煩了；蘇北黨務辦事處、蘇北銀行、《蘇北日報》，皆由掌廳長負責；差不多大致規模就緒了。

就職前的兩要公

他們各就本職，先到泰州去籌備開張；我在就職之前，還要先辦兩件要公：

一是到蘇州去和江蘇省政府辦理行政上的分割交接事宜：原來江南所屬有二十七縣，蘇北有三十四縣，雖然郝鵬以華北的關係，管理徐州附近幾縣，屬於蘇北者，為數尚多，蘇省府則有全部冊子；此時省長是高冠吾，已在蘊釀調任安徽，而以李士群繼任江蘇，但尚未發表，高氏自然順水推舟，全盤托出；等到李發表後，對於民政部份，口出怨言，不肯鬆手；我是無所謂的。汪先生就召集李與我二人當面指示，說：「現在蘇北軍民各政，完全劃歸蘇北行營管理，江蘇省府，不再過問！當面交代明白，嗣後不得爭執！」李士群雖無言而退，但積怨於我，自所難免；此所以爾後對清鄉、特工各事、皆嘖有煩言也。

第二件事是要到上海去和日本軍事各首長應酬一番。這是總顧問部要求的，大概算是拜客，以及對於蘇北少數日軍辦事便利一點吧！我就帶一位翻譯和顧問部一上尉級軍官，到上海寓國際飯店；這裏，所有預備拜會的日軍主腦，已在南京與顧問部商妥，計為：登部隊司令、海軍司令、陸軍部、憲兵司令、特務部……等，再由所帶翻譯及日軍上尉分赴上項各機構，接洽拜會時間；他們連絡規定，每一處停留晤談約二十分鐘間，中間歇十分鐘，又到一處，客方抵戶，主已在門，迎送如儀，時間啣接，半日而畢事；我在這一點上，就看出日本人做事之精密緊張，絕無鬆懈因循之弊，且能各部份連串一致，無紛歧混亂之形；此雖小節，可以喻大。第二天，他們分別回拜，略談而退；我在這晚，就在國際飯店設宴歡敘一番，完成一幕敵我在戰爭中的和平酬酢。

回京後，就準備到泰州就職。這時揚泰公路，業已修竣，決定取道揚州；因為揚州雖是蘇北轄境，而駐軍的師長熊育衡，卻是第一方面軍的；我就通知任援道，委熊為行營揚州辦事處長，這樣子，在統屬問題，可以兼顧了。

過江第一站，自然是揚州，熊師長特別捧場，在我的下車處，排列了地方紳商各界及民眾團體，接著是武裝整齊的軍隊，同時軍樂洋洋，禮儀肅穆；我由排頭到排尾，一一答謝如儀；一面我在心中想，除軍隊外，可能都是熊師長派警察請來或勉強來的人吧！我向來看到很多新官到任，總有這套把戲，我就不覺惶惶然，如何能由他們自動來歡迎我呢！

跟著在舊鹽運使衙門，開了一個歡迎我到任的大會，參加的人也不少；先由熊師長發表開會辭，繼由地方代表致歡迎辭，這些我認為總是門面話；我就答辭；我說：

「我一天事還沒有做，承你們這樣歡迎我，我又感謝，又惶愧；同時我接受一次歡迎，就感覺一分沉重，增加一份警惕，我如何能報答你們這一份美意和期望呢？我在外任事多年，沒有機會為家鄉效力，如今在這樣局面之下，回到蘇北實在是處境艱虞，責任煩重；我決心勉力而為，以期做到下面的幾件事：一、將蘇北的部隊，短期內編制完成，加以整訓；二、特別動亂的地方，我要親往加以清剿；三、我將巡視各縣，整飭縣政；四、所有稅務，一仍舊制徵收，決不以任何名目，妄取民財；五、修築主要公路；六、安輯流氓民眾，使其早返家園；七、我自矢決不要一個錢，以飽私囊。尚望各位父老，隨時有所建議，加以督責，以免有所隔閡。揚州是蘇北的大都會，行營本擬在此設立；因為軍事關係，泰州比較適中，將來還應回到揚州；好在熊師長駐軍揚境有年，維護地方，功績昭著；現在我又請他擔任行營駐揚辦事處長，對於這一方面，我更可以放心；熊師長是本地人，關懷桑梓，地方人士，與他相處融洽，更是一件愉快的事。今天我還要趕到泰州，就此謝謝！」

下午到泰州，那些照例的歡迎排場，且不去說；不過就職典禮，是佈置在小校場上的；禮台上有日本軍官、地方紳士、各部隊長官、以及本行營各級主官；首先由我發言，宣佈就職。大意是：希望軍民協力，安定地方；尤其在這和平協議，難能可貴的機會上，要把蘇北搞好！其餘與在揚州所說的大略相同；次由日軍南部司令致辭，他說：「汪主席達成中日和平，把這最大軍區，交給臧閣下，我們是很歡迎的！關於和平軍之建立，也很盼望貴方順利完成，做到愛護百姓安定蘇北。……」以下對我個人稱贊一番，無非應酬頌禱之辭；跟著有本地代表，一位孝廉公，一位商會會長，先後發言，也是照例文章；最後舉行閱兵，禮成散會。是晚，地方人士有一個公宴，又不免演說一番。下車伊始，真是麻煩。

行營設在縣政府舊址，房屋尚寬敞，有一小花園，總務、軍務兩廳在內；政務廳另用一所空置大宅；我私人寓所，係租賃的一宅小小民房，二層樓洋式設備，院子不大，但有一株臘梅樹，高已逾丈，伴以修竹一叢，尚稱清簡舒適。我在就職禮畢後，即到行營，發出第一號就職佈告，同時電呈汪主席報告。計一早由南京出發，中間經過揚州，以及抵泰各項節目，這第一天工作，總算完畢。我想：在這亂糟糟的期間，於敵我夾縫中，求為桑梓造福，亦甚苦惱事也。

當務之急幾件事

第二天，我到公。先接見科長以上職員，然後集合全體，在大禮堂訓話；隨著又接晤了幾位道賀的來賓，及在泰的各將領；這就開始正式辦公。

我最先措理了當務之急的幾件事：

（一）通令各縣自行營成立之日起，所有蘇北各縣一應行政事宜，均直接呈報本行營核辦，不得逕呈或分呈江蘇省政府。這是在南京經汪主席已經規定的事，自宜先行令知，以免分歧猶疑。

（二）對所有現任各縣縣長，一律先行加委，概不更動。我對縣長問題，早已深思周慮。因為我一時既無許多行政人才，可資任使；而這一位置，又最易為上下貪污之媒介；所以斷然先作此一規定，無論其現任者出身為何如人，只要能維持現狀，漸上軌道，暫時概不更換，以免逐鹿者生心，貪婪者舞弊；而我亦有餘裕時間，從容考察。

這裏事前事後，發現過幾次可笑的事：順帶寫出來，以見縣長一職，確是腥膻的羊肉，當政者不可不察也。

十萬元現金買兩個縣長

在我未就職前到上海時，就有兩位商界舊友，追蹤相見，各取出拾萬元現金存摺（民三十年幣值甚高），指定要南通、東台兩縣缺；我告知他們：「我一不要錢，二不賣官，千萬不要拿這些齷齪事來囉唆我。」後來到泰約一個月，有如皋縣長某（記得他是在上海《新聞報》寫副刊的，文筆甚好，年已六十餘，名字忘了），來謁，臨行，交閽者一函，封面寫「密報」「親啟」字樣，拆開來，是伍萬元上海某銀行支票一紙，我氣極了，喊他回來，我先問他：

「你在如皋弄多少錢，就只送我這一點就夠了嗎？你知道我同你一樣貪污嗎？」跟著我大聲說：

「混賬！糊塗！我槍斃你！」

他就跪在地上，磕頭如蒜；我盛怒作色，一言不發；少頃，我又命人去請軍法處長，他更嚇壞了，加緊磕頭求饒；一會兒，下面報告說，軍法處長來了！我說沒有事，請他回去；我這才對他講，我說：

「你也是讀書人，在這種時代，做份縣長，為什麼不多替老百姓辦點事，反在行賄上用功夫呢？你準知道我要錢嗎？你又不打聽清楚，你真糊塗！我現在就是犧牲了你，我也不在乎借你的命，邀個廉潔的名；現在我成全你，你將這五萬元拿回去，罰你再加五萬，設法去對如皋做一點善舉，我要派人去查看的！你仍然去做縣長，要格外好好的幹，我照舊相信任用你；這一次事，我替你守秘密，保全你的名譽。我也不完全怪你，因為如今要錢的長官太普遍了，誰教我不識時務呢！」他這才舒了一口大氣，又向我磕個頭嘴裏直唸道「雷霆雨露」，拜辭而出。

寶應縣電報如雪片飛來

又一次，忽然在一日之內，接到寶應縣十幾份電報，如雪片飛來，皆是地方團體及駐軍師長具名；內容是公推我的胞弟為該縣縣長；我一想：這其中一定又有黑幕，大概是駐軍或本邑人與現任的縣長不合，利用我弟弟以去之；或是有人借此討好我；亦可能是我弟弟想活動？但是我向來反對任用私人及與親屬同事的，當然我不答應，並讓弟弟住到鎮江，以免是非。

（三）對地方豪強綁票式的「請客」嚴行禁止。我早就知道近年蘇北有一種惡霸，用「請客」方式勒索商民，被請者如不滿所求，即扣留人質，行同綁匪。我出了佈告，如有犯者，依綁匪例治罪。這事我嚴厲執行，約在兩個月間，經告發緝獲三名擁有槍枝自稱少將者，由軍法處審判，予以槍決。後此果獲安謐。我在泰州，開始槍斃這三個人，直到我下台，我也未再槍斃人。可見法必嚴於始，嚴於始，方能儆其後也。

（四）暫設三個辦事處，一個警備司令，分別委任。關於地面佈置，本應設揚州、南通、鹽城、淮陰（清江浦）四個辦事處，茲先設兩處，逐漸推廣，上海只是接頭外務與運輸購置，亦設一處，海州因李實甫已有一旅人在，即以之為警備司令。

1. 熊育衡兼揚州辦事處處長。
2. 徐承宇為南通辦事處處長。徐是士官後期畢業，其父亦士官前輩，為南通紳耆，方病故。
1. 藍國城為上海辦事處處長。

2. 李實甫為海州警備司令。

（五）命軍務廳籌備召集軍事會議。在軍事會議後的工作計畫，預備：

1. 先編成李長江部五個師然後赴京報告。

2. 繼續編成楊仲華部四個師。

3. 巡視三個獨立師與駐在縣。寶應潘幹臣師，興化劉相圖師，泰興蔡鑫元師。

二十四

大凡貪污事件之成立，必是兩方面的：行賄者自顧有所歉咎與大欲；而受賄者之職權，足以予奪、玉成之，需求相應，交易乃成。縣長：美其名為親民之官，究其實乃貪污之藪；吾嘗分縣長為五等：純粹廉潔、而又能盡職做事者，為一等；小受例規、貪不傷廉、而能實心任事者，為二等；貪污在疑似、玄妙之間，辦事有奇才異能之績者，為三等；清廉自守、規行矩步、而毫無能力者為四等；頭腦冬烘、自命清高、而僨事傷民者為末等。總之，地方官以能做事為主，出身與行為其次也。

點編軍隊，尤其雜牌軍，更是最易貪污之媒介。因為他們官位要高，隊號要大，而人數與槍枝則以少報多，軍費則要求足額，到了實行點驗時，則花樣百出：或拉伕補充，或輪迴應點；走馬燈亂你眼簾，假殷勤縛你面子；對點編小姐，無不予取予求也。

嘉獎廉潔鬧笑話

我在南京，也鬧過一次小笑話：那是在安徽皖北方面，有一部份小部隊，預備編個獨立旅，我派一少將級科長惲某，帶了個點編小組去執行；他完成任務後回來報告說：那邊送他一萬塊錢，他退回去未收。我聽了很高興，覺得我用的人，真能廉潔自持，幫我掙面子，馬上就呈報汪先生，隨由主席下令，予以嘉獎。

不料嘉獎令發表後，這點編小組內部有人告密，說惲某收了人家的錢，又回來謊報邀功；我再一調查盤問，證實密告非虛，真令我啼笑皆非！他這種弄巧成拙的做法，是以相反的手法，掩飾他的過行嗎？還是想再騙一份獎金嗎？真正莫名其妙！這教我如何對汪先生說回頭話呢！我沒有辦法，只有燜起來，叫惲某滾蛋完事。我因此想到行賄、受賄，都是聰明人做的，蠢人就要出毛病了！

我在泰州，可說各位軍事長官，始終沒有拿金錢來侮辱我。但是賢愚不等，還是有風吹草動的小枝節，不過被我消弭於無形罷了。

受編的軍、師長，都很規矩。獨有一位師長名陳才福，他是上海幫會出身，他一見我面，就把一萬塊錢支票（上海銀行）不知不覺中，塞到我口袋裏，我知道了，不好當面給他釘子碰，我收起來，過了兩個月，又原璧歸還他，我說：「我現在不要錢用，你們的軍隊花費多，拿回去吧！」這事始終沒人知道。

我有一份家眷，隨侍在泰，她是上海人，膽子很小，不會招搖；有一天，她告訴我說：「這裏有些太太們，要送我鑽石戒指；又要同我合夥做生意；只要我答應一句，不要我拿本錢，每次分我多少錢。」

我嚴厲的告知她：「一切珠鑽飾物，概不准收！妳要知道！她們錢是那裏來的？那不是寶光，都是血光！生意，不准同她們做！他們利用軍隊做生意，我正在取締！又想利用妳做招牌，妳不懂事，少惹是非！」

後來我下台幾年，總是鬧窮，她就不免抱怨我；我苦笑著對她說：「妳太老實了，誰叫妳告訴我呢？妳要是背著我收了、做了，等我知道，我還忍心槍斃妳嗎！我傻妳更傻了！」

這種聊以解嘲的話，說說罷了；可是真到了「牛衣對泣」「室人交謫」的時候，也就慘了。這樣看來，「漢奸」倒是可為而不可為的呢！

軍事會議兩目標

現在先談在蘇北召開的軍事會議（有關數字及年月皆不能確實寫出）：

這次會議出席的人員：

一、蘇北行營科長以上；

二、附屬機關處長及局長；

三、各區辦事處長；

四、各部隊長官及參謀長；

五、各縣警察局長；

會場在本部禮堂。我首先致開會辭，我簡單的說：

「因為我們惟一任務，要安定蘇北。所以先定出兩個目標：第一、是整編軍隊。第二、是準備清勦。至於政務方面，概以輔助軍事為主。其他不急之務，容後再舉行政務會議。這是先後緩急之分，並無畸重畸輕之意。大家要知道，蘇北在水深火熱之中，等於大火之後，到處都是小火頭；餘燼燃燒，非即時撲滅不可。以我們現在的人力財力，談不到長治久安；但是我們要做一個救火隊，不是承平時代來做官的。所有預備的提案，都已經我大致審定；請各位分組研究，或加去取，或提新案，必須規定切實辦法，計日施行。千萬不要重蹈歷來議而不決，決而不行之弊！」

接著由郝鵬舉、李長江、楊仲華、熊育衡相繼發言，隨後由郝參謀長分配小組，繼續審查，前後三天閉幕。我也舉行公宴一次，慰勞大家，盡歡而散。

議決提案共十項

所議決各提案如下：

（一）第一集團軍總司令李長江所部，以縱隊為單位，按原有編制，限一個月內，造報左列各表冊：聽候改編！

①官兵及人數及駐在地。

②武器種類及彈藥。

③營長以上簡明履歷。

④成軍經過簡單說明。

（二）第二集團軍總司令楊仲華所部，以團為單位，按國府老編制，限兩個月內呈報左列各表賊：聽候改編！

①②同前。

③營、團長詳細履歷。

④收編經過及其來源與質素。

（三）獨立第十九師師長蔡鑫元、第二十師師長劉相圖、第二十一師師長潘幹臣，各按正規軍隊，限三個月內，造報左列各冊籍，聽候視察！

①②③同前。

④防地情形。

⑤餉源及補充上的需求狀況。

（四）修路築路：為便利爾後清鄉勦匪之行軍，必先整理路政。但蘇北無山（僅南通、徐、海有山亦不大），中、南部為水鄉，北部為旱地；築路石子，須取自江南，無此財力；土質又鬆，天雨泥濘，車輪加鍊，方可轉動；所以後來東台至鹽城一段，完全用鹽城全城燒焦之磚瓦，搥碎鋪砌而成；其艱難可以想見。本案先規定了幾個階段：

①先修好幾條幹路：1. 沿運河堤由揚州北至淮陰。2. 由泰州東北向經東台至鹽阜、由范公堤直達海州。3. 由南通北接東區。4. 由南通經海門東南向至啟東。5. 由大岡沿海灘至合興鎮。6. 由益林鎮經車橋以至淮安。

②中間連絡支路若干線，由各有關縣政府相對修築。

③幹路概以軍工行之，支路用民伕。

（五）整理河道交通：蘇北河道，水深概可通行小輪船。若民船裝馬達，則其用更廣。惟鹽阜間之串場河、東塘河、西塘河，間多為匪軍分段築壩阻塞，必須開通，方可暢行。

（六）組織情報機構，調查各縣匪情。

（七）所有駐軍，不論已編未編，均須負責肅清駐地附近散匪。

（八）各縣警察局長，一律加委，並予以整頓擴充；俾負清理集、鎮、村民戶口之責。

（九）任何軍隊，不准提用縣政府經費。本行營亦決不向各縣提取分文，以利縣政。

（十）徹底整理租稅：稅務制度，我更外行。他們一向是用比較包繳的辦法；但是我聽講，這其中有一絕大陋規：那就是「大比」與「小比」兩個「比較」；通常「大比」歸公，「小比」歸主官私人所得，數字甚大，認為這種積習，太不成話！我只准一個「比較」總數，本人不要分文，作為補助軍費、整理交通之用；如此，將蘇北的錢，用在蘇北；自屬心安理得。

以上各案，經整理就緒，呈報南京汪主席，曾得到批答嘉許。我記得：每逢這類文件，以及軍中人事問，汪先生當時總是用國府信箋親筆長函批覆；指示不厭求詳，皆能吻合事實，通徹情理；我前後積彙有三十多封，曾由南京榮寶齋裝璜成冊頁兩大本；抗戰勝利後，未便隨帶，交由孫良誠的參謀處長某（名字不憶，也是我的學生）代為保存，後竟不知所終；假令此件能攜帶來港，在《春秋》上製版刊出，不獨洞明真相，且為本文生色；也可見汪先生之英明練達，論事精嚴。此一文獻，我至今猶想念不置也。

改編第一集團軍

軍事會議後月餘期間，我就專辦第一集團軍改編事務；

第一、徵詢李長江，對其所部的師長人選意見；

第二、分日接見各有關部隊長官；

第三、偕同李長江分期至各部隊駐在地檢視。

這些業務完成後，作一綜合報告，函呈汪主席；結果，經核定發表如左之序列：

第一集團軍總司令：李長江。

第一師師長：顏秀五（後升軍長仍兼師長）。

第二師師長：丁聚堂。

第三師師長：秦慶霖。

第四師師長：何霖春。

第五師師長：陳才福。

這一部隊，擾攘經年。又夾著繆斌、李明揚二人從中撥弄，明爭暗鬥，左右居奇；至此方算告一段落。跟著，就會將這五個師，逐漸分佈於泰州、泰興、靖江、南通、如皋各縣；

並與蔡鑫元之獨立十九師取協防動作；以穩定蘇北沿江一帶的西南一角。

我就作就職後第一次回京報告之行。並帶同李長江及各師長到京謁見汪主席。我安排他們住中央飯店，就回到八寶街私宅居住（我在山西路的寓所，已讓給郝鵬舉了）。

領章添了一顆星

休息一晚，第二天我先去謁見汪先生，並報李及各師長已來京晉謁聽訓，請定接見時日；並將我考查各師長情形，簡單陳述：其中只推許第三師師長秦慶霖一人。

我說：「秦是保定出身，曾充西北軍旅長、及省府專員等（按：秦氏現居日本經營茶居，與金雄白先生至好，對予亦時有接濟，情殷念舊，皆由金先生連繫；亦垂垂老矣）。」對其他各師長，我亦有簡略品評考語，使汪先生瞭然於懷。

汪先生甚為喜悅，隨即問我：「你為甚麼不換領章？」

原來我赴蘇北就職辭行時，汪先生命我換上將領章！

我說：「我是民二十四年先生任行政院長時，任官中將的；現在還應該是中將。」

汪先生說：「不！你應升上將！並且蘇北有許多部下是中將級，你應以上將級執行任務！」

後來，我就遵命改換領章，在中將領章上添了一顆星，算是做了兩年和平上將，過過癮罷了。

歇一會，汪先生又對我說：「繆斌說你一到蘇北，就向各師長要錢。」

我答：「這或是繆忌妒我的架辭，我不申辯，請先生密查！但是我自矢絕不貪污！一來我不忍在家鄉弄錢；再則我亦不願貽笑於日本人也。」

汪先生亦為之莞爾！

李長江是單獨謁見的。汪先生和他接談甚久，並出日記簿，證實繆斌的謊言。就是前幾篇所記的經過。隨後，即引見五位師長。汪先生的態度，素來有向心力的。加以訓辭溫婉，慰勉懇誠；各人在初次見到這一位革命領袖，怎不心悅誠服，歡欣鼓舞呢！

他們退出後，汪先生問我：「需否慰勞他們？」

我答：「從前林主席對於這一類人員，多半賜以一品鍋，不另設席。」

汪先生說：「好！就這樣辦！」每位送上一個一品鍋，大家邀了三五朋友，吃的皆大歡喜。我又設筵請他們，並邀來些軍事長官，與他們相見；如此盤桓兩日，即行回防。我比他們遲走兩天，只是酒食徵逐而已。

二十五

我回想到上一個辛亥那一年：剛屆陸軍第四中學畢業之期，我的先兄珀侯當時他在兩江優級師範，要我一同回家，我不願，他就給我三十塊錢，我將這筆錢分予要好同學，每人三元，悄悄離了南京，趕到武昌，參加了辛亥起義。我們見了黃元帥（興）、黎都督（元洪），受編為敢死隊；守漢口、搶大智門清軍的機關槍；我們在黃鶴樓上看到漢口被燒的十三個大火頭，高入雲霄；同時有射入江心的炮彈水柱，衝波矗立，散為水花；又參觀了黃大元帥登台拜帥的典禮；跟著又做了督戰官、臨時指揮官，與清軍鏖戰於漢陽；每一想起黃元帥那魁梧英武的體魄，濃重堅決的湘音，挺拔雄渾的書法，與夫跌若漢水，不屈不撓的精神；想到辛亥，就想見其為人。而我們那滿臉煤灰，一身污垢，以及滿身千萬萬的蝨子，也覺得爬的有趣，癢的難熬！這一幕辛亥嘍囉的小影，不也深可紀念嗎！

成立第二集團軍

在這兩個辛亥六十年期間，凡是與我同輩份的人，都已由青年而中年而至衰老！滾來滾去，就像沒頭蒼蠅一樣，到處去做跑龍套，於是形成忠貞、反叛、左右、正偽、形形色色；運道好的；偶爾顯達一時，壞的則走投無路，這都是政體翻覆，入主出奴，領導多方，國無主宰的緣故；尋致將寶貴的辛亥，不絕如縷的過了六十年；今雖花甲重逢，依舊前途黑暗；怎不傷感人也！

撇開牢騷不談，且寫本文：關於蘇北行營轄下楊仲華的第二集團軍，是完全新成立的一枝部隊；這在一年以前，我在南京就策劃著令他收編；理由有五：

（一）楊仲華當過江蘇省主席韓德勤的保安第十旅旅長，韓部西撤後，可收容其舊部及未隨大隊撤退之殘餘部隊。

（二）可控制其他已成立之部隊。

（三）可補充江蘇東北沿海方面的真空。

（四）可肅清運河堤沿岸一帶之散兵游勇，及不規則組成之零星小部隊。

（五）楊仲華與日本顧問川本少將素有淵源，收編易於著手。

楊果有爬梳之才，很快就集合了兩萬多人，我根據他所報表冊，及徵詢他本人意見，先將所擬定師長人選，函呈汪主席；經數次批答，付我全權；我即決定先赴東台（這是楊的總司令部及第一師駐地）檢閱該部，並同時視察該縣。

第一次出巡屬縣

我離開泰州前往東台，還是出巡屬縣的第一次；因為沿途尚未清剿，游擊隊亦出沒無常；於是便配備了兩輛卡車，四十個衛隊，兩挺機關槍；出發時，正值細雨濛濛，路面濘滑，車輪在原地打滾，不得前進，綁上環形鐵鍊，仍覺速度太低；到東台時已暮色蒼茫，逾預定時間五小時餘矣。

東台是蘇北富庶之區，與鹽城比鄰，當地民眾對於我之來到，不啻視若親人，歡迎之盛，較揚州超出千百倍；除官紳軍隊外，竟有商民多人，鵠立雨中，幾達半日之久；入城後，又看到沿街兩旁，都擺了香案，燃上香燭；我就下車問：

「這是幹什麼的？我無德於地方，又不是菩薩，擺香案何為？」

他們說：「汪主席建立和平，使人民免遭塗炭，今見和平使者來臨，不由得萬分興奮；也就是和平之神，降臨到本邑了！」

我聽了不覺淚盈於睫，更可證明民眾的心情，是渴望和平的了！

第二天上午，我召集了縣政會議；這位縣長，是地方公舉的，所報告的事項，有條不紊；尤其對於鄉保的組織，匪情的偵察，甚為嚴密；可知亂世能見真才，不必以資格限人也。

第三天，我檢閱楊仲華所自兼的一師，當然是走馬看花；不過倉卒成軍，能做到裝備整齊，槍械充足，也算難能可貴了。這時天已放晴，我預備即晚便回泰州。忽得情報，中共新四軍已連夜將我回程的公路，挖空幾十丈，上搭竹桿木條，鋪以草蓆，掩以沙土，偽裝路面，使我回程汽車經過時，陷入坑道，然後兩邊伏兵，機槍榴彈並發，決無倖免之理；這一著可算妙不可言；所幸這邊鄉民，不為所用，秘密前來報告；我就令楊仲華派兵一營，分由公路兩翼，前往掃蕩；並由縣政府負責修復公路，同時我出其不意，用三隻有馬達的民船，由水道逕返泰州；這是新四軍與我打交道的第一回合。在水道沿途堤岸以內，本有許多小集鎮，舟行所過，有十餘處哨兵，排成小隊，鳴號敬禮，我皆出立船頭，向他們答禮；這一點，我深引為慰；足見各處駐軍佈防之周密也。

校閱楊部三個師

關於整編第二集團軍次一步工作，應該是校閱其餘的三個師；我就決定先到如皋，去看第三師田鐵夫所部。因為這是楊仲華力保的一位師長，同時汪先生在南京，又曾經當面囑咐—有一位如皋老名士冒廣生先生，要我派人保護他回里；原來這位冒老先生，係如皋冒辟疆的裔孫；少時隨官在粵，久負才名，與汪先生為舊友；我離南京時，就先陪同他到泰州，盤桓幾日，準備再派兵護送他回里；記得有一天，冒老先生在我辦公室裏說：

「你這辦公室，正是當年施粮之子施公案主角施不全的簽押房；他先任泰州知州，後升任揚州知府，洊升至漕運總督；可題一額為『景施堂』，懸此門楣。」

我說：「現在的局面，我不願做這類事；何必貽笑後來的人，將此匾卸下呢！」

冒老先生的詩文，夙為海內所宗仰，我們接談甚歡；此時我既要前往如皋校閱部隊，不如與我同行，更保無虞，就這樣子決定下來，一切配備，仍同上次赴東台一樣。車過海安鎮，先到韓紫石（國鈞）府上弔唁，韓氏曾任江蘇省長，前清進士，與南通張季直齊名，蘇北鄉賢也，謝世未久，禮應敬弔；事畢，繼續趲程，下午安抵如皋，歡迎節目，毋庸細述。

我想起來，這位如皋縣長，正是曾經以「密報」方面行賄於我的人；我不免對他回任後的行為，多多注意一下；果然他已對老百姓做了不少福利事件；邑中輿論，口碑載道，是真能革面洗心者；我甚引為快慰！我想：當日假如我受了他的賄賂，他自必在老百姓身上，變本加厲，放膽貪污；如此，上下交征，沆瀣一氣，那還得了嗎！我在如皋也開了一次縣政會議，根據縣長的報告，我更大大的勉勵、贊揚他一番；好教他始終如一，勉為循吏。

楊仲華也趕來了，我就和他一同校閱該集團的第三師，這位師長，是本縣人，年紀很輕，看他精神飽滿，訓練隊伍，尚有特長，既然楊一再保舉他，我也不予苛求了。

第二集團軍所屬的其餘兩個師，因為一師在鹽阜，一師在通海，匪情複雜，防地遼闊，既難作團以上的集合，亦未便因檢閱而影響防務；因此，遂責成楊仲華督飭所部，自行整理。我就根據各項冊報及親身視察，與未便集中情形，詳細呈報，旋得汪主席頒發編制令如下：

第二集團軍總司令：楊仲華。

第一師師長：楊仲華（兼）。

第二師師長：徐紹南。

第三師師長：田鐵夫。

第四師師長：孫建炎。

至此，行營所屬第一、二兩個集團軍，共九個師，總算編制完成。因為我還要繼續視察另外三個獨立師，就沒有工夫帶領他們到南京謁見主席了；這只有等機會再說吧！

這兩個大的集團，既已編制就緒，我就將第二集團軍的防地，重行分配；使蘇北的東南角落，與東北沿海一帶，有了保障；此外，還有運堤沿岸，與中部水鄉，需要作實地視察；不過最頭痛的，還是海門、啟東與呂四場，以及鹽城、阜寧各處，非親自率隊，大舉清剿不可；此是後話，到時再談。

興化到高郵寶應

接著，我即決定再到興化視察獨第二十師，興化是蘇北中部一個澤國，非舟楫不行；而第二十師師長劉相圖，是個老軍務，生活雖腐化一點，辦事到也切實；他駐防興化有年，早已到南京接洽；他對轄境所有船隻及水鄉村落民居，保甲辦得很好，所以匪軍難以存身；興化縣長又兼任該師的秘書，倒也做到了軍民一致。我抵達後，雖然照例要開會報告一番，但那些不急之務，我也無暇過問；軍隊多半分防各鄉，及在船中遊弋；只就城內防軍，閱兵一次；這一部份，軍容甚盛，遠非其他各師可比；大概因為成軍較早，補充機會較易的緣故；我對這一地區，甚覺滿意放心，駐留了兩天，即轉道運堤上的高郵、寶應兩縣。

高、寶兩邑，公路堅實，交通甚便，匪氛多已肅清，頗有太平景象；我先到高郵，這是秦少游的故鄉，舊名秦郵，秦時所築郵亭也，文風稱盛；駐軍只有獨立第二十一師潘幹臣部一營；縣長王某，係本邑孝廉公，接談甚歡；他知道我喜字畫，出示所收藏多件，最後要送我沈周（石田）一幅大軸青綠山水，我說：「這也屬於貪污性的，不能接受」他一定要送，我又說：「等我下台後再說吧！」這可見到人不可有嗜好，亦貪污之媒也。在高郵只駐一天，即驅車赴寶應。

寶應駐軍亦是第二十一師潘幹臣部；潘係韓德勤的團長，韓氏西撤後，收容餘部，成立一師；潘是我在武漢衛戍總部當參謀長時代的參謀，也早到南京接洽過；這一師素有訓練，在運河堤岸，已能確保治安，也只舉行了一次閱兵，不過形式而已。我問他：「縣長如何？上次為什麼瘋狂去電要我的弟弟來當縣長？」他笑而不答。我說：「我是絕對不用私人的。這位縣長，如能盡職，不要輕於更換；要知道循吏難得，新人未必勝過舊人；我的夾袋中，是沒有好的縣長人才的！」

在寶應待了兩天，即打道回泰州，這時政務廳提出來，要換泰縣縣長。我問：「原來的縣長，有什麼不妥？」他們說：「奉行政務不力，不聽指揮！」我心裏想：「這些黨老爺，也靠不住；不過我忙於軍事，政務廳太沒有活動了！好在是首縣，也掉不出許多槍花，就答應換人了！」終我任內，只換了這一位縣長，我覺得並無不妥之處，省得為人事問題，鬧得烏煙瘴氣，只是那些眼巴巴想縣缺想刮地皮的人，不免絕望罷了！

一部小說三千元

回泰州後，發生了一件控告貪污的小案子：原來在兩個月之前，有一個揚州籍的青年文人，寫了一封信給我，說投效政務廳，未獲錄用；我看他的來信，駢四儷六，書法亦秀媚可觀；我是喜歡駢文的，就傳見他，委以秘書之職；這些日子，巡視各縣，都帶了他一同出發，以便記錄縣政會議事項；不料高、寶兩縣長，都來文控告他，說這個青年向他們需索賄賂；我想：在「其他各縣，難免也有同樣情事，一怒之下，就交軍法處長葛天民審問；證實後，禁閉了他一個月，驅逐出境；我不過感覺到獎掖後進，輕於後人，仍宜慎重從事耳！殊未想到：距此將近兩年之後，當我卸任之時，這個揚州青年編寫了一部章回小說，找人拿一份「回目」給我看，頗似揚州才子李涵秋的筆調，確能對仗工穩，風趣獨絕；無非寫我的風流小史，放浪軼聞；他向我敲三千塊錢，買他不出版；我說：「他儘可出版，只要是事實，我不在乎；如有捏造誣蔑之處，我要辦他的刑事罪名！」後來他畏懼了，也未出版。文人無行，一至於此，甚矣！才之不可誤用也！祇可惜我沒有將那「回目」留下來，如果今日寫在《春秋》上，到也抵得我一篇外傳，可圈可點。

泰興是泰州的鄰縣，獨立第十九師駐防於此，師長蔡鑫元，是本邑人；對於泰興及靖江兩縣的治安，維持得很好；我自高、寶歸來，因為日本人對我，又提出許多花樣，我要亟於應付，無暇外出視察，遂命蔡師長和他的幾位團長，分期來泰州晤談一下，待有機會，再行前往，這就勉強完成了視察三個獨立師的任務。

二十六

吾人在中國這幾十年無奇不有的環境裏做事，就如一個嬰兒，投胎到一個母親中，富貴貧賤，聽天由命，長大成人，便要自行掙扎。民元，蔣百里先生做我們保定軍校的第一期校長時，遇到北洋軍閥種種不合理的掣肘，就對我們說；「中國人做事，經常有一句口頭語，叫作『合則留！不合則去！』但是去到那裏呢？到國外嗎？還是不合！」於是，蔣老師忿然一槍，冀圖自殺了事。我當時親身目擊，深為感慨，常常記在心頭！等到自己以後做事的時候，也每每遇到或見到這種情況，不一而足，只索胡渾對付過罷了。我這一次，在傾產（儲藏文物）西行，絕望東歸之後，得汪先生不次之知遇，滿擬於畸形變局之中，作盡力鄉邦之計；而孰知「高明之家，鬼瞰其室！」卻夾纏在虛與委蛇、敵友難言的狀況下，怎不令人頭痛呢！

三個問題難應付

當我在蘇北改編好了兩個集團軍，視察了幾個縣，預備繼續出發，舉行東北鹽、阜與東南通、海、啟東、呂四場各方面清勦事項，正忙得起勁的時候，日本人竟接連向我提出了幾個問題：

一、他們要每月送我特別費十萬元；行營各廳長每月五萬元。

二、要我率領所屬各總司令、各軍、師長，同赴東京，朝拜「日本天皇」。

三、要每縣獻飛機一架。

四、特務機關長熊谷中佐聲言，要送我四顆手榴彈。

以上四項，是在相當間歇的時間，向我先後提出來的。我則逐項拒絕，站穩立場；雖然費盡唇舌，但是在和平政府的招牌之下，總算勉渡難關！茲分述於下：

第一項，關於贈送特別費的事：我說：「我個人是按照國民政府的給予令，每月支薪俸八百元，公費六千元，儘夠開銷。廳長們也照規定支給有差。現任和平政府的軍需總監何炳賢，他從美國留學回國後，向來隨汪主席做事，誠樸規矩，絕無尅扣軍餉情事，我們並無特別需要；現在你們要贈予我偌大數字的錢（在民三十一、二年間，幣值甚高），如果是貴方的，我沒有理由私相授受；如果是蘇北的錢，我更不能胡亂支銷；那只有謝謝你們的美意了。」

用這一番話，把它推得乾乾淨淨。我想：這是日本人欲市惠於我，如若接受下來，一定還有甚麼要求吧？我如何能受這種不義之財呢！不過我的部下，是否會有見錢眼開的，也就不去管他了。

第二項，關於朝拜「日本天皇」的事：這是蘇北行營各軍編成以後，日方對我提出的。我說：「第一、我們全是軍人，不是政治家，實在無此必要；第二、我就要在蘇北各地勦匪清鄉了，如果全體長官出發，影響地方防務，造成嚴重後果，那就負罪蘇北人民了！料想汪主席也不會批准；第三、蘇北很窮，這大批人員前往東京，往返旅費，為數不貲；還有致送你們首相與各部大臣見面的禮儀，雖然以文物為主，單就字畫圖章（日本人最喜雞血石『昌化』，當時市價，貴於黃金）而言，也就倉卒難辦。因為有這些緣故，所以絕對不能去。」結果，也被我推掉了。

第三項，每縣購獻飛機的事：我說：「獻機更萬萬做不到，在你們，初初佔領的地方，聽講有過獻機的事，那是武力壓迫，以及不肖的維持會，借此歛錢；現在既有和平協定，將地方交還我們自行治理，如何要我們向老百姓捐錢，替你們買飛機呢？難道我們自家買機去炸我們同胞嗎？」

日本人說：「這是用在太平洋戰爭的。」

我說：「蘇北根本沒有錢，我情願辭職不幹，也不能辦這件事！」就這樣不了了之。

大概因為上面三件事，我統通嚴辭拒絕，不久就由特務機關長熊谷中佐出面，拿手榴彈來威脅我。我當時即向蘇北行營的日本顧問村上大佐（村上是一位極純謹的日本軍人，對我在蘇北的勦匪計畫，甚有幫助，也很服從）說：「你替我去問問熊谷，他憑什麼理由，要送許多手榴彈給我？如要迫害我，一枚手榴彈就夠了；我要他說出正當的理由，收回這話，向我道歉！否則，我要報告汪主席！責問總顧問。」

後來村上報告我說：「熊谷說臧閣下對軍隊講話，有時提到蔣介石稱蔣先生，他反對！」

我說：「笑話，這不成理由！蔣委員長本是我們的領袖，我也是他的部下，現在他和汪先生不過對抗戰的問題，政見不同罷了；我不稱他蔣先生稱什麼？他這樣無理取鬧，我決不答應！」

結果，卻由村上同憲兵隊長做好做歹，陪同熊谷來我寓，承認誤會，也就算了。

這幾件事，我感覺得在逆流之中，雖傷腦筋，還算心安理得。我想日本人那時或已漸漸知道快走下坡了；也不敢像開頭的那樣作威作福吧！

前門有虎後有狼

日本人這些囉唆事雖過去，李士群的麻煩又來了。他自從接任了和平政府的江蘇省長，卻始終不能忘情於蘇北。他向我交涉，要將上海的特工，設分站於揚州，我堅決不答應；因為我認為：特工是在和平運動開始時，在上海方面和重慶打對台的，在蘇北無此必要。李士群又是清鄉委員會的秘書長，曾在江南崑山方面，大張旗鼓，舉行清鄉；據聞在鄉間插了些竹籬，就用了千餘萬元，胡亂報銷，搞得一塌糊塗！因此他又想包辦蘇北部份清鄉，又遭到我的拒絕，我說：「蘇北有軍隊，自己會清鄉，也不需要那許多的經費。」

後來我在海門三廠到啟東一帶清鄉，不過照軍隊出發，報銷有限的費用而已（大概只數十萬元，我已記不得了。）蘇北那次清鄉，上海各報館曾派來七、八位新聞記者到前方採訪，他們將長篇採訪通訊稿，寄回上海，滬上各報只登了一天，就被李士群以特工勢力，全面封鎖，禁止登載；我是不搞宣傳的，在上海也沒有報館，自然不與計較。但李士群對汪先生卻百般挑撥，說我侵犯了清鄉委員會的職權。

有一次，我到南京，汪先生突然責備我說：「你要做軍閥嗎？」

我說：「汪先生的部下，誰也不夠做軍閥，如果能有幾個軍閥，事情也好做多了。」

我又說：「士群總是反對我，他要包辦清鄉，他又要用蘇北的軍隊，我總不能交給他去指揮；我總認為特工不能治天下呀！」這是我第一次碰汪先生的釘子。

李士群當時在江南，橫行不已，內而與周佛海的親信羅君強發生磨擦；外而與日本憲兵隊衝突多端（如吳四寶之死及紗布問題等）。終於在民三十二年夏季，於上海虹口日本憲兵隊長岡村寓所宴敘之餘，吃了一個牛肉餅，原來餅內含有細菌毒質，李宴罷返回蘇州的第二天毒性發作，一夜之間，全身排出水份如泉瀉，他的太太用新毛巾數十條，替他抹拭，連續皆濕透，終至將整個身體乾縮成幾歲幼童模樣而死。使我深感於殘暴者必不得善終。

乘夜突擊新四軍

我在蘇北仍繼續辦理清勦任務。這一次的清剿目標，為沿海之呂四場，該地本是當年淮南鹽場之一；自鹽政改革，改種棉花，仍為著名集鎮。此時在呂四場駐有中共新四軍一個師司令部，據報師長為粟裕政治部主任為季方（季是江蘇陸小出身）。我上次赴東台檢閱楊仲華部，他們在我回程中挖掘公路，欲陷我於坑道中，即係由該師所計畫；此次我動身時，帶了兩營人，用小火輪拖船連夜由水路前進，部份則在陸地搜索；預備出其不意，拂曉到達；那知完全撲了個空，原來新四軍部隊在半小時以前，全部撤離；我在呂四場視察一周，新四軍原駐之所有營地，撤退得乾淨利落，欲覓片紙隻字，亦不可得；此其行動之捷迅，令人可佩，所以後來能為成功之因素，絕非倖致。以視國軍之拖家帶眷，暮氣沉沉，誠不可同日而語。上次東台之行，算是我的情報好，未中新四軍中途陷坑之計；這次當然是他們的情報好，居然迅速撤退，避過我方出其不意的一擊；這兩個回合，一勝一負，正好完全的抵銷了。

我回泰州後，又預備視察南通。就在這時候，卻出現了一樁異想天開的笑話：因為上海滬西一帶的賭場，一度要全數封閉。這些賭場的老闆們，覺得大利所在，不願放棄，就派了幾位代表，來泰州見我，建議在南通開設賭場，仿照香港澳門的辦法，用輪船逐日由上海運送賭客來南通，既可繁榮地方，也可繳稅行營。我聽了這一奇聞，不覺大笑！遂對幾位代表說：「南通是張四先生（謇）生前開辦實業、拓展蘇北的發祥地；蘇北人民又是風俗樸實、勤儉安份的好百姓；我能冒大不韙，開罪蘇北，貽羞張四先生於地下嗎！速去休！毋溷乃公！」

後來，上海的賭場由滬西遷設南市，此一交涉，自然消滅，也就不為外間所知；想想這一班人，真是聰明到地，無孔不入呢！

南通工業盡凋零

由泰州去南通是有汽車路可通的。我心中久懷張殿撰（編者按：指張謇）的風範，與模範縣的光儀；迨抵步後，接受南通地方民眾一個歡迎集會，講了幾句照例文章的話，這都不用細述。當日晚間，宴敘於「有斐館」；我一看這個館名，立時引起興趣！足見狀元家鄉，題名亦古雅可愛；這較之成都的「不醉無歸小酒家」及「詩婢南紙店」，蘊蓄多矣；且含有「不可諼」的意義；則於酒食之餘，景賢懷人，更覺有味。南通縣長薛某，係本邑耆，與我所委的蘇北行營南通辦事處長合作無間。這地方　無匪氛，縣政民情，可告安堵；第二天，參觀大生紗廠，展謁張謇墓園，並瀏覽南通城外一帶舊所建樹的市政情形；紗廠因戰亂早已停工，惟見橫陳機器，駢臥無聲；他們對我訴說困難狀況，並希望早日復業。臨行，送我絨布一疋，我收了；張謇墓園建在平地，並無山水之勝，想當年或經過堪輿家之抉擇矣；市內亦有「五洲公園」，每一坵坪，參差羅列，而亭榭傾圮，池草叢生，令人有人亡政息之感！惜以時間關係，未能登狼山一遊。此行名為出巡，因無特殊問題，實同旅遊而已。

鹽城燒毀百姓苦

接著，就向鹽阜出發。這是蘇北的一個麻煩地區，我即令楊仲華轉飭第二集團軍孫建炎的第四師，聽候調用。車行過東台，第一站先抵鹽城。東台至鹽城一段公路，全由鹽城燼餘之磚瓦碎礫所築城；車輪行駛其上，吱吱作響，不啻吾鹽居民哀哀控訴之哭聲也！鹽邑是我的本鄉，感此先聲，心怦然動！車由鹽城東門入（西門是水路），我先下車，見有排立的居民一隊，衣衫襤褸，幾皆鵠面鳩形！我逐一審視，其中竟無一個故舊紳耆，終於發現一位似曾相識之人，乃當年大達小輪公司駐鹽城西門碼頭經理亦即今之縣太爺也。鹽邑本是富庶之區，文物之邦，今竟凋殘至此；我痛念之餘，與該縣長邊走邊談，他告知我說：「抗戰之始，這裏原是專員公署所在地；家給戶足，百貨雜陳，行政督察專員楊庚，是本城人（保定第三期），奉有『焦土抗戰』政策的焚城命令；先令市民將所有物資細軟，搬出四鄉，這辦法本無可非議。後來因為風聲稍弛，又叫大家搬回來；不意轉瞬之間，日軍又要來了，楊專員急不暇擇，放一把無情火，將全城付之一炬！直燒得鬼哭神嚎，昏天黑地！楊專員一走了事。現在全城無一間舊屋，日本人將全部地面，橫豎成行，劃成馬路，也沒有人回來重建家園；真是一言難盡！」

我聽他這些說話，自然感慨萬端；就對他說：「現在人全跑光了，你好好擔任這個縣長吧！等我回去設法，送一點款子來，先將這些貧民救濟一下吧。」

鹽城的情形，為我所到各縣最最凄慘無比者！想不到楊庚這樣糊塗，他既執行亂命，又復措置乖方，真是罪大惡極！試看蘇北其他各縣，不是通統都保全了嗎！如此一比較，恐怕終抗戰時期，省城莫慘於長沙，縣城幕慘於鹽城！

這一夜，我就在劫後鹽城的平沙無垠新路線上，來去踱步；想起某處為我昔年應童子試的試場；某處為縣署、為儒學、為孔廟；某處為陸忠烈公（陸秀夫）祠；某處為大寺中兩株千年來古白菓樹；某處為張逸笙先生住宅，是我最親切往來的人家。今皆了無痕跡，渺焉難求！吾土吾鄉，一至於此，能不痛哉！（勝利後，我到四川，知道楊庚已在川中某寺出家；即云懺悔，嗟何及矣！）

我在郝城城內踽踽涼涼，住了一宿；翌日一早，即驅車北上，到上岡鎮，這是我此行的第二站。上岡是我家本宅所在地，今已住滿難民；繼母寡嫂，已避入西鄉吾姊家矣（姊家為大地主，但諸甥皆為老共黨員。）車停吾宅門外，善鄰相勞，了無識者，只商會會長馮某趕來迎候，所有故舊戚友，亦皆已逃避鄉村；兒時遊侶，竟不能相見！故鄉親族，竟不得相庇！擁此軍權，有何用處！居此名位，能無愧死！

最後一站合興鎮

上岡鎮原駐有孫建炎師，即佈佈置一團兵力，以連為單位，西北方飛掃蕩。好在鹽城之西北，與寧之西南鄉，吾之戚族及先君門弟子，所在多有，不愁無確實情報。我本人隨即沿海向阜東北之陳家洋前進，此地為我此行之第三站。在此卻遇到先君的老門生顏宜鎔，他是在從先君課讀入泮的；他對我說：他同胞弟兄二人（弟名宜鑄）皆從先君讀，我就在那裏出生的。並向我指出我的胎胞之所在。五十年來的師兄弟，老了才初次相見（我那時正五十歲），直是比鄰若天涯矣。他辦的有自衛團，我囑付他與本軍協同動作；在此地住了兩天，又驅車到合興鎮，這算第四站（也是最後一站）。該鎮為海產及漁獲的大埠，有輪船可直達上海；共黨往來滬上，通訊補充，此為交通樞紐；過此則入海州境矣。

在合興鎮小留，我即由原路折回，復在上岡小住。親自向西北鄉巡視，到了許多兒時的釣遊的小地方；已難得遇到故老談談，真有「客從何處來」之情景；數十年來，一變至此，能無「人間何世」之感！不過，許多零星游擊部隊，因為此次掃蕩，都向大西北及隴海線方面竄去矣。

至此，即由上岡鎮逕返泰州，一路並未發生事故。後一步驟，將去海門、啟東大舉清鄉，打開蘇北之東南角落久未通車之公路，以奠定蘇北與上海交通之捷徑及海隅沙洲之治安也。

二十七

我國地方制度，自清末劃分軍區以來，始終未能健全成立。入民國後，袁世凱利用北洋六鎮（師），另組模範團，擴充到二十個師；段祺瑞繼之，又成立邊防軍（即參戰軍）三個師；嗣後皖、直、奉三系互為雄長，各自擴張，寖成軍閥局面，綿延至十餘年之久，中間有督軍團之政變，皖直、直奉之三次內戰；完全是軍閥割據時代。迨民十六北伐以還，雖曾一度統一，而不旋踵間，內戰頻仍，星火燎原，不可向邇；討逆軍、方面軍、集團軍、勦匪總司令，名目繁多，編制不一，而最顯著集中權力行之較久之地方機構，莫如行營與綏靖公署之設置。

蘇北行營三特點

國府在大陸期間，行營組織之龐大，與威權之極致，莫過於南昌行營；若北伐完成時何成濬之北平行營，直一收編雜牌軍機關；而勝利後李宗仁之北平行營，更是空中樓閣，於懸崖之上；竟至傅作義以華北勦總，賣掉了半壁江山！至於綏靖公署之設置，開始或轄一個以上的省，在體制上尚有可觀；迨抗戰勝利後，所有軍事重點，皆設有綏署，已成地區警備司令的局面；這種現象，也就看出國步艱屯，舉措凌亂了。汪先生之和平政府設有幾個行營與綏署，那不過是因仍舊制，撐持場面而已。但就蘇北行營而論，卻有其特異之點：

一、轄地小，易於治理；

二、軍隊多，足以佈防；

三、事權一，不受牽制（因與江蘇省政府劃江而治）。

所以在我受任這短短兩年期間，還能根據計畫，逐步進行；只不過凋殘過甚，流亡太多，如鹽、阜兩縣，終不能立時興復為遺憾耳！

我忽然追憶這一段閒話，就是有感於國家行政制度，到了雜亂無章的時候，就不免頭痛醫頭，腳痛醫腳，臨時應急，高下在心；更夾雜有人事親疏，地區畛域；終至於分崩離析，計日而亡而已！

二十七

祭孔儀節極隆重

我是沒有做過文官的，這一次行營制度，因為兼管民政，算是半文半武；泰州有一孔廟，本邑人士，要舉行仲秋上丁祭孔，請我主持祭典；我想起在十一、二歲應小考時，到本縣孔廟行謁聖禮；後來院考，在淮安府孔廟迎接最後一任江蘇學政唐景崇，他席地而坐，聽兩位廩生站在台上講兩段論語，我父親將我抱起，看見唐學台朝衣朝冠，紅頂花翎，真是威儀翼翼；就在這次考完兩場時（院考是兩場、府考四場、縣考五場），還沒有發榜，光緒廢科舉的上諭到了（似是光緒三十一年），我的小秀才也未做成；後來陸軍小學畢業，仍作為秀才，那已是武秀才了！現在我做了幾十年軍人，再要我去祭孔，那不是「武生入聖廟、夫子嚇一跳」了嗎！我辭謝不幹。

他們說：「這是地方最高長官的事。」

我說：「這些儀節我一點不懂。」

他們說：「有一位老舉人領導，只跟著他做就行了。」我不得已遂答應下來。

到了丁祭這一天，從午夜開始，我著了長袍馬褂，到了禮壇，只有大堂口，一邊架著一頭羊，一邊是一頭豬，皆已宰好，皮毛光淨。

我問他們：「祭孔不是用太牢（牛一、羊一、豬一）嗎？這中牢怎麼行！」他們說：「蘇北向來禁宰耕牛，先聖是重民食的，不用牛，當可得聖靈的鑒照。」

這時聖廟兩廡，已排滿了學生民眾，外面已升砲，典禮開始，殿上神座前，香烟繚繞，燈燭輝煌，鐘聲齊鳴，笙管雜作，干盾羽翟，佾舞在庭，我於此時，亦不覺威儀肅穆，有「祭神如神在」之感！原來行三獻禮時，每次進退，皆成方步，折旋上下，我只得隨那位孝廉公亦步亦趨，聽眾禮生恭獻如儀。祝文是一位老秀才讀的，好在沒有行跪拜禮，尚可趨蹌應節，直至平旦禮成；然已額頭沁汗矣。這也是我在蘇北做的一件別開生面的事，附記於此，以存故實。

海、啓清鄉之役

現在我要辦理最後一次清鄉業務了。原來在匪氛不靖的地區，舉行所謂清勦、掃蕩，皆是清鄉異名而同歸，不過方式不同，疏密有間，要在視敵情之嚴重與否，及地方之關係情形。這一次所以選定海門啟東一線，就是因為這條公路，隨修隨被新四軍破壞，且曾犧牲了一位副師長，依然無法通車；尤其有一個特別理由，為外人所不察，而新四軍所必須爭奪的；那就是與上海交通的唯一捷徑。

本來新四軍在蘇北期間，雖一度遭受頓挫，而堅苦卓絕，能生存於夾縫之中，運用於聚散之術；武器：則因地利用，竹桿刀矛，俯拾即是；給養：則因糧於民，親善和諧，多方供應；而重要補充，如武器醫藥，仍需求之於上海。新四軍由蘇北至上海交通活動，只有三條路線：

一、由揚州六圩渡江轉京滬站——此一線迂迴暴露，非地下工作所宜。

二、由合興鎮航海至滬——此一線雖較保險，但海道遠，輪船小，時間長。

三、由啟東縣至滬——此線隔海相望，小輪只數小時可達。

因此，新四軍在蘇北東南之一部，始終盤據在海門、啟東兩縣。我下車伊始，即注意此一幹線，預備先築成公路，再配備一師人駐防其間。但是他們行動敏捷，出沒無常，蹤跡莫定，對這一條公路的重要工程，如水渠、橋樑、交叉點、護路站等破壞無遺，以致久久不能通車，軍隊亦無法進駐，所以此次大舉出動，名為「海啟清鄉之役」。我受李士群的挑撥，碰汪先生釘子，就是此一役；我在蘇北執行清勦任務，也終於此一役。

我是仲秋丁祭後出發的，臨時司令部設在海門縣迤東之「三廠」地方。三廠是大生分廠，形成集鎮，我帶了一營衛隊，在廠外空地上建立營舍，以一團在海門向東搜索前進，逐漸與啟東修路之另一團相會合。其預定計畫為：一、先肅清海門至三廠之一段地區，以鞏固後方；二、由衛隊營清勦三廠附近之敵蹤及居民之戶口；三、自三廠向東南行，由築路團隊，沿公路肅清兩岸。隨勦隨修，隨修隨守，直至濱海終點之某鎮（此鎮為輪船駛滬碼頭，我想了兩天，終想不起）為止。

苞穀田裏竹竿戰

在這裏先要將這兩縣的地理情形，敘述一下，方見此行的癥結所在。海門縣本江海間漲沙所沖積，五代周置，歷史悠遠，但歷元明，水患頻仍，遷徙無定，清康熙年間遂廢；乾隆時復置廳，實一沙角突出江海間也。啟東縣本崇明島之外沙，民十七，國府始置縣。蓋兩邑皆江海之沙洲，連綿而延伸於陸地者。居民本以漁業為主，近年鑑於其他濱海各縣，亘成「棉花格子」（將廣大漲沙平地，橫豎成行，掘成長方形之沙堆，四周留以丈餘深之水道，使沙堆滷質，受雨水浸潤，逐漸流瀉，即可改種棉花；這種長方形排列於四周水渠中之沙堆，等於棉田，俗稱「棉花格子」）。在這種一望無邊的「格子」上，只有跨越水渠，並無道路可通，農民在未成棉田之前，多數種苞穀（玉蜀黍），也有種薄荷的；苞穀長成之後，高將及丈，有似北方高粱田中之「青紗障」；共黨藏匿其中，外面不易發覺，他們每人用一特製丈餘長之竹竿，比水渠寬度略長，一端裝有鋒利之鐵鈎，在軍隊行公路中，或在築路時，兩邊伸出竹竿，出人不意，鈎入水渠中，加以掀壓翻騰，多半溺死，那位副師長，就是這樣犧牲的；他們這種獨出心裁的土辦法，叫你槍不及發，人不及防，真是無往不利；後來我們也如法泡製，裝成帶鈎的竹桿，一面在水中救人；這樣逐步搜查，作竹竿戰，清理一段，修路一段，又在中途建築幾個小堡壘，我在白天隨軍督促，節節前進，晚間折回三廠營地；如此經過一月有餘，始將全路築成。

在舉行通車之前，先將被犧牲的副師長（名字我實在想不起了，真是罪過）以及所有築路死亡的兵工人員，設位遙祭，然後我一車當先，風馳電掣，直駛至最末一站，這才透了一口氣。鵠立岸邊，遠眺江海之勝，覺得這小小問題，也要費上許多心力，想到天下之大，如何能掉以輕心呢？

在鎮上設了一個茶會，慰勞大家一番，隨後分布駐防軍隊，以及護路的辦法，這都不必詳述。隨行有七八位上海記者，他們都屬青年，經多日之觀察，也均嘆為觀止；這些記載，惜為李士群所扼殺，滬人士未及窺其全豹也。

三廠以西至海門縣城，這一帶情形，又自不同。這裏積沙年久，已成平原，民舍不多，並無丘陵起伏。民間習俗，父母死亡，皆浮厝地上，三年而拾骨，將棺木分給諸子，作為門窗之用，以示福利，所以到處不見墳塋；共黨利用棺旁浮土，或掘深作為淺壕，匿棺後，放冷槍，每多中伏致死者。三廠附近，正在秋季田園禾稼茂盛時，他們晝伏宵行，一到入夜，即對我營幕發射，或斷或續，倏起倏滅，哨兵只能嚴陣以待，聽其騷擾，不能探照。示以目標也。這種持續狀況，唯有在天明清掃，由近及遠，作地毯式之搜查，在預定一個範圍內，繳出一些武器，讓他們散去，就算了。

以上這些囉嗦情形，忙得很累，寫得也很累，就此打住，逕返泰州，作為「海啟清鄉之役」粗告完成。

兩則醜聞聊補白

現在我再寫兩則在清鄉與出巡期間「不傳之秘」的笑料，藉以增加一點興趣，並作本篇之補白。

這兩則奇聞，也是醜聞，我本來不預備寫出來，因為我如果不坦白一下，那是永遠沒有人知道的，所以說它為「不傳之秘」，並非賣關子、過甚其辭！

話說我在三廠清鄉，住的竹篷子，吃的是大鍋飯，白天隨隊進展，夜晚伺察槍聲，自然是比較辛苦一點。距我司令部約半里之遙，有一位縉紳人家，其長兄是生物學家，其弟為一鄉之善士；有一晚，請我去稀飯宵夜，自然是卻之不恭；殊在小食之餘，又邀我到後堂曲房憩坐。赫然見一榻橫陳，煙斜霧繞；旁立四位美人兒，明眸善睞，盡態極妍，我大為詫異！亟問主人：

「這是幹什麼的？」

回說：「是大家慰勞主任的。」

我說：「這是絕對不可以的！一經傳出，便是天大笑話，特異醜聞。我雖抽煙，是由醫官配好藥丸，決不公開恣肆；至於那些風流陣仗，是沒有責任時逢場作戲的。過江以後，更不絲毫沾染。何況在用兵之時，如何這樣胡來！請你們趕快把這些娘兒們給點錢遣回。我非假面具，但我做事時，是有一定分寸的。」

這一件事，礙於那位紳士的面子，就此作罷。

在這以前，還有一次。那是我到南通視察時，他們為我預備一宅民房，前後三進，作為行轅。到了午夜，請我到後院休息。那知他們將最後一進牆壁打通，砌成複道，赫然又是一宅連接起來。在揚州秘密召來好幾位窰姐們，花枝招展，侍候如儀；這當然是我的部下做的。我大發雷霆，即晚命將後院封閉，撤了兩個副官。

我想這兩件事：三廠的與我左右無關，因為他們已有前車之鑑了；一定是縣大老爺商請那位紳士同意的。總是為我臭名在外，一時要做好人，終難免有人揣摸心理，投其所好。我又想到：「天下烏鴉一般黑」，我這區區「偽官」，竟有人勾心鬥角，做出這許多無聊下流的事；那些威風凜凜、權位崇隆者流，就能比我還乾淨嗎？我以小人之心度之，不過有接受、或不接受，不像我這樣坦白，秘而不宣罷了。我更想到：高適燕歌行有句云：「壯士軍前半死生，美人帳下猶歌舞。」似乎古已有之，今亦宜然！書至此，不覺擲筆三嘆！

二十八

語云：「天下無不散的筵席。」這就是說，任何事，興廢有定；任何人，聚散無常；只不過時間有長短，經過有盛衰罷了。汪先生的和平政府之成立：人、是倉卒集合；事、是應變非常；那就等於臨時召集的一個大讌會，而我這個蘇北行營，則是點綴華堂，敬陪末座而已。

清鄉之後整內部

民國三十二年秋季，汪先生以國事疲勞，漸致影響十年前被刺時在背部之留彈——民二十四年十一月一日國民黨四屆六中全會開幕時被刺，翌年出國就醫，留彈未拔出——南京方面，雖然局勢如常，而人心不免疑慮；尤其在蘇北一邊，發生兩大變化：一是孫良誠的部隊，移防揚州，自然與行營不能並存；另一則是項致莊發表為浙江省長，要在蘇北抽調兩個師，到浙省填防，也就分散我在蘇北的兵力；我觀察這樣情形，又回想我這些時間在蘇北到奔走的小小成就，打句官話，實在有點「倦勤」了。

我在海、啟清鄉之後，回到泰州，就檢討內部工作：

一、縮小行營內部組織範圍——裁撤總務廳及閒散人員；

二、裁撤上海及南通兩辦事處；

三、清理蘇北黨務辦事處；

四、結束各縣未了案件及各方請求向日軍交涉保釋案件；

五、清查稅務總管理處。

茲分別簡述於下：

行營組織，本來過於龐大。當時曾奉汪先生手令：「單位官少不宜多，人員寧缺不宜濫。」無如新機關成立，舊職官湧來；投效既多，失位者眾；薦牘已難應付，飯盌越嫌其少；勉強分配，仍有怨言；當時姚秉誠廳長，在任病故，遂先將總務廳裁撤，只保留秘書、軍需、軍法各處；軍務廳自郝鵬舉離職他就後，本係派人代理，同時亦將交通、諜報各處裁撤；軍醫處歸併到軍醫院；只政務廳一切仍舊；這是內部裁簡的大概。

辦黨務一竅不通

上海南通兩個辦事處，目前無甚需要，形同虛設，自應裁撤；唯揚州辦事處，熊師長本非直轄人員（第一方面軍第四師），現值孫良誠部隊移防，需要接洽之事尚多，故暫仍保留。

我是奉令兼任蘇北黨務辦事處主任的。大概因為要黨政軍統一起見，所以有此任命，但是我對辦黨，真是一竅不通；我於民十六在漢口，雖擔任過軍黨部執委，那是照例文章；後來在南京，重行登記，取得黨證，也只見那時國民黨組織鬆懈，毫無工作可言；現在我就呈請以政務廳長掌牧民，兼任黨務辦事處副主任，主持一切；這裏日常事務，且不去說；只是截獲有幾位新四軍地下工作的政治人員，我都把他們放走了，也有兩位願留在辦事處的，亦委以職務，聽其自便；我對這一機構，是完全取放任主義的；因為那時的蘇北，似乎對黨，多半無甚認識呢。

各縣民刑案件，在那一段時期，可算少之又少；行政經費，我決不向各縣提款，也就由他們自給自足；所以多半是呈報備案，實在無關宏旨；只有匪情變化、公路修復、及警務設施、與民團組織訓練，這些有關地方治安的事項，分別批答就算了。還有在抗日初期，被日軍抓去扣留的地方紳士，鹽阜兩縣，更有我小時兩位老同學，親自來泰請願營救人員的，現在事過境遷，也分別向日軍交涉，一一保釋；總算功德圓滿，苟安一時。

清查稅務最繁難

清查稅務，較為繁難。這不是一手一足之力，所能辦到，況且我又完全外行，只能自己一向保持一個清潔身份，示人以不敢踰越範圍，致蹈法網，自然在比較上，可以養成多一些安份守法的人，如是而已。我集合了所有稅務主要人員，擺出嚴厲面孔，發表威稜訓話，要他們將稅務利弊、稅收情形、軍隊有無把持、分局有無短少、職員有無舞弊；要不徇私情、不畏強禦，一一據實報告。在各人扭扭揑揑、畏葸支吾之中，只報告第一集團軍所屬各師及三個獨立師各防地所有分局，皆能照章徵收，並無干擾情事；稅務人員，亦皆循規蹈矩。

我說：「那很好！第二集團軍呢？」大家皆噤口不言。

我大聲再問：「第二軍團軍呢？」還是沒人講話。

我氣極了，說：「為什麼不據實報告？」

這時有一位贛直的老稅務人員就說：「因為第二集團軍總司令楊仲華，是主任的愛將，大家都不敢講！」

我說：「胡說！為什麼不敢講？他如有罪，我一樣辦，決不徇私！」

到這時，大家才眾口一詞說：「楊仲華派軍隊霸佔了八個縣的稅務分局，私刻行營關防，擅自印刷稅票，直接徵收，大家稱他為八爪烏賊魚；所以對他那一方面，我們無法執行職務。」

我這時氣平反了，就對他們說：「這還成什麼話，你們為什麼不早行檢舉！現在你們要暫守秘密，即速將所有證件，彙齊報告，待我查明屬實，自有辦法！」

這事我經過嚴切調查，並訊明所有在各該縣徵收人員，以及私刻行營關防所印行的稅票，已是罪證確鑿，毫無疑問。我就密呈汪主席，請革除楊仲華總司令兼師長軍職，解京法辦；並認為保用非人，自請辭職。跟著就將楊仲華押解赴京，奉令組織軍法會審，判決處以五年徒刑。

楊案引起大誤會

我對此事，雖然非常疚心。但沒有想到，楊以士官出身，英年駿發，竟不思潔身自愛，保衛鄉邦，反做出如此貪贓枉法的事來，使我感覺到愛之實以害之。同時對汪先生，對蘇北人士，更有無以自解之感。他是不是有所恃而無恐呢？還是好貨荒唐，忘其所以呢？我想：

我們雖在亂世，雖在艱危政府之下，一定要保持法律的尊嚴。尤其在大戰之後，對那些被敵人蹂躪的餘生，不可在他們身上，打絲毫弄錢的主意。所以我以身作則，要養成「出污泥而不染」的風氣。而我一手培植之楊仲華，竟如此肆無忌憚；我已決心不預備再幹了，將這件事，當起身砲也可；做一次「趙孟」，亦無不可！

因楊仲華之被逮，他的七叔楊溯吾，不知何故，為上海日本憲兵隊抓去，他有些侄子（仲華的弟兄有在蘇北經商者）硬說是我行文要日本憲兵去抓的；這真是不白之冤。我辦仲華，與他叔父何干，我再無聊，也不會要日本人去抓我的老朋友呀（仲華的大伯公雨、四叔子江、七叔溯吾，皆是我淮安中學的小同學，而溯吾在天津尤為切近）！但是溯吾，也信以為真，雖轉瞬被釋，終對我有不解之恨。我問心無愧，也就不再去解釋了。去年金雄白先生自日回港，得知仲華已死於日本，由秦師長解囊，為之料理身後。黃金虛牝，寃親乘化：死而有知，當復蘧然！

結束一詞最不祥

當楊仲華案解決以後，南京政府明令發表孫良誠為蘇北綏靖主任。蘇北行營，即行撤銷。我好在早有準備，即令各單位辦理結束。真是「無巧不成書」，我在抗戰初期，就辦理訓練總監部的結束，那是同抗戰絕緣了；現在又要辦蘇北行營的結束，這是與和平絕緣了。結束二字，究與交代不同，交代尚有輪流延續性，結束則是徹底消滅性；因此我感想到，這是一個不祥的名詞。汪先生舊創復發，自然和平政府快要結束了；勝利來臨，抗戰也就結束了；推而言之，恐怕還有不可思議的大結束，在後面呢！結束之不祥，甚矣哉！結束之時義，大矣哉！

我對於蘇北這一幕，跑來跑去，只算拉開個架子。言民政，是微不足道；講軍事，更不過爾爾；只是沒有亂用地方一個錢。在私人方面，除薪公外，也沒有妄取一個錢；清夜捫心，無慚衾影而已。我記得，泰州出過兩個特殊人物；一是明末說書的柳敬亭（柳痲子）；一是眾所皆知的梅蘭芳，我寫的這一段經過，當然比不上柳敬亭說的有聲有色；我演的這一齣戲，更談不上梅蘭芳的有板有眼；那就是所謂的小書場、草台戲罷了；慚愧慚愧！

優哉游哉且作詩

我卸職以後，就回到上海暫住。語云：「無官一身輕。」那應該是就責任而言，我恰適得其反；因為儲備票子一天一天降值，生活程度日高，家中開銷，不免捉襟見肘；不得已先將南京舊所置住宅賤價賣了，得儲備票一百萬；崑山有十幾畝田，託法租界聞人金九齡去賣了，得拾餘萬；我帶了一部分眷屬，移寓揚州，分室而炊；孫良誠念前後任（實際的非名義的）之誼，月送米麵若干袋，生活費若干萬，舊部師長劉相圖、潘幹臣等，因公過揚，亦時有餽贈，到也勉稱小康。熊師長也不時邀同幾位地方人士，陪我遊瘦西湖，逛平山堂，流連風景，大慰羈愁；孫的秘書長某君（姓名已忘）能詩，與我疊韻唱和，詩筒往還，興復不淺。我閒來又作揚州竹枝詞若干首，描摸風物，遣興抒懷；夏日多有求寫扇面者，即以自製小詩與竹枝詞塗抹之；風流舊事，一概不談，如此消遣，似較之小杜「十年一覺」為愈也。

揚州昔為才人薈萃之區，亦是酒食徵逐之場；今雖鹽艖沒落，繁華陵夷，而故家後裔，代起豪門，流風餘韻，猶有存者。我有些舊部好事者流，集合了二十餘人，有相識、有素昧生平者，覓得周扶九在揚僅存之舊樓一座（周，江西人，為上海富豪哈同以前第一名財主，子孫家敗），組織有小型詩社、圍棋會、方城會、饕餮會，盤桓其間；我或去著兩局棋，或搓幾圈衛生痲將，偶爾也吟吟詩，可謂消閒歲月，皓首無愁；最難得他們有十幾位珍窮水陸、家備郇厨的豪客，相約各以精緻菜式，特出心裁，分日入饌，我乃得大快朵頤，鼓腹而歌；真是此間樂，不思其他矣。

我想人生際遇，千變萬化，我於下台之後，在揚州有此優哉游哉的享受，未免要遭天忌，還是適可而止吧！就要他們逐漸收縮，關於飲食方面，也不可過於暴殄。偶爾，下盤棋、打打小牌、吃吃便飯，已是清閒生活，足以排遣世慮；只是人事無常，這樣的日月，能消受得多少時間，誰也不能預料呢！

一件明顯的預兆

中國人的迷信是永遠打不破的。尤其在閒居的時候，自然會談到算命相面，預言異聞：據說維揚有一瞎子，特別靈異，大家要我去算算命，我對這事，本無所謂；況且久歷名城，常參命相，大都能言過去，難驗未來，即由眾中某君，陪同前往，一詢休咎；他將我八字掐指一算，就簡單作驚人之語，說：「這八字有點與韓紫石（國鈞、泰州海安人）相同，不過從今以後，事業功名，完全沒有了！」我聽了，覺得他斬釘截鐵，說得如此分明，絕無一點江湖口吻，便已滿心默許；自然，從事實上判斷：和平政府前途之黯淡，不卜可知；而國步艱難，共黨勢盛，即令抗戰結束，攘外之後，如何安內？還要看當國諸公，有何妙手回春的法寶？至於那一班垃圾人物如我輩等，必將投諸深淵、放之四夷；更談不下什麼事業功名了！

談起迷信，迷信的事又來了。座中有我的一位秘書，忸怩而言曰：當檢舉楊仲華前後那幾天，行營關防的印把子，忽然折斷了，大家認為是不祥之兆，相戒不敢聲張；現在看起來，關防是由政府印鑄局鑄的，那印把子與大印的本身結合處，非常牢固，如何能輕易折斷呢？這不是一件明顯的預兆嗎？

我太太又說：「她在前些日子，得了一夢；夢見千千萬萬的飯盌，堆積如山，忽然在上邊落下一塊大石頭，將這些飯盌全打碎了！」我一想：行營沒有這許多飯盌，恐怕和平軍也靠不住了！

二十九

諺有云：「人生榮辱在及身。」又曰：「身後是非誰管得。」此皆非確論也，此不合論理學（名學）之言也。二十五史，多昭代記勝國之事，已有盡信書不如無書之感；至若干史實之人與事，或為當代所昭雪，或為史論家所翻案者，更指不勝屈；至如東漢之黨錮，株連李膺等二百餘人；宋元祐黨人碑（即黨籍碑）列著司馬光等三百有九人；下迨明之東林、復社，在當時無不以政治關係，及身為辱，而身後是非，更昭昭在人耳目；更如近年蘇聯之於史太林，或譽為開國元勳，與列寧比美；或至鞭屍移墓，改纂百科全書，迄無定評；此豈曲士目論所可喻其萬一耶！

汪精衛先生死矣！他的「和平、反共、建國」六字箴言，他的艷電所根據的近衛三原則：「善鄰友好、共同反共、經濟提攜」，至今已成為超時代、富遠見的不刊之論。何害於「漢」？何有於「奸」！他的死：自為當時淪陷區渴望和平的萬千民眾所哀悼；與夫汪政府在職同仁所應隆重舉行的飾終典禮；而我雖在短時期得其知遇，終亦有「莫我知也夫」之感。無論是流芳遺臭，見仁見智，實有記載之必要。

汪先生病逝東瀛

汪先生自病發至去國赴日就醫，乃至病逝異國，迎櫬飛歸，移靈安葬，禮所必具；但在抗戰勝利之後，眾口鑠金，此一段事實，自為官書所不載，而裨乘所罕見；茲由林柏生夫人處輾轉覓得林柏生先生遺著《汪先生生平奮鬥史》一冊，在其首篇〈生榮死哀〉一節中，記載其喪禮甚詳；不惜掇要發表，以存史實。亦「慰情聊勝於無」之意云爾！

按汪先生的舊創，係在九年以前（即民國二十四年十一月一日）國民黨六中全會開幕後，攝影時被刺而起，當時身被三槍，一彈由左臂穿過，一彈在左顳部（鬢骨），一彈由臂射入背部；事後經在國內及出國療治，左顳部之碎骨碎片，即於受傷後七日取出，而背部槍彈，則夾於脊椎骨之第五節旁，未曾取出，故其後健康雖復，而背部則時感痺痛。迨民三十二年八月間，背部胸部及兩脅同時發痛，至十二月更劇，因商諸日本陸軍醫院縝密檢查，斷定為背部留彈影響所致，遂決定於是月十九日晨，在南京施行手術，診斷明確，手術敏捷，於二十分鐘內，即將留於背部八年之久的子彈取出。當時經過極為良好，惟因創口平復後，未得充分調養，至民三十三年一月，寒熱復發，創痛再起，然仍就臥榻處理要公，至是病體越覺難支，復經診治，斷為壓迫性脊髓症，有待專家之割治，如易地調養，當可早見康復，遂於是年三月三日，飛赴日本就醫。

汪先生出國赴日就醫後，即入名古屋帝大醫院，由醫學界最高權威數人，專任診治，盡近代醫學上可能之方法，加以醫療；其間病狀時進時退，九月下旬至十月上旬十日間，及由十月二十日起四日間，熱度約在三十七度五，略有微熱，其他尚屬平溫，食慾亦良好，大體與前無大差異。對脊椎及骨盤部，前後經七次X光施治，背腰之疼痛，亦見輕鬆；惟因臥床過久，全身衰弱越甚，脈搏達九十度至一百十度，復因背腰疼痛及咳嗽關係，睡眠受影響；且自九月初旬以來，時發喀痰，雖經注射強心劑及吸入酸素等，但鑒於如此症狀，為防止發生肺炎、心臟衰弱及其他雜病，已須特加注意，迨至十一月十日上午六時，病狀劇變，熱度高至四十度六，脈搏增至一百二十八度，食慾全無，呼吸困難，漸入彌留狀態，竟於是日下午四時二十分長逝。

中日政府發聲明

當汪主席逝世後，南京汪政府即發表聲明如下：

「汪主席於本年三月出國，在日本名古屋帝大醫院療治，病狀時進時退，不幸於本年十一月十日四時二十分逝世，國民政府同仁暨我全國軍民，聞此噩耗，悲痛罔極。

主席一生，由翊贊國父至繼承國父，領導國民，致力革命；其目的在求中國之自由平等，與亞洲之獨立解放。國民政府還都以來，為調整中日邦交，為促進和平統一……在協力完遂戰爭，宵旰勤勞，卒以內定復興建設之始基，外結平等互助之盟約，不幸中道殂逝，賚志以歿；國民政府誓當率領全國軍民繼承遺志，不避艱險，賡續努力，奉行主席手定之國民政府政綱，及基本政策，信守中日同盟條約，及大東亞宣言；與盟邦及各友邦同心協力完遂戰爭，以爭取中國之自由平等，及亞洲之獨立解放。

歷年以來，盟邦日本，對於吾國之獨立自由，對於國民政府之進展，予以全幅之援助；國民政府雖經此劇變，然救中國、保東亞之初衷，決不稍渝；願相提攜，向光明前途，共同邁進，特此聲明。」

日本政府於接得汪氏逝世之訃告後，亦發表聲明；對汪主席生前之偉業，作至誠之哀悼。並謂中日兩國之關係，絕無變更，仍本既定方針，加強結盟，實現共同理念。其聲明原文如次：

「中華民國國民政府主席汪精衛閣下，為治療舊創，於本年三月來日，即在名古屋療養，後以病勢突變，竟溘然長逝。回顧汪主席閣下，夙具復興中國建設大東亞之偉大理想，繼承中國國父孫先生遺訓，為和平建國復國東亞而奮鬥，以迄今日，其偉勳已永垂青史；今乃中道崩殂，喪此偉人，誠不勝哀悼。惟在中日兩國之間，已確立善鄰友好之關係，奠定東亞復興與保衛之基礎；中日兩大民族，深知其使命與責任，而益鞏固團結；在此重大時期，中國當能善體汪主席閣下遺志，越益努力，東亞之將來，更加奮起；帝國政府亦必堅持既定方針，加強兩國結盟，互相提携，以完遂大東亞戰爭，努力實現最高理想；特此聲明。」

載運靈櫬有專機

汪氏遺體於十一月十二日，由日本恭迎歸國。是日晨，名古屋之帝大附屬醫院特別病室中，即擁滿恭送靈櫬歸國之日方文武長官；上午七時許，先由駐日大使蔡培首先進入安置靈櫬之靈堂，尋由待從武官凌啟榮捧持日本天皇敬贈主席之菊花頸飾，引導出室，繼之即以國旗掩覆之；靈櫬於汪夫人以次各侍從人員隨侍下，移至靈櫬車，時午前八時。日醫勝治、齋藤、名倉、高木、黑川五博士及醫院關係者在垂首恭送中，靈車暨隨侍之汪夫人及家族親眷等，亦分乘汽車靜馳出院，時一般交通均行斷絕，繼之為先導車、靈車、侍從車、扈從車；再後為日本小磯首相、重光大東亞相、石渡藏相、近衛前首相、東條大將、陸次柴山中將；以次為各地方文武官員，及醫療關係者等隨送之車輛。至九時五十分，靈車抵飛機場，此時各送行者於整齊行列之下，齊向靈車行最敬禮。隨之在中日各要人嚴肅注視下，由日本陸海軍人代表、大使館員、汪夫人及孝子汪文悌等將靈櫬安置於座駕機「海鶼號」上。未幾，發動機已轟轟作響；當此靈櫬將與日本國土訣別之際，日小磯首相潸然敬以舉手禮，重光則高揮其大禮帽，近衛前首相則於石渡藏相身旁靜靜將頭垂下，東條大將以感慨無已之表情恭行舉手禮；蓋皆眷眷於汪氏之奮身全面和平而有志未逮也。於時靈櫬機即緩緩離地，漸升天際，並隨行護衛機二架同在空中作一大迴旋後向中國南京飛去，時正上午九時十二分也。

同日下午五時半，靈櫬安抵南京。先一時，中央委員暨各院部會文武長官、及日方在華軍政長官、德義等各友邦駐華使節、以及汪氏親屬等千餘人，均親蒞機場恭迎。迨「海鶼號」飛臨南京上空迴旋一周後，即在國樂聲中著陸。各迎櫬文武人員分成兩列侍立，陳代主席公博隨即領導褚民誼、徐蘇中、林柏生、陳君慧、李謳一、陳昌祖、陳皋、何炳賢等舁櫬人員趨赴機場致最敬禮畢，進入機內瞻仰遺容，恭扶靈櫬下機，同時奏哀樂，全場極為肅穆，深致哀悼。隨靈櫬同來者，計有汪夫人、公子、女公子、及行政院秘書長周隆庠等多人。

組織哀典委員會

靈櫬下機後，隨即換乘靈車，靈車四周，環紮素絹，兩旁懸國旗，即於哀樂聲中啟行。行列前為開導車，繼為靈車，陳代主席車恭隨靈車之後，再後為儀仗車，舁櫬人員車，末為各中委及各院部長官暨各友邦駐華官員車，共三百餘輛，蜿蜒數里。沿途公務員、軍警、學生、民眾等，皆手持國旗，列隊恭迎，靈車過處均鞠躬致敬。靈車行列由光華門進南京城，經中山東路、新街口、中山北路、鼓樓、保泰街，歷一小時餘迄七時達國民政府；仍由陳代主席領導舁櫬人員扶櫬下車，進入國民政府大禮堂，恭迎堂中，隨即舉行恭迎儀式。由陳代主席主祭，奏國樂、獻花圈、行最敬禮、靜默誌哀，宣告禮成。日、德、義、西各駐華使節，亦分別致祭。

迎靈既畢，次日正午，即由陳代主席領導舉行大殮大典。禮堂正中懸汪氏遺像，左右環列國府各首長及友邦各使節之花圈，汪氏家屬及中樞各長官恭立兩旁，親視含殮。旋奏哀樂，陳代主席就主祭位，奏國歌，全體向遺靈行最敬禮，並靜默誌哀，即舉行入殮。隨由陳代主席率送殮人員繞遺靈一周，瞻仰遺容，各人皆哀不自勝，低聲飲泣；繼由陳代主席恭讀祭文，至一時許始告禮成。

遺靈抵京後，即由汪政府及中央黨部，會同組織「汪主席哀典委員會」，辦理哀典事宜。其組織如次：

委員長：陳公博。

副委員長：褚民誼、周佛海、王克敏。

秘書長：褚民誼兼。

委員：則由國府委員、各院院長及副院長、各部部長、院轄署長、文官長、參軍長、各院秘書長、立法院各委員長、經濟委員會常務委員及秘書長、中央黨部常務委員暨秘書長及各長與各主任委員、中央政治委員會委員、新國民運動促進委員會常務委員及秘書長、軍事委員會常務委員及總參謀長、憲政實施委員會委員、首都警備司令、華北政務委員會委員及常務委員、各省綏靖主任等擔任。

哀典委員會下設五處如次：

總務處：處長徐蘇中，副處長薛逢元、劉君豪。

典禮處：處長唐蟒，副處長祝晴川、徐義宗。

招待處：處長褚民誼、副處長戴策、吳凱聲。

宣傳處：處長林柏生，副處長郭秀峰、章克。

警衛處：處長李謳，副處長陳皋、桂連軒。

暫行安葬梅花山

「哀典委員會」成立後，即制定「哀典條目」，通知全國各軍政機關、學校、法團如下：

（一）各官署、黨部、軍警、軍艦、海關、學校及公共場所，下半旗一月。由十一月十二日下午四時起至十二月十一日止。

（二）文武官吏及黨員，停止宴會一月。

（三）民間輟樂七日。由十一月十二日下午四時起至十八日止。

（四）文官及黨員左臂纏黑紗，武官及士兵於右臂及刀柄上纏黑紗一月。

（五）各官署、黨部公文大小印章，用藍印色一月。

此外並經常舉行會議，商討一切哀典及葬典事宜，並指定三事：

（一）哀典委員分日輪流值夜，恭陪主席遺靈。

（二）自十一月十三日下午二時起，國民政府所屬各院部會署及國民黨中央執行委員會所屬各廳部會等各機關首長率領僚屬恭赴靈堂依次致祭。

（三）此後各友邦駐華使節、外交團外賓、各遠地長官陸續致祭。

南京國民政府於十一月十四日明令公布舉行國葬。宣傳部旋於十一月十八日發表公布如次：

「本日中央政治委員會會議，議決追認國府明令國葬汪主席案，並以汪主席遺囑『願與已死之革命同志葬於廣東』，故已在廣東白雲山下，擇定葬地；為兼顧遺囑及國府明令，故暫行安葬南京明孝陵前梅花山，俟全面和平實現，再行國葬……下略」以下之按語甚長，不錄，摘其事實如下：

汪氏生前曾有遺言不願國葬，以其襲用封建時代帝王之習氣也。在革命初期，嘗與陳璧君及同志數人於廣州白雲山麓，合購墓地七畝，相約以此為革命成仁後共同棲息之所，此數同志不幸先後逝世，嘗欲償此宿願，魂歸一處，並謂墓旁但梅花數株，墓碑僅書「汪精衛之墓」，務求簡潔不擾民足矣。又民二十六年三月六日朱培德上將在南京逝世，中央對國葬問題，眾議紛紜，會議後，汪氏曾手書一紙，亦足證其不願國葬。後以陳璧君中央政治會議報告，遂仍決定追認政府之國葬明令，只力求避靡費求其簡肅而已。梅花山在國父陵墓之側，明孝陵之前，其地有梅林、有桃林、有櫻花林、有紅葉，固勝境也。

移靈典禮與祭文

十一月二十三日宣傳部發表公報如下：

「汪主席哀典委員會根據中央政治會議決議，於本日由哀典委員會委員長陳代主席率領中樞及地方長官，舉行安葬大典。各友邦使節及在華軍政長官均親臨參加。於晨六時三十分，舉行『移靈祭』，十時三十分於梅花山墓前舉行『安葬祭』，午時初刻，舉行『入墓式』。本日全城民眾軍警及僑民駐軍，夾道恭送；全體哀典委員，親行執紼；軍警、青年、學生、各地模範團及各界代表，恭送至墓地；致祭者總計十餘萬人，典禮隆重，群情肅穆。……」

是日晨六時半，移靈典禮開始。哀典委員會委員長陳代主席率全體哀典委員、中央委員、國府委員及中樞文武長官、各省市地方長官周佛海等數百人（高級首長連華北列名者計百餘人，名長不錄）敬謹舉行。日、德、義各友邦使節，及日本駐華軍政官員：谷大使、崛田公使、畑元帥、近藤司令長官、矢崎最高顧問、小倉顧問、松井總參謀長、唐川總參謀副長、今井陸軍武官、前田海軍武官、伊藤參事官、德大使韋爾曼、義代辦施畢納利等同參典禮。汪夫人陳璧君率公子、女公子等家屬親視啟靈。

嗣舉行「移靈禮」。陳陳代主席主祭，楊揆一代讀祭文曰：

「維中華民國三十三年十一月二十三日，奉移國民政府主席汪公靈輿，哀典委員會委員長陳公博、副委員長王克敏、周佛海、褚民誼謹率全體委員告祭於我公之靈曰：嗚呼！自公上殂，奄逾浹旬。百僚失仰，哀慟群倫。輿悲罷社，引慕乘城。庶民子幼，朝夕瞻臨。非公盛德，曷克斯臻。維靈永護，載妥山陵。應鍾戒律，玄冥司辰。鵷行肅穆，貔貅駿奔。霜嚴纁旆，日曜旝旌。靈馭載啟，攀挽何勝。敢申祖奠，罄此哀情。尚饗！」

移靈祭畢，七時正，靈櫬即奉移發引。首為騎黑馬之騎兵官弁，高擎開道旗緩緩前進；次為同式之騎兵軍官二人分執黨國旗左右飄揚，皆有同樣騎兵護衛；繼為第一方面軍軍樂隊、中央軍校騎兵隊；後為花圈隊；次為國府軍樂隊，皆間奏哀樂；次為中央軍校步兵一連；其後即為主席旗，由陸軍軍官執持，護旗兵五名，緩步侍衛；主席之佩刀及勳章等九件，由侍從室人員，分別手捧，緊隨主席旗之後，分兩行前進；次為陳代主席及各長官、各機關代表，各小、中、大學學生代表等；全體步行，執紼恭送。周副委員長佛海雖在病中，亦扶病恭送。執紼行列之後為靈車。

靈車上覆國旗，由白馬八匹載引，車前供遺像，左右懸黨國旗；家屬分侍靈車前後；舁櫬人員，各在靈車兩側，緩緩前進。再後為中央軍校步兵一連及衛士大隊一隊，緊隨護衛。又後為外交團代表、外賓、外籍職員及居留民團代表等；亦均列隊恭送。再後依照規定次序，計共八十餘單位團體（字多不錄），分隊前進。最後為京內外各界自由參加之民眾。全部行列，蜿蜒不絕，約計二十萬人以上。

不勝故主依戀情

十時正，靈櫬抵達梅花山麓，隨即改用北京槓房之六十四人獨龍槓，移至墓園，停於墓穴之上。十時半，安葬典禮開始，仍由陳代主席主祭，由羅君強代讀安葬祭文曰：

「維中華民國三十三年十一月二十三日，為國民政府主席汪公安葬之辰。哀典委員會委員長陳公博謹率全體委員告祭於我公之靈曰：嗚呼！台城雲黯，鍾阜風淒；金凫不泛，石馬長嘶。遠法漢文，不封不樹；近對明祖，松楸貞固。巍巍陵園，佳氣鬱葱；公隨國父，立德立功。俱有千秋，同昭萬禩。奠茲佳城，山河帶礪。」

安葬祭畢，由陳代主席將黨國旗覆於靈櫬之上，送靈人員向遺靈行最敬禮，乃於禮砲聲中，完成安葬儀式。正午十二時，接著行入墓儀式。陳公博、周佛海及近親對靈柩肅立，家屬及中樞長官立兩旁，此時舁柩人伕，即將靈櫬輕輕放入墓穴，至十二時二十分安置穴中，即由汪夫人首先灑土，繼為各家屬、各長官及軍校各期學生代表等陸續覆土；此一代震鑠人群、事功艱挫之偉大人物，遂長埋於地下矣。

我與汪先生有短時期之知遇，有長時期之敬仰。但於其病歿東瀛時，卻已卸職蘇北；在南京政府方面，已是無職之人，故對所有飾終節目，全未參加；直至移靈前一日，始抵南京，隨即到停靈之大禮堂行禮，並投刺汪夫人報到，即晚在靈前陪靈一宵；翌晨隨同送葬，肅立柩前，注視墓穴封閉，始逡巡而返。蓋不勝故主依戀之情，而有感於人事無涯之痛！本篇所記，係完全錄自林柏生先生死難前之遺著。我所以於事過境遷之餘，不惜窮日夜之力，眼花手顫以錄之者，蓋所以存林先生之哀遇，而慰汪先生之幽靈。讀者或以為明日黃花，或以為和平政府之自我陶醉，更有嗤之以鼻而目笑存之者；此皆非知人論世、存心忠厚之道也。人生觀感，生死契闊，易地皆然。矧在政治立場，端視國家利害；眾醉獨醒，彌感於冤禽；人云亦云，何憎於多口！

三十

我是讀儒書的武人，間嘗涉獵墨、法之說，及兵家者言；竊以為治國之道，必儒法互用，儒墨並行。用儒之道，輔以法墨之術以行之；法墨之術，本諸儒之道以繩之。法墨為用，而儒為體；庶幾儒有術而法有常，儒有變而墨有歸矣！

今之言儒而用墨者有之矣！不言墨、不知墨而用墨者亦有之矣！和平，「非攻」之說也；扶植落後民族、維護人類自由，「兼愛」之說也；統一意志，清算洗腦，「尚同」之說也。故有習焉而不察者，有用之而收其效者，有假借以售其奸者，有面從而心違、人是而我非者；無所謂逃儒歸墨，入主出奴也。世之為政者，動以八德四維、陳腔古調相標榜；此儒道也，而失之腐。動以嚴刑峻法、黨同伐異相從事；此法說也，而失之苛。動以標奇立異、行險儌倖相眩惑；此墨道也，而失之妄。國家，重器也，付託之殷，存亡所繫，顧不重哉！

陳周褚王誄詞

汪先生對於國家危急存亡的重要關頭，能用儒家經、權之道，法家功利之見，墨家非攻之說，更深明兵家「全國、全軍」「破國、破軍」之得失；故不惜冒大不韙，犧牲一己全力以赴之，乃至於死而未有已。我於記錄汪氏喪儀之後，餘痛猶存！雖無法以筆墨形容其私衷哀悼之辭，但當世佩其遠見、寄以同情者，殆不乏人；而其生死不渝之同志，言出至誠，深入人心，尤未可以其歿世無怨之悲懷，而視為腴墓傷逝之頌禱。吾聞當年華北方面，有一大學生，於汪先生之逝，編為話劇，敘其生平，飾為汪氏，登台表演，廣播流傳，聲容酷肖，聞之至有泣下者；而平津冀魯一帶中、小學生，當時亦皆服孝一月；此更見悼念斯人，無間南朔也。茲再摘錄陳公博、周佛海等誄詞數則如下：雖或其人已亡，然撫今追昔，亦以資後死者之觀感云耳！

一、陳代主席公博：「今後誓當繼承汪主席遺志，與盟邦日本緊密協力，以共同完遂大東亞戰爭之最後勝利。」

二、周院長佛海：「我病中接到主席的噩耗，使我肝胆摧裂，欲哭無淚。主席已經棄我長逝了，我的感想也不能盡述，現在沒有主席指導我們，鼓勵我們，如果我們能仰體主席的遺志，奉行主席遺訓，和平運動，必然成功，和平統一，必能實現。」

三、褚外交部長民誼：「主席不但時刻以中華民國的復興為念，並且對於大東亞各民族的前途，同樣寄與深切的注念，希望東亞造成一片光明燦爛的園地，我們應該怎樣體念遺志，合力共赴，以完成大東亞戰爭。最後我們默禱著主席的精神不死，護佑著我們的同志，勇猛精進，完成我們的使命。」

四、華北政務委員會王委員克敏：「汪主席繼承國父革命大業，領導和平運動，挺身創造新中國；值此殲滅敵人，力謀完成大東亞戰爭之期，吾人之領導，忽而仙逝，不僅中國之不幸，實為全東亞最大之損失。全體國民應奉承汪主席之精神，發揮東方民族之自覺，努力以繼主席之遺志，以期勿負主席在天之靈。」

五、華北政委會常委王蔭泰：「四十年來，汪主席無日不在竭盡心力腳踏實地的沉著精進，出處進退，全連繫著大局之安危；而且為國家、為民族，在別人大說風涼話的時候，不顧一切而跳下火坑，這是公正的歷史家，應該大書而特書的事，也是我們對汪主席特別欽佩、特別哀悼的地方。」

六、山西省長王驤以及浙江省長項致莊、江西省長高冠吾、安徽省長羅君強……等均有哀思之文，從略不錄。

菲印日有唁電

茲再摘錄外賓唁詞數則如次：

一、菲律賓洛勒爾總統：「聞中華民國政府主席汪精衛閣下逝世噩耗，深為哀悼。憶前於東京相晤時，尚極康泰，今閣下竟突與世長辭，此不僅中華民國失去一真實愛國之偉大政治家，即大東亞亦失去一有力之果斷協力者。」

二、印度鮑斯主席：「一年前在東京會見汪主席時，深感主席人格之偉大。汪主席為實現其解放亞洲之理想，去年大東亞會議中，曾做極大之協力，而對建設新東亞，厥功尤多。今汪主席未見其理想實現，即棄世長辭，實令人痛惜。汪主席不僅為中國國民之指導者，亦為吾等亞洲民族靈感之根源。主席之死，凡抱有解放亞洲之理想者，皆不勝哀悼。」

三、日本小磯首相：「大東亞會議中，汪主席之風度，熱烈之獅吼，今尚牢記於吾人腦中。今日遽然巨星殞落，曷勝惋惜，此誠中國之莫大損失。然相信其大志與遺業，必能實現於汪主席閣下之舊友之手，於此謹向汪主席之大志與遺業，作至誠之贊辭，並期中國四億民眾，共體汪主席之遺志，為中國之將來興隆，及大東亞之發展，繼續努力。」

四、日本前首相近衛文麿：「汪主席閣下未見中日全面和平偉業完成，即因病仙逝，本人謹對汪主席在天之靈，表示哀悼。今汪主席之英姿，尚宛在目前，因汪主席之仙逝，國民政府似失柱石，今後為實現汪主席之遺志，中日兩國，必須緊密握手。」

五、日本石渡藏相：「汪主席脫出河內，胸懷建設新中國之偉業，來訪平沼男爵等要人時，余以大藏大臣資格，得初度面謁，其後因就任國府經濟最高顧問，居住南京，每週二為定例會見，能得瞻汪主席丰姿，顯出其活躍革命之果斷能力。汪主席深得民眾及內外人士之信仰，為不可多得之偉人。今雖逝世，相信中國濟濟群英，定能繼承汪主席之遺志，與日本緊密提携，以完成建設新中國及大東亞之偉業。」

六、日本畑俊六大將：「當此中日兩國越益強化團結，正邁進於完遂大東亞戰爭之際，不幸汪主席竟告逝世，誠深哀痛。然閣下獻身黨國，繼承國父遺教，為和平建國，復興大東亞而奮鬥，此種赫赫勳績，將永久燦爛於青史，而永垂不朽。」

七、日本谷大使：「汪主席自領導和運以來，在新中國之建設上，留有偉大之功績，如國父遺囑中，廢除不平等條約之成功，奠定中國完成獨立之基礎，凡此事績，均將永垂青史。今主席雖逝，但精神不死，且將益增其光輝。深信不僅全中國國民，即大東亞各民族，亦必為其精神所感召而越益奮起，為大東亞之解放，盡其最大之努力。」

按汪先生逝世後，中外各方，文電哀悼，集彙甚多，茲僅擇其重要者錄之如上。

憶錄幾副輓聯

關於輓聯部份，我當年在南京陪靈的那一天，見大禮堂為之懸滿，曾周迴恭讀，各有相從之遺愛，與不盡之哀思；當時只記得文官長徐蘇中，與華北教育總長周作人（魯迅之弟）集汪先生遺句數聯；茲就林柏生先生所記，摘錄若干副，以誌心聲，而資紀念：

國府同仁輓：

不朽言功德；

常存精氣神。

陳代主席公博輓：

縱橫中外古今，學無不通，天下興亡為己任；

奔走東西南北，死猶不已，英雄血淚哭公多。

國府委員張永福輓：

更造乾坤，同光日月，拯萬象於悲濤，丈六金身，竟捨吾人天上現；

重披星斗，再整綱常，施三民之訓誥，千秋史蹟，常隨佛火劫中存。

國府文官長徐蘇中輓：

記廿載患難相從，遺大投艱，自有經綸彌宇宙；

望九天音容頓杳，感恩懷舊，空餘涕淚哭英靈。

國府參軍李宣倜輓：

三年奔走空皮骨；

萬古雲霄一羽毛。

華北教育總長周作人集汪故主席遺句輓：

謀中國之復興，不惜以身為薪，以心為釜；
求東亞之解放，願作一顆石子，一粒泥沙。

國民政府文官處全體職員輓：

江湖廊廟總追隨，旰食宵衣，親見憂勞奠東亞；
期會薄書成夢幻，山頹木壞，長教涕淚過西州。

宣傳部長林柏生輓：

畢生革命，為主席，為國家，鞠躬盡瘁，繼之以死；
廿載沐恩，如師保，如慈父，遺棺遽撫，痛不欲生。

陳公博代主席

茲再記陳公博氏於汪先生逝世後。由代理主席至正式舉行就職典禮之經過：

按陳氏早年從事革命，亦國父信徒之一。在汪先生於民二十一年任行政院長時，曾任實業部長，與顧孟餘同為汪之左右手。陳氏更歷任各要職，始終追隨，患難相共；南京和平政府成立，任立法院長，民三十三年十月，汪先生去國就醫，命陳氏代理主席。迨汪先生逝世後，中政會乃於是年十一月十二日召開臨時會議，一致公推陳公博氏為行政院院長，依法代理國民政府主席，並兼任軍事委員會委員長。次日下午九時，中國國民黨中央常務委員會召開臨時會議，討論事項：因中央執行委員會主席汪兆銘病故出缺，經公推陳公博氏代理。

十一月二十日上午十時，國民政府於立法院會議室舉行擴大紀念週，各院部會署文武長官及在京地方長官等均參加。代理主席陳公博並同時舉行就職典禮。

十時正，陳公博御新國民大禮服，於國樂聲中蒞臨。旋儀式開始，陳氏領導行禮如儀，並致訓詞，各長官全體向陳代主席一鞠躬致敬。最後陳氏領導全體趨國府大禮堂汪故主席靈前恭祭致敬，迄十時半，始告禮成。

茲節錄陳氏就職代理主席之演詞於後：

「汪主席於民國二十九年三月揭櫫和平反共建國三大政綱，還都南京，至本年十月，凡四年有七日，不幸殂逝，舉國震哀。公博受命於汪主席離國養疴之日，今復被推負責於痛悼之餘，不敢以才輕任重，而輕改追隨主席之初衷，亦不忍在國步艱難之時，而諉其責任。凡汪主席手定之政策，皆為公博奉行之政策；凡汪主席生前之設施，皆為公博現在之設施。今當視事之頃，謹掬所懷，而要求國民政府同仁及全國軍民共同努力以赴。……

國民政府還都之目的，在於蘄求中日之全面和平，並進而求全東亞之和平。此心此志，汪主席與國民政府始終不懈，以求實現，還都之日如此，今日如此，今後亦復如此。國民政府自始即無與重慶敵對之心，重慶之人民，亦即為國民政府之人民，重慶之同志，亦即為吾人之同志；吾人自始即以為和平急須實現，國家終不可分，耿耿此心，早為全國軍民所共諒。數年以來，初與日本訂立中日基本條約，繼而復訂中日同盟條約，並參加大東亞宣言，……今後國民政府，決本汪主席之遺志，以求達到『黨不可分而國統一』之偉大志願，無論如何艱苦，必使完成，尚望全國軍民，一致努力，同此主張，使中日復歸於和平，而國家復歸於統一。

國民政府還都以後，時局屢更，初因中日事變，尚未完全解決；繼因大東亞戰爭，終於展開。政府瘁力於百年大計，遂不免忽於地方吏治，檢討已往，無可諱言。負各方之責者，或以官吏生活困苦，略跡瞻徇，或以僚屬過去勛勞，陳情減罪，尋至吏治日壞，政務不修。吾人須知和平救國，為國民之天職，無功足言，信賞必罰，為立國之大綱，不明則敗。現在人民痛苦深矣，匪共滋擾，荊棘載塗，益以貪污，國將不國。自今以後，國民政府決意澄清吏治，以副汪主席昭示廉潔政治之初衷。倘有荼毒人民危害國本者，無論何人，當認為國賊，與眾棄之。

欲求完成大東亞戰爭，勢必置重生產。本年元旦，汪主席有增加生產之訓言，吾人本此遺訓，必須付諸實施。縱以戰時原料動力，發生種種困難，亦必努力繼續生產，使軍需民需雙方並重。吾人須知軍需固居首要，而民需亦不容漠視；蓋民需不繼，必至民生不安，民生不安，必致整個生產，陷於停頓。爾時軍需民需，兩受其困，欲求勝利，其道末由，此則亟盼全國軍民，體念此旨，通力合作，統籌兼顧者。

確立治安，亦為汪主席之遺訓。但治安之確立，固在軍事之邁進，尤重在政治之修明。自今以後，軍事政治，務宜配合，肅正紀律、整飭教育、崇尚廉潔，實行建設，必使地方寧靜，民有所歸。……

凡此所舉，皆為昔日決定之方針，而為今後實行之綱目。吾人以往有確定之政策，而未能充分表現實踐之熱誠，今後務宜一洗泄沓之風，勵致求實之行。更有進者，國家之樹立，完全在於自力更生，政府不建築於人民之上，基礎必難強固，所望同仁本於自發之精神，以求國家之獨立。蓋以堅忍之志，排除依賴之心，則中華可以復興，而東亞亦可以保矣。區區之誠，願與國民政府同仁及全國軍民共勉之。」

看了陳公博的就職演詞，因而默想到他當時的心情，與支撐這和平政府的殘局，及最後的吳門血淚，慷慨捐軀；每致慼於其以不忍重違知己，而相從汪氏於危疑之際；以必須繼承遺志，而受代於邦國殄瘁之餘；觀其演詞，正深隱痛，所謂「全面和平、東亞解放；軍需民需、增加生產；清明政治、防治貪污；確保治安、肅清匪共。」等等，皆非僅僅為淪陷區言之也，語重心長，早已慮及未來局勢之嚴重。而尤要在「國必統一、黨不可分」與夫「國民政府自始即無與重慶敵對之心，重慶人民，即為國民政府之人民，重慶同志，亦即為吾人之同志」數語。其廓然大公，憂心如擣，何等明朗而確定！但是「某也天只，不諒人只。」終難逃於刑辟之駢誅。傷哉！瀛海翱翔，太息非陶朱之一舸；金閶搖落，依稀見伍子之雙眸。嗚呼！

三十一

我執筆草寫本節稿子時，正值民國第二個辛亥年三月二十九日青年節之晨。青年節就是黃花節的改稱，當民國紀元前一年（公文一九一一年、清宣統三年）三月二十九日，黃克強、朱大符（執信）、趙聲、林文等舉義於廣州，圍攻兩廣總督署，戰敗，死七十餘人，葬於廣州之黃花崗（原名紅花崗）。此一民族青年血戰史蹟，自然是永垂青史，萬古常新。同時我又想起，汪精衛於民前二年三月七日，在北京銀錠橋謀炸攝政王被捕繫獄的故事。時汪氏年方二十八歲，亦青年也。前後計之，北有銀錠橋，南有黃花崗，中有武漢起義；三年之間，青年奮起，事機緊湊，而民國以成。今日之青年，以視六十年前之青年，其趨向不同，執持所在，固非吾人所得而想像矣！

人心是趨時的。歷史是趨勢的。我這些日子，正在寫汪精衛與和平政府的反調文章，因之感想到勝利之初，竟有人歪曲事實，將汪精衛謀刺載灃一事歸之某氏者，這真是荒乎其唐；汪先生主張和平，到今日利害照然，評議未定，又何能抹殺前勳，以一眚掩大德；我於汪氏東瀛逝世，自慚不足以贊一辭，曾無哀輓之作，惟有裒集其特殊事蹟，足以為青年模範者；及在和平政府政策之上之措施，足以見其政治之抱負者；表而出之，以誌我一番追隨、一番崇拜之私意云爾。

謀刺攝政王始末

凡事久則淡，淡則變，變則疑似，疑似則真偽莫辨，終乃至於忘懷；成敗興衰且然，而況其次焉者耶！今之學子，忙於科目，甚至近代史亦懵然無所知；尋至盲目摸索，幻為異想，流於偏激而不知反；狂瀾既倒，挽之則難，今後演變成如何世界，殆非待盡之年如予者所得見矣。

今先將汪先生「謀刺攝政王被捕入獄」的故事、及「民國紀元以前奔走革命的經過」，撮要具述其始末，以存史實，以免為異己者所改竄汨沒，以表現六十年前青年報國之精神。儘可世人不察，以和平運動而慢短之，吾猶以其始終為完人也，而欣然記述其始末；甚至有人譏我為重話革命家常以充篇幅者。不知今之青年，固多不悉其事；即中年以上，茫然不知、知而不詳者亦夥矣，而況有秘辛存焉，泚筆記之，庸何傷乎！

汪先生謀刺攝政王始末紀實

當庚戌謀炸案之前一年（宣統元年），汪氏初以新任湖北巡撫滿人端方（午橋）為目標，與黃復生、黎勇錫、喻培倫、曾醒、方君瑛、陳璧君等，在日本組織一小暗殺團；復生、培倫對製造炸藥，素有研究，然在日本試驗困難，乃偕仲實、復生、璧君、君瑛至香港，密設機關於跑馬地黃泥涌道，時約李紀堂赴屯門鄧三伯之農場，試驗擲彈、及電氣發火、化學發火、鐘表發火諸法。復生、培倫聞端方將取道京漢路南下，曾先期至漢口守候，欲擊之於車站，嗣因端方改由海路而來，遂相左，乃以所攜炸彈鐵殼及彈藥等物，託孫武（堯卿）保管而去。汪氏以經營暗殺歷時一年餘，往返日本香港兩次，遂決心於是年十二月偕黎勇錫、喻培倫、陳璧君等往北京，開設守真照相館為掩護，以謀暗殺事。在北上舉事之先，國父及黃興、胡漢民、朱執信皆曾勸阻，執信且有詩訣別，而汪氏悲壯襟懷，誓殲滿虜，不顧也。

汪氏北上之後，最被本擬謀炸慶親王，但以慶王侍從如雲，警衛森嚴，無從得隙；時適載洵、載濤自歐考察海軍歸國，汪氏乃攜一鐵壺盛炸藥至車站相候，是日大雪竟日，且彼等登站時，人員眾多，難於辨識，失望而返；其後復與同志計議，謂「擒賊先擒王」，因之謀炸攝政王載灃之舉，遂由是而決。

按攝政王當時所居，係醇親王府，地在北京地安門外什剎海畔，每日上朝，必經鼓樓大街，適該處翻修馬路，而上朝亦變更路程，最後遂決定以什剎海之銀錠橋為行事地點。在銀錠橋北面，有現成陰溝，汪氏決於該處埋藏炸藥通以電線為導火線，待載灃過橋之際，即引線炸之。計畫既定，為行事及行動方便計，汪氏並在什剎海畔清虛觀租賃一屋，以便匿居。

時在宣統二年（庚戌）二月二十一日。佈置已定，即於午夜偕同志喻培倫、黃復生同往該橋下掘孔，因犬吠狺狺而止；次夜，將炸藥鐵罐埋好，但因電線過短，不能應用；第三夜，再往接電線時，忽見橋上有人窺伺，仍一同走避，旋見警察與衛兵提二燈籠，下橋察視，良久而去；此次因為埋藏炸藥不密，以致行刺不成，終於事發被捕。

被捕的幾種說法

汪氏被捕經過，亦有幾種說法。一說謂：是年三月七日，攝政王上朝，路過銀錠橋時，在前面開道之衛隊，忽見路旁有新翻之泥土，隨即動手搜查，結果埋藏之炸藥，悉被撿出；由於彈殼所示，查明係西城臨記鐵工廠所造，據此線索，全案因以破獲。最先被捕者，係黃復生；在黃被捕之同日，汪先生至鐵工廠探聽動向，因亦被捕。

又一說：根據案發之次日，北京《正宗愛國報》——當時北京各新聞紙皆載有——即發表有下面一段新聞：「初七日（按指宣統二年三月）上午十一句鐘弁兵五六人，持槍由玻璃廠火神廟西夾道守真照相館內，捆綁一人，年二十許，東洋裝束，無髮辮；尚綁有中裝者三人，先後押入轎車而行，勢派極嚴，不知係何重案。」云云。

第三日，該報又發表新聞：「昨所載琉璃廠守真照相四人被獲一節，中有一人東洋裝束，餘均平結髮辮（前半全留後半僅留寸許），皆係少年，南方口音，當綁獲時，且搜出槍械。」

十日，《正宗愛國報》又續發新聞一則：「據查原辦此案，係內左一區警員某帶同巡警由該照相館拿獲汪某一名，廣東人，東洋裝束，帶有假辮，當被巡警揪掉……又在東北園路西小胡同黃弗甲家內搜出皮包，內裝火藥、藥水、剪子、小刀，並起出手槍等物，一併押解內左一區，即日下午兩點鐘，將全案解送內城總廳，四點後，民政部正堂肅王、烏林兩侍郎、內城章廳丞會同審訊。……汪某等在廳拘留，不知以後如何。」

綜上諸說，應以庚戌三月初七在守真照相館被捕為正確。

供詞散失的經過

汪先生被捕之後，早置生死於度外，雖經審訊，仍堅決表白自己的意志，據情直述，力陳國是，寫一篇長數千言之供詞（原供詞輾轉散失，詳見後述。外間多有發表者，或有官書上之改纂，但亦不失其真，文長不錄），浩然正氣，侃侃而談，猶令人想見汪氏英年為國之壯志，至於老、至於死而未有已也。

計汪先生於庚戌三月初七日被捕，二十二日正式被判入獄，鐐銬鋃鐺，禁閉在法部北監，迄翌年九月十六日，清廷降旨釋放；綜計在獄時間，達一年有半。

被釋之日，《北京愛國報》曾以〈重見天日〉一題，記述當時出獄的真相。節錄如下：

「法部於十六日上午，將在部羈禁之黨人汪兆銘、黃復生、羅世勛三人遵旨釋放，提牢官歡迎三人至典獄司門外，彼此互揖，感情極洽。旁觀人甚多，無不讚歎！聞汪君等出獄後，寓於騾馬市大街長發棧。」

此當年最正確之新聞。

關於供詞散失的經過：汪先生係由內城總廳逮捕，經民政部鞠訊，交法部下獄；當時所作供詞，今已成罕見之珍貴文獻。據傳供詞有三份：一存民政部，因肅親王時任民政部尚書，愛惜其人及供詞，特令中抄一副本，將原件送私邸存之，相傳這一份，字極工整。又一份存法部，輾轉歸檔案保管處，後又運往南京，殘篇斷簡，遂致失其所在。另一份存大內乾清宮，即肅王與司法大臣紹昌合奏之稿，其後案件移入養心殿，民國四年，醇王擬修清季史略，案件又移北府（即什剎海攝政王府），其中包括此案之右翼技勇隊報告、提署及法部問供、民政部及法部兩部奏摺、連同硃批皆在內，民十三年以後，醇王府什物大部運天津，後又掃數他運，乃散失無存矣。

個人生死置度外

茲再記汪先生入獄後有關軼聞數則如次：

程大鬍子謀劫獄

老民黨休寧程韻蓀（家檉）綽號「大鬍子」，與同志白逾桓先後皆死於非命，白患足疾，人稱「白瘤子」。當汪氏被捕未定讞前，在京革命同志紛謀營救，程氏出力尤多；日遣人探監送飯，後乃進行劫獄，密集敢死志士二十餘人，伺機於刑部門外，作偵察活動；私議倘清廷有不利於汪氏之舉，一赴法場，則下劫持；並在東交民巷比國洋行地窟中，預備暗室，俾得手後為汪避居之所；因其時刑部在前門之西，密邇東交民巷，故有此計畫。程氏曾有詩致汪，經獄卒秘傳，蓋預先暗示其所採取之行動也。詩云：

救國突蒙難，冰心自抱之。
成仁如有日，奮義必及時。

柴市車輪過，沙場戰鼓期。
壯哉群烈士，誓志不稍移。

兩次英雄之淚

汪先生自入獄後，除對「中國的將來」憬然有念而外，其於個人的生死，早已漠然處之。惟曾兩次失聲痛哭：一次誤聞胡漢民死於辛亥廣州之役，悲泣之餘，並賦詩誌痛，後乃知死訊非確；一次於入獄數月後，夢中作囈，大放悲聲，獄卒驚問之，則謂：思及昔日同志周彬因革命而投海自殺，死前有詩寄余，適夢其自殺慘狀，悲從中來，不知涕之何從云云。此以見其在臨難期間，猶念念不忘忠實同志，誠英雄之淚也。

獄中詩傳誦千古

獄中詩

汪先生在獄中成詩甚多，散佚不勝記，其最為千萬人所吟誦而膾炙者，實只庚戌被逮時最初口占四首絕句之一耳，今並錄之。

〈其一〉

啣石成癡絕，滄波萬里愁；
孤飛終不倦，羞逐海鷗浮。（此第一絕把自身喻作精衛鳥。）

〈其二〉

姹紫嫣紅色，從知渲染難；
他時好花發，認取血痕斑。（此第二絕把自己幻成杜鵑花，悲壯不同凡響。）

〈其三〉

慷慨歌燕市，從容作楚囚；
引刀成一快，不負少年頭。（此即世所傳誦之第三絕。）

〈其四〉

留得心魂在，殘軀付劫灰；
青燐光不滅，夜夜照燕台。（這第四絕句可見其永護神州之精神。）

又汪先生被羈的獄室，正對著一株楊椒山先生手植的榆樹，曾有詩詠之，後並附記其事。詩曰：

樹猶如此況生平，動我蒼茫思古情。
千里不堪聞路哭，一鳴豈為令人驚。
疏陰落落無幡節，枯葉蕭蕭有恨聲。
寥寂階前坐相對，南枝留得夕陽明。

附記云：「椒山先生以劾嚴下獄，就義之歲，所植榆樹適活，數百年來，無敢毀之者，相傳有神怪，殆有心人藉此以存甘棠之愛也。余所居獄，門前正對此樹，朝夕相接；民國六年重遊北京，獄舍已剷為平地，惟此樹巍然獨存。」

又汪先生在獄零簡斷句甚多，摘錄一二：

獄簷偶見新綠口占：「春到人間的時候，高歌：青山綠水知何似，愁絕風前鄭所南。」

獄卒持山水便面索題：「正是西風秋雨的時節，低徊哀唱著：細雨瀟瀟夢何處，江東雲樹擁孤村。」

與陳璧君的戀愛

陳璧君女士力圖營救及汪氏在獄有關詩詞佳話：

陳璧君如士，為南洋著名華僑陳耕基先生之女，在民前黨人中，為少見之革命女志士也。民前六年，汪先生隨國父在南洋辦理同盟會，陳女士最先得其令堂衛太夫人之同情，進而參加革命實際行動，由是與汪先生相識，初由志同道合之友誼，發展為同志以上之感情；中間經過女士由檳榔嶼赴日留學，與汪先生數次往返日港，乃至密謀北上舉義，實已發生深厚之感情。待庚戌汪先生被逮入獄，南方同志奔走營救，為了集款做運動費，璧君女士等籌措最力，女士之母至鬻所有首飾，其第三庶母之私產亦出售一部，擬以鉅萬金錢脫汪氏於獄，其一家之熱情，可以想見。汪先生患難情深，自亦形諸吟詠。獄中曾有詩云：

落葉空庭夜籟微，故人夢裏兩依依。
風蕭易水今猶昨，魂度楓林是也非。

入地相逢雖不愧，劈山無路欲何歸。
記從共灑新亭淚，忍使啼痕又滿衣。

其時璧君女士已隨鄒魯到京密謀營救，以雞蛋十餘隻賄獄卒送達，汪氏得於雞蛋中發現璧君女士之筆跡，乃報以血書「信達平安」四字。更附以〈金縷曲〉一闋，詞云：

別後平安否？便相逢，淒涼萬事，不堪回首。國破家亡無窮恨，禁得此生消受？又添了離愁萬斗。眼底心頭如昨日，訝心期夜夜常攜手。一腔血，為君剖！淚痕料漬雲箋透。倚寒衾，循環細讀，殘燈如豆。留此餘生成底事，空令故人僝僽；愧戴卻頭顱如舊。跋涉關河知不易，願孤魂繚護車前後。腸已斷，歌難又！

這兩位患難同志，直到汪氏被釋出獄，於民國元年結婚，時汪先生正三十歲也。他們的戀愛，完全是從事業上艱苦奮鬥而結合。青年對此，可以風矣！

三十二

革命！革命！在七十年前中山先生倡導革命，差不多是最時髦的語詞，也就漸漸成為清末民初的中心思想。所以當時科舉的秀才，一樣去當大兵；學校的青年，願意去當敢死隊。到了辛亥紀元，幾乎兵不血刃，各省嚮應，而民國以成。那是因為種族革命，與推翻帝制改為共和的革命。

至於癸丑（民二年）的二次革命，那不能算是革命，不過為了宋教仁的被刺，而引致長江南北十餘省的陷落，這是最不值得的事。到了民十六，國民革命軍北伐的成功，還是襲辛亥革命之餘威，與北洋軍閥之分裂，故能摧枯拉朽，底定全國。惟南京國府二十年來，忙於內戰，誤於外患，寖假而共產主義，一變為中心思想；於是共黨乃得革國府之命。至今革命一詞，幾已成為不祥之濫調；又豈中山先生所能預料及之耶！

周易革卦卦詞曰：「革。已日乃孚。元亨利貞。悔亡。」彖曰：「已日乃孚，革而信之。文明以說，大亨以正。革而當，其悔乃亡。天地革而四時成。湯武革命，順乎天而應乎人。革之大時義大矣哉！」

按：彖是孔子的斷詞。蓋言革命的事，即日不孚，已日乃孚，謂當時不能取信，隨後乃可共信。革命既當，其悔咎乃無（亡）。孚，信也。中心思想，人同此心也。所以如天地之變革季候，湯武之順應天人，革命不是即日觀成，一蹴而躋的呢！

童子試留佳話

每一時代，應該有一中心思想，方可納民於軌物。甚至纏鎖人心的科舉，千百年來亦可一時致太平。現在全世界無中心思想，而民主陣營之孱弱不振，只有讓左傾勢力凌駕無前。蚩蚩者氓，盲目摸索，或徘徊於兩者之間；或無所宣洩而借題發揮，示威遊行，漫無意義；或學打遊擊，或從事劫機；或為嬉僻仕，而以大麻迷幻藥麻醉其身心；亦有耽情享受非份無行者；此種動亂之源，皆由無中心思想有以致之。我感覺這大半世紀以來，只有中山先生的革命，為合乎周易的革卦，與孔子的彖辭。所以汪精衛先生能本中山先生的中心思想，完成輝煌的革命事業。茲因續寫汪先生的事蹟，故泛論革命之微旨，不自覺其辭費也。

有關汪先生的事蹟，自民元以後，直至抗戰初在河內發表艷電，主張和平；這二十七年期間，汪氏或在兩廣，或在京滬，或平津海外，在朝在野，彰彰在人耳目；茲不縷述。謹先記其青年時代的身世，及追隨國父從事革命之崖略。而於和平政府之設施，當就所知而次及之。

汪先生名兆銘字季新，號精衛。其先世於元末自婺源遷山陰。父省齋，諱琡，游幕於粵，始著籍為番禺人。省齋公歷游幕於三水、曲江、英德、四會、陸豐等縣，汪氏誕生於三水縣署；五歲在家塾就讀，九歲即由庭訓，授以王陽明傳習錄等書，或默寫陶淵明陸放翁詩，又從其五姐丈袁尹白學書法，並教以懸腕作大字，初習董香光，繼習顏魯公；自謂國學根基，得自庭訓之益為多。十一歲以後，在廣州從胡皎如（家駒）讀，並習舉業；十四歲先後失怙恃，隨伯兄憬吾（兆鏞）客居樂昌縣，旋從番禺章梅軒（琮）讀，致力文史經世之舉。十九歲偕二兄仲器同應番禺縣試，汪氏文拔置第一，而仲器第三，迨折彌封始知兩人為兄弟，主試者謂弟不可以先兄，乃與仲器互易，亦童子試之佳話也。是年府試，汪氏又拔第一，院試遂受知於學使歸安朱祖謀，而受聘於廣東水師提督李準為西席，嘗以束脩之所得及書院月課之膏火，贍養其二寡嫂一孤姪，凡此皆足以見汪氏始學之初基，與友愛之天性，可為青年之楷範者。

十五歲即能詩

汪氏弱冠後，即考取官費生，留學日本法政大學。先期並與古應芬、杜元林、朱大符、李文範、胡毅生及其姪祖澤、道源等在廣州豪賢街西庵書院組織群益學社，以講求實學，相互策勵，進而為同志之集合，決定革命之趨向。

汪先生天才橫溢，學術湛深，長於寫作，工於詩詞，尤擅演講。待人接物，極富向心力，數十年來演講訓話，詞鋒動人，不獨出口成文，即講演稿亦親自撰述，發揮情理，淋漓盡致，真是筆大如椽，速而能工者。嘗主持《民報》，與梁任公論戰，犀利深刻，相與頡頏。十五歲即能詩，其隨長兄客居粵北樂昌時，重九日有詩云：

笑將遠響答清吟，葉在攲中酒在襟。
天淡雲霞自明媚，林空嚴壑更深沈。
茱萸棖觸思親感，碑版勾留考古心。
咫尺名山時入夢，偶逢佳節得登臨。

世稱汪氏於庚戌蒙難時（按：即謀刺攝政王），在犴狴中吟哦寄慨，發憤為詩，其實非也。蓋其家學淵源，既有嚴父之面命，又得長兄之切磋，天籟人籟，有自來矣。嘗有輯汪氏詩者，以此重九詩冠諸首，亦謂志學之年，為難得之作也。汪氏遍歷中外，所成詩詞極多，在南社中亦稱選，已有《雙照樓詩詞彙》傳世。

汪先生兄弟之間，對於朝制變革，亦復各異其趨。此恰與胡漢民昆仲，可謂無獨有偶。胡漢民原名衍鴻，庚子以後，在粵主編《嶺海報》，努力鼓吹革命。其兄衍鶚，則力主尊君，為文駁之，互相筆戰，同胞竟若敵人。民國改元，衍鶚居鄉，每朔望，必衣清代朝服，北向跪拜，以示不忘故君。氣同連理，而行若參商，亦各言其志也。

汪先生昆仲，與胡氏若出一轍。其長兄兆鏞（憬吾）於光緒末，客粵督岑春煊幕，為人篤於舊思想，視君臣之分，為天經地義，不容侵犯。汪氏二十二歲居日本時，與朱大符（執信）加入同盟會，並與章太炎等同為《民報》撰文，鄉里皆以革命黨目之。一日岑春煊飲酒薄醉，面逼兆鏞交出乃弟，不爾，將不利；汪在扶桑聞變，亟修家書，聲明自絕於家庭，免累及長兄，函末署名「家庭之罪人」；其中有云：「家中子弟多矣，何靳此一人！望縱之，俾為國流血，以竟其志，死且不朽。」可見其少年之慷慨，終與胡漢民氏同為革命之元勛，與黨國之柱石，有由來矣。

早年革命生涯

汪先生在民國紀元前九年（公元一九〇三年清光緒二十九年）考取留日官費生，肄業日本法政速成科，翌年畢業，入法政專門學校，又三年畢業於日本法政大學，得法學士學位，時年二十四歲。在校時即晉謁中山先生參加革命；後此乃終生不渝。謹節錄其在辛亥以前各事蹟如次：

一：民前七年七月，中山先生首創同盟會於日本東京赤坂區檜町黑龍會內，汪氏偕朱大符往謁中山先生於神田錦輝館，遂入同盟會為會員。

二：是月三十日，同盟會開籌備會，公推汪氏起草會章，八月二十日，在赤坂區霞關板木金彌邸，開成立大會，公推中山先生為總理，汪氏為評議員。議組《民報》，宣揚革命方略。

三：十月二十一日，《民報》出版。汪氏與朱大符、章炳麟、黃侃、劉師培、汪東、湯增璧、但燾、陳天華、胡衍鴻（即漢民）、宋教仁諸氏，先後執筆政。

四：粵督以汪氏排日作文，提倡革命，乃派朱叔琴（之英）馳赴東京，勸誘之，請勿談革命，餌以優給留學官費，及畢業後之高官厚祿，汪氏峻拒不見。

五：民前六年，汪氏既畢業，即隨中山先生赴南洋設同盟分會於吉隆坡。又至庇能設同盟分會。

六：在檳榔嶼吳世榮之菸蘭園，與陳璧君相晤，暢談革命，遂同至新加坡，介謁中山先生加入同盟會。

七：民前六年六月，汪氏由南洋返日本；十二月二日《民報》開週年紀念會於東京錦輝館。

八：民前五年，隨中山先生往星洲，轉安南，密設分會於河內，經營粵、桂、滇軍事。是年七月十二日，南洋《中輿日報》出版，與保皇黨之《總滙報》相對峙；汪氏與胡漢民先後主筆政。是年再至香港，致力革命事業。

九：民前四年，汪氏二十六歲，隨中山先生赴南洋，與吳應培同赴仰光，籌設同盟分會，又設南洋支部於新加坡。是年七月，《民報》被封。

十：因為彼時各方情勢，不甚順利，中山先生即派汪氏及鄧子瑜赴荷屬文島等處，籌款接濟。詎是時各地失敗之同志，多亡命於南洋英荷各屬，對同盟會幹部之措施，頗懷不滿；加以章炳麟、李中柱大唱光復會，心懷畛域；迨汪氏至文島，工作不免受其阻撓，於憤激之餘，秘赴香港，因是而有組織暗殺團，一擊清廷重臣，經多次計畫，進而有暗殺攝政王之舉。

以上經過，凡歷東京、香港及南洋各地，直接追隨中山先生艱難奮鬥達六七年之久，乃激於圖南之不易，欲以北上之一擊，挽南洋之頹勢，動天下之人心。迨民國成立，被推為同盟會北方支部長，並任南北和平會議代表，此時乃辭去一切政職，爰及室家之私，結婚之後，回南省視兄嫂，隨即漫遊歐美，考察政治經濟。計自民元八月赴法，繼至英，復渡北海，歷挪威，至俄京。以中山先生之召，遂乘西伯利亞鐵道歸國，蓋已歷時六年餘矣。民初以良史著稱之沃丘仲子費行簡稱汪氏與張繼（溥泉）二人為真革命家，當非鑿空之論。

詠落葉戀國家

汪先生在漫遊海外期間，所見自然景物既多，所作詩詞亦富，於《雙照樓詩詞彙》中，可以諷誦，自非本文所宜摘錄。惟當其脫離重慶倡導和平時，曾用〈憶舊遊〉作「落葉詞」一闋，留別蔣先生。又於和平政府遷都後，亦填有〈滿江紅〉一闋（在京另有詩詞，皆不錄）。此兩詞，對和平運動，實有歷史價值。並錄於後：

〈憶舊遊〉（落葉詞留別蔣××）

歎護林心事，付與東流，一往淒清。無限留連意，奈驚飆不管，催化青萍。已分去潮俱渺，回汐又重經。有出水根寒，拏空枝老，同訴飄零。　天心正搖落，看菊芳蘭秀，不是春榮。槭槭蕭蕭裏，要滄桑換了，秋始無聲。伴得落紅歸去，流水有餘馨。儘歲暮天寒，冰霜追逐千萬程。

〈滿江紅〉（還都）

一夜秋聲，攪起我愁腸千結。空凝望，故人已矣，青燐碧血。魂夢不堪關塞濶，瘡痍漸覺乾坤窄。便劫灰冷靜萬千年，情猶熱。　煙斂處，鍾山赤；雨過後，秦淮碧。似哀江南賦，淚痕重濕。邦殄更無身可贖，時危未許心能白。但一成一旅起從頭，無遺力。

我細味汪氏這兩首詞，就感覺到汪氏離開重慶，再到南京，當時滿懷悲切，寄慨無垠。試看落葉驚飆，留連不忍；滄桑換了，秋始無聲；這分明顯示出留別的心情，與滄桑之將換；而猶欲以流水餘馨，冰霜追逐，去伴那歸去的落紅。字字咏的落葉，句句戀的國家；警語悲鳴，當頭棒喝，惜伊人之不悟也。

至於〈滿江紅〉之咏還都，所謂「一成一旅起從頭」，那不是「從頭收拾舊山河」一樣的意思嗎！那不是預見到山河搖落，有待一旅中興嗎！可是「吾謀不用」，汪先生死了！那驚飆不管者，對落葉之化為青萍，正不知何以對汪先生於地下！

猶憶民國三十一年夏曆三月二十八日值汪先生六十大慶。以國難方殷，避不稱觴，曾口占一絕云：

六十年無一事成，不須悲慨不須驚。
尚存一息人間世，種種還如今日生。

三十三

主張中日和平

汪精衛對於處理中日事件，主張和平解決，是胸有成竹、早定決策的。與那臨事慌張築室道謀的見解不同。他在民二十一年元旦就任，共赴國難、統一政府的行政院長時候，就早具決心。當「九一八」東北事變突發之初，繼之熱河失陷，舉國沸騰，各地學生蜂湧至京請願，尋至南京亦一度陷於混亂狀態中；汪先生的根本思想早具有中日兩國應建築在合作基礎上，而非相爭相鬥所能解決。他最初對於「巴黎和會與中日問題」，即曾表示「中日問題，何故提出於巴黎和會乎？中日兄弟之事，何故不能自了，而請求巴黎和會之公斷乎？」所以他任行政院長，即認為「國聯調查團無濟於中日之爭，遂取代羅文榦而自兼外交部長與日折衝，一面以黃郛（膺白）為行政院駐平政務整理委員會委員長；黃氏亦溝通中日主張和議的長才，由是於民二十二年五月簽訂「北方停戰協定」，並以「淞滬協定」結束「一二八」十九路軍淞滬之戰，這些皆是攸關中日直接交涉、定向和平道路的初步始基。

蔣先生於華北緊急時，曾一度前赴保定，至民二十二年三月底，汪先生復任行政院長，中央政局粗定，蔣先生於亦由保定回京，旋於四月四日乘艦赴江西，並表示「抗戰必先剿共」。這已明白表示當時中央的態度，一致為「先安內而後攘外」矣。

抗戰必先剿共

這其間有一個重要關鍵，那是張學良的問題。張於「九一八」時，正在北平享樂，久有不抵抗將軍之名，乃不知自訟，依然擁兵自雄。汪先生於民二十一年六月中旬，參加廬山會議後，即偕顧維鈞等飛北平，冀以外交的途徑，與「國聯調查團」有所陳述，同時要求北方軍人，在自己的防區內有所準備，即見張學良初以不抵抗始，而此時又藉口抗戰，向中央勒索軍費，實已受到共黨之遊說，而與之默契。汪先生洞察其隱，深知其人終必為禍國家，因指責張學良在北方截留稅款，不發軍餉，電請中央促准張學良辭職，文內有「請准張學良辭職，以為打破軍人割據局面之發軔」字樣。措詞堅決嚴厲，惜乎蔣先生對張學良推誠相待，欲以子姪之愛，感其驕縱之心，終至寄以心腹，移防關中，致演出西安事變之一幕，而影響到抗戰與剿共後先顛倒的大計。此汪先生之前見，外間知之者尠，其對行政院長辭職復職之經過，亦與此有微妙之關係也。今再分析如下：

謀和平兩階段

自從民二十二年五月三十一日華北停戰協定簽訂，而滬戰「一二八」之役亦以淞滬協定結束，彼時中日關係漸趨好轉；為禁止排貨運動，並頒發邦交敦睦令，蔣先生亦繼續在贛剿共；中間雖因中樞內部意見分裂，學生群眾異議橫陳，而仍有趨向和平一線曙光。此為汪先生努力和平的第一階段。

迨民國二十四年七月，汪先生以內外形勢複雜，乃以舊病復發離京至青島休養，並於八月八日向中央提出辭呈，旋因各方挽留，蔣先生亦派張群親筆函面致慰留之意，遂打消辭意，由青島返京。

十一月一日國民黨六中全會開會，汪氏被推為大會主席，於致詞後全體攝影時被刺。一時又成軒然大波。此一疑案，終由法院方面發表為係閩變分子之所指使。牽涉有陳銘樞、李濟深等，汪先生曾呈請當局從輕發落，以示寬大，這當然是為的滬戰問題。此為汪先生為和平遭受狙擊的第二階段。

決意脫離重慶

汪先生於民二十五年二月出國赴歐，在德國療養。是年十二月十二日西安事變發生，蔣先生為共黨陰謀所中，受張學良之挾持，中央急電汪氏，立由德國、義大利，從熱內亞搭法輪波士頓號返國；民二十六年一月抵新加坡，再由馬尼拉赴港轉滬。其時共黨以共赴國難，提出國共再度合作之要求。汪先生痛陳對共認識及救亡圖存大計，以防止假借抗戰拆散民眾、分裂國土之陰謀，警告朝野人士，並主張：「備戰乃為維持和平，中日外交，應即速恢復常態。」對徘徊和戰兩途影響中國全局之利害，苦口剖析，但已有眾醉獨醒、無力回天的趨勢。此為由西安事變演成抗戰國策的第三階段。

民二十六年七月七日蘆溝橋事變爆發，中日戰爭遂從此開始。汪先生以國事日亟，由滬赴潯，參加七月十六日之廬山會議。這時蔣先生應付內外，迫於環境，已承認聯共，決心抗戰。民二十七年元旦，中共首領二十三名恢復國民黨藉，汪先生知和平主張，益不可為。迨上海南京相繼陷落，國府西遷武漢，失望情緒，與日俱增；其時汪氏身任國民黨副總裁，並為中央政治委員會主席，民二十七年七月初旬，在漢口召集國民參政會議時汪被推為議長，當時蔣主抗戰，而汪則以為抗戰是拯救中國不得已之手段，並認和平為最後之目標。同年七月二十四日，在武漢召開臨時全國代表大會，汪亦曾於大會宣言中，闡明中國抗戰之原因及其目的，謂：「自塘沽協定以還，吾人所以忍辱負重與日本周旋，無非欲停止軍事行動，採用和平方法。……在政治上，以保持主權及行政之完整為最低限度；在經濟上，以互惠平等為合作原則。」及至武漢不守，重慶偏安，抗戰前途，日呈艱難，汪先生仍迭與蔣氏推動中日和議。卒以共產分子之劫持，與蔣先生之別具信心；以是在渝之和平努力，終告失敗，汪乃決意脫離重慶。此為汪氏在渝對和平建議無法進行終告脫離的第四階段。

由昆明飛河內

汪氏於民二十七年十二月八日離開重慶。是日適值蔣先生出席某項青年會議訓話，汪以副總裁資格，自可不必到場，而是日又值雲南主席龍雲之參謀長某自重慶返昆明，遂利用此一機會，由交通部次長彭學沛經手，備妥飛機票，偕同飛抵昆明。先是周佛海氏已於六日假視察宣傳工作名義，先期抵昆；此時即由龍雲偕周等迎汪於機場。翌日由龍雲備機護送汪氏飛往河內，遂於是月二十九日發表艷電，呼籲和平。此為汪先生努力和平的第五階段。這可算離渝後和運的開始，也可算對渝方和平絕望的結束。

汪先生這一行動，在當時的陪都，自然是謠諑紛紜，多方疑慮；而當局亦不免封鎖新聞，愈益引起一般人的揣測；迨外國電訊將汪氏出走消息傳佈，蔣先生不得已，遂於十二月二十六日在國民黨紀念週席上，聲稱汪氏因病告假四個月，赴河內治療。至於距此三日後豔電之突然發表，更非渝方上下人士及抗戰陣營中的將士所得而知矣。

此一經過詳情，在本刊《春秋》發行之始，已由朱子家先生於《汪政權的開場與收場》一書中連續登載，自無待本文贅述。但事隔三十餘年，即距本刊發表亦歷十餘載。證以勝利後至今之情勢，及所得之苦果，無一不為汪先生所預見。而恒河沙數的愛國志士、後生青年、苦難民眾，食和運之利而不知，膺慘勝之榮而自足，若能細味豔電全文，當恍然於和戰利害關係之鉅，及廟謀決策得失之分。愓然懍然，撫然覺然，或有當於悔禍之情，而稍戢其忘反之態。

我對汪先生豔電，每嘗反覆諷讀。覺其藎籌至計，何等明敏；陳辭中樞，何等懇切；即其留別蔣先生的〈落葉詞〉，若非耿耿忠忱，何能道出一句；若非槃槃大才，何能寫出隻字。這些真使我待盡之年，永抱無涯之慼。〈落葉詞〉已在上期錄出，今再將豔電重錄於此，使向未見過此文者，曉然於當年有此明智導師，惜未得當國之採納；更使曾讀此文者，惋然於失落掉的和平殘夢，而有回味著的餘馨；尤其使一向徘徊疑似於和戰兩途，轉而怡然嚮往於勝利之果者，細繹此文，或當瞠然自失，而有皎然之認識，與的然之想像矣。

附錄　汪精衛致重慶中央艷電原文

「重慶中央黨部、蔣總裁、暨中央執監委員諸同志均鑒：今年四月，臨時全國代表大會宣言，說明此次抗戰之原因曰：『自塘沽協定以來，吾人所以忍辱負重與日本周旋，無非欲停止軍事行動，採用和平方法，先謀北方各省之保全，再進而謀東北四省問題之合理解決，在政治上，以持主權及行政完整為最低限度；在經濟上，以互惠平等為合作原則。』

「自去歲七月蘆溝橋事變突發，中國認為此種希望，不能實現，始迫而出於抗戰。頃讀日本政府本月二十二日關於調整中日邦交根本方針的闡明：

「第一點、為善鄰友好。並鄭重聲明日本對於中國無領土之要求，無賠償軍費之要求，日本不但尊重中國之主權，且將仿明治維新前例，以允許內地營業之自由為條件，交還租界，廢除治外法權，俾中國能完成其獨立。日本政府既有此鄭重聲明，則吾人依於和平方法，不但北方各省可以保全，即抗戰以來淪陷各地，亦可收復，而主權及行政之獨立完整，亦得以保持；如此，則吾人遵照宣言謀東北四省問題之合理解決，實為應有之決心與步驟。

「第二點、為共同防共。前此數年，日本政府屢曾提議，吾人顧慮以此之故，干涉及吾國之軍事及內政，今日本政府既已闡明，當以日德義防共協定之精神，締結中日防共協定，則此種顧慮可以消除。防共目的，在防止共產國際之擾亂與陰謀，對蘇邦交，不生影響。中國共產黨人，既聲明願為三民主義之實現而奮鬥，則應即徹底拋棄其組織及宣傳，並取消其邊區政府及軍隊之特殊組織，完全遵守中華民國之法律制度。三民主義，為中華民國之最高原則。一切違背此最高原則之組織與宣傳，吾人必自動的積極的加以制裁，以盡其維護中華民國之責任。

「第三點、為經濟提攜。此亦數年以來日本政府屢曾提議者，吾人以政治糾紛尚未解除，則經濟提攜無從說起。今者日本政府既已鄭重尊重中國之主權及行政之獨立完整，並闡明非欲在中國實行經濟上之獨佔；亦非欲要求中國限制第三國之利益；惟欲按照中日平等之原則，以謀經濟提攜之實現。則對此主張，應在原則上予以贊同；並應本此原則，以商訂各種具體方案。

「以上三點，兆銘經熟慮之後，以為國民政府應即以此為根據，與日本政府交換誠意，以期恢復和平。日本政府十一月三日之聲明，已改變一月十六日聲明之態度，如國民政府根據以上三點為和平之談判，則交涉之途徑已開。

「中國抗戰之目的，在求國家之生存獨立。抗戰年餘，創劇痛深，倘猶能以合於正義之和平而結束戰事，則國家之生存獨立可保，即抗戰之目的已達。以上三點，為和平之原則，至其條例，不可不悉心商榷，求其適當。其尤要者，日本軍隊全部由中國撤去，必須普遍而迅速。所謂在防共協定期間，在特定地點允許駐兵，至多以內蒙附近之地點為限；此為中國主權及行政之獨立完整所關，必須如此，中國始能努力於戰後之休養，努力於現代國家之建設。

「中日兩國，壤地相接，善鄰友好，有其自然與必要。歷年以來，所以背道而馳，不可不深求其故，而各自明瞭其責任。今後中國固應以善鄰友好為教育方針。日本尤應令其國民放棄其侵華侮華之傳統思想，而在教育上確立親華之方針，以奠定兩國永久和平之基礎。此為吾人對於東亞幸福應有之努力。同時吾人對於太平洋之安寧秩序，及世界之和平保障，亦必須與關係各國一致努力，以維持增進其友誼，及共同利益也。謹此提議，伏祈採納！汪兆銘。艷。（民二十七年十二月二十九日。）」

謹按：此電闡釋詳明，謀國周至，嘉謨見拒，遺恨何窮！以是知眾口之囂囂，深負罪於獨醒之熠熠矣。

三十四

我在這以前各節，對於汪先生事跡的敘述：一部份是他從事革命的生平；一部份是他對中日事件力主和平的素志；因為史蹟就湮，來者闕略；所以概舉事實，有讚無彈。至於主張和平的還都組府，我雖以偶然的知遇，參加了部份的工作；但身雖歷而功未就，曲未終而人已亡；我於此不免以惋念之心情；作綜合之紀錄；以忠實之觀察，作月旦之微辭。茲分列其事如次。

汪氏組府缺點多

（一）組府經過

汪精衛在二十八年五月以前，在上海虹口開過一次核心幹部會議，當時對於組府不組府的問題爭執甚烈，最後決議組府，汪先生隨於五月底飛往日本東京，繼之而上海、北平、南京、青島、往來各地，僕僕道途。自二十九年九月在上海根據臨時全國代表大會宣言，開第六次全國代表大會，決定組府還都；以後經過青島會議結束，而有二十八年九月二十一日「北京臨時政府」、「南京維新政府」聯合委員會發表聲明；同日，維新政府及二十三日臨時政府分別聲明，參加中央政治委員會；於是和平的國府還都，卒在二十九年三月三十日正式實現。

愚按：這一次的組織，有許多缺點：第一是遷就事實。在南京，雖將維新容納，心中或存歧視，實際儼同一體；在北京，則舊瓶舊酒，前後無殊。

第二是組織龐大。在黨務方面：中央黨部各部、各委員、及各級黨部，應有盡有；在政治方面：中央政治委員會、國民政府文官處、參軍處，五院及內、外、財、陸、海、教、司法、實業、建設、宣傳、社會福利、銓敘、審計各部及衛生署，國府特別法庭、最高法院、行政法院、中央公務員懲戒委員會；在軍事委員會方面：除各廳外，有軍事參議院、參贊武官公署、軍訓部、航空署、經理總監部、政治部、憲兵司令部、清鄉事務局；在各委員會方面：有憲政實施委員會、全國經濟委員會、新國民運動委員會、文物保管及國史編纂委員會，物資統制審議、行政效率促進、合作事業、農業增產策進及鄉村建設實施等委員會，並治理運河工程局；在軍事學校方面：有中央軍校、中央陸軍將校訓練團、海軍學校、中央警官學校、陸軍憲兵學校；至於地方上：各綏靖公署、行營、警備司令部、各部隊、各省政府更不必說。凡此種種機構，我從前（二十三年）在中央法制委員會，就搞得頭痛，所以在此一一錄出，以見中國政府組織之龐大；而和平政府，似不必如此鋪張也。

第三是人事複雜。我嘗說中國是一個「官國」，只要有某一機構，自然有人去補充；汪先生在咄嗟之間，儘可有號召力，又如何能慎選賢能、人稱其職呢？況在全面和平未能達到之前，又那裏有那許多業務可做呢？羅君強曾對汪先生控訴我是「落伍軍閥、腐化官僚」，我當然是不夠資格；但是在這一群的新彈冠人物中，就難免沒有落伍軍閥、腐化官僚混雜其中了。況且不幸而至失敗之際，又多製造一批黨人碑，這更是未及早料的呢！

訪罷日本訪偽滿

（一）巡視各方

汪先生除於二十九年五月底赴日本東京，與日當局接洽議和，及是年十一月三十日調整中日國交條約簽訂後，於三十年六月再往訪日。車抵東京驛，曾受到四十萬人的歡迎行列，在豐明殿上，表示愛中國、愛日本、愛東亞，雙方披瀝心事，與日皇舉杯歡飲外，並以青島會議飛青島。還都後於四月八日飛抵北平，駐節中南海，向北方披瀝「和平反共」的抱負，負責任，說老實話，轟動舊都；九日飛張家口，十二日飛抵廣州，十六日又飛到漢口，在中山公園的楊柳草坪上，展開空前盛大的歡迎，才回首都。三十一年幾次出巡上海、嘉興清鄉區，在大雨傾盆下，站在松江車站上諄諄向軍隊及民眾訓話。三十一年五月四日從南京飛到大連，訪問「滿洲國」，他屹立在南嶺講壇之上，向會場全體親切致詞，說：「我們過去是同胞！現在也是同胞！將來還是同胞！」在這偽滿尷尬局面之下，他能深切的、要言不煩的，道出寓意深遠的心聲！真值得令人感動而敬佩。

三十一年十一月二十五日，再度出巡北平，在懷仁堂上演講：「三十三年前，我到北平，我是預備死在這裏的；想不到三十三年後還留著這條命，還是在國家九死一生的時候，再與同胞各位見面。我在三十三年前被判了終生監禁，那時候我的個人是沒有將來的。我在獄中每天早晨，就是翻來覆去，念著兩句話：『中國的將來？中國的將來？』」

注重軍事與新運

(二) 注重軍訓

汪先生在民二十一年以後，雖歷任行政院長，但軍事向由蔣先生主持；此次組府，兼任軍委會委員長，對於軍事文件，多予披閱，尤其重要簽呈，每每詳細加批，甚至於核示以外，仍有眉批、旁批、特加指示者。後來開辦中央軍校，造就初級幹部，預備以由日方借購的三萬枝槍，精練禁衛軍三個師，為鎮壓綏輔督飭和平軍之用。又創立中央陸軍將校訓練團，將和平軍中的軍官分期調訓，以資整理。他不時到軍校及訓練團從事檢閱與訓話，嘗以「在軍隊裏，應以陸海空軍軍人信條為中心思想！」「要養成廉潔官吏，精兵良將；清除貪官污吏，驕兵悍將！」「要有以死勤事的精神！」等語訓導幹部。我想他還存有還都詠〈滿江紅〉詞上所說「一成一旅起從頭」的含意，但時不我予，談何容易呢！

（四）發動新運

汪先生在行政院裏設有「新國民運動委員會」，於三十一年元旦，親頒「新國民運動綱要」八條。同時以「勇猛精進刻苦耐勞」給予青年團及童子軍為新國民運動的口號。並詳細申述說：「現在時局，是容易使人頹喪的，我們反之以『勇猛精進』。認定了復興中華保衛東亞的偉大目的，以堅強的心志，進取不已，務底於成。現在時局，是容易使人受不住痛苦的，我們反之以『刻苦耐勞』。認定了這些痛苦，都是復興中華、保衛東亞所必經過的過程，我們體會孟子所謂：『生於憂患，死於安樂。』我們打疊起精神，遍歷了：『苦其心志，勞其筋骨，餓其體膚，空乏其身，行弗亂其所為，所以動心忍性，增益其所不能。』的實境；以現在的苦，求將來的甘；以個人的苦，求全體的甘；我們的國家民族，自然有苦盡甘來的日子。我們在這時局，特別標出『勇猛精進刻苦耐勞』的八個字來，做新國民運動的口號，是有深意的。新國民運動的全體同志，務須明瞭此意，將此八個字，實行起來！」

和平參戰最滑稽

（五）收回租界

民三十二年中日締結協定，日本交還各地租界，撤消治外法權。九月一日遂見之實施，由主管部分別派員接收，英、法各租界亦不例外。此事在勝利後，當然不成問題，但在戰局未定全面和平未達成以前，也可算一時盛事。

（六）縮小省區

汪先生素以吾國省區，轄境與人口、地形與風俗、言語與性情，每多扞格異勢之虞；尤其大行政區，更易啟割據紛爭之漸；故主張縮小省區。但茲事體大，必待全局底定天下更始時方可審慎制訂，決難率爾從事；所以先劃出蘇北特區，設行營董其事；繼又分設淮海省；

蓋皆就淪陷區範圍內，以試辨性質肇其始端；亦足為國家統一後，籌議地方制度之一大貢獻也。

（七）參加大東亞戰爭

這是汪先生在和平運動中「實偪處此」的一件事；也可算是有名無實的滑稽參戰。民三十二年一月九日；南京國府向英美宣戰。汪先生以軍事委員會委員長名義發表將士書說：「國父在日，曾昭示吾人，欲圖復興中國，保衛東亞，惟有實行三民主義及大亞洲主義。」國父自始，即深知中國欲求自由平等之獲得，必有待於東亞民族整個之解放；今茲國民政府毅然宣佈參加大東亞戰爭，即為實現國父大亞洲主義熱烈之期望；此實為歷史所賦予吾人之偉大使命。云云。

按時英國已切斷滇緬路，汪先生非常憤激，且又以中日同盟關係，自亦不得不爾；且和平軍更何能參戰，自然是表面文章；聞日方曾要求徵壯丁二百萬，亦為汪拒絕。似此亦不過點綴春泥留一鴻爪而已。

（八）尊重抗戰陣營將士

汪先生雖主張和平，不過與重慶中央決策不同，那是以和、戰對國家之利害言之。至於抗日將士為國犧牲，永遠應受吾人之尊敬！汪先生亦時時慨乎言之，並曾通令和平軍，對於淪陷區與中央軍接壤的地方，要謹慎護持，不得稍有觝觸，以便利抗戰陣營。是其政見雖異，而宅心良苦也。

以上我列舉八端，在全面和平未能達成而又抗戰勝利之後，自屬腐草事蹟，垃圾陳言；但我既出這一個題旨，寫到這一部份，自不能不薰蕕共治，珠礫雜呈，在文體方面，有所交代而已。或為賢者諱，或阿私所好，或紕漏失實，或老悖昏憒，皆所難免，惟達者諒之。

以下就要寫到我在勝利之後的遭遇，及周流觀察之所得了。為了本節篇幅的補白，我再摘錄汪先生在南京的言論若干條。謂之「嘉言遺訓」也可，謂之「汪語錄」亦可。讀者諸君「以言取人」也可，「以人廢言」亦無不可。

摘錄幾條汪語錄

△和平運動，乃是從一種主義、一種信仰出發。確有見到：中日兩國，戰爭則兩敗俱傷，和平則共存共榮；故不避艱難。不惜犧牲以赴之，並非出於權謀術數之觀念。

△中日兩國為東亞之柱石，兩國相安，則東亞和平得所保障；而世界和平，亦於以奠定其基礎。

△中日兩國，有了共同目標，便有了共存共榮的基礎。
△中日兩國，苟能協力，則中日可以共存，東亞可以復興。
△實現和平，所以救國家於危亡。
△救國家民族於將亡，吾人不可不忍辱責，以從事和平運動。
△致中國及東亞於復興，吾人尤當積極努力，以從事於和平運動。
△東亞不安，中國不安，中日不安。
△自愛其國，互愛其鄰，共愛東亞。
△我們要擔負實行的責任，我們先要檢討實行的力量。
△只要方向是對的，那麼我們的努力必有成功之一日。
△本於民族主義與大亞洲主義，來與東亞的友邦合作，與東亞的各民族合作，以求中國民族的解放，並且求東亞各民族的解放。
△中日再戰下去，日本不免於傷，中國則只有死而已。
△我們不惜自己的死，但我們不能不求國家之生。
△先有共苦，後有同甘；共苦是現在的忠實的努力，同甘是將來的確實的希望。
△非共苦無以求同甘，非共死無以求同生。
△我們必須使全國的力量統一起來，集中起來，貢獻於中國之獨立自主。

△今日之事，以「決戰勝利」為第一目的。以「精誠團結」為第一要務。

△鍛鍊強健體魄，磨礪堅忍精神，以愛國熱忱，負空前難局。

△字典上有難字，知道難而仍去做，這才是大勇。

△只要尋出一個救國家、救社會的方向，定能夠鼓起勇氣，走向前去。

△私而忘公的走開去，公而忘私的來一齊努力。

△我們相信全面和平，早晚定能實現。

△能吃苦然後心無他累，能心無他累，然後能以其一切貢獻於國家。

△我們第一要吃苦，不能吃苦的人，必不能廉潔；不能廉潔的人，必不能為國為民。

△貪污一日不懲，廉潔制度無以建立。

△沒有新精神，怎能擔負新責任，完成新使命。

△犧生個人的私見，換取共同的利益。諒解他人的立場，抑制自己的情感。信賴他人的誠意，鞭策自己的努力。

△我們不僅要做成一個中國人，一個東亞人；並且要做成一個現代的進步的中國人、東亞人。

△要以犧牲的決心，遇變不亂，臨難不苟。

△在思想上，建立自己；排除過去英美的一切痲醉作用。

△養成清廉官吏，精兵良將；清除貪官污吏，驕兵悍將。

△說老實話，負責任。

△清鄉必先清心。

△中日兩國必須在文化上共同致力；使東亞文化，大放光明。

△孫先生向來所提倡的大亞洲主義，與日本近所提倡的建立東亞新秩序，才能得到完成結果。

△從事東亞文藝復興運動，一不要泥古，二不要盲從。

△罪己的精神：一要有深切的反省，二要有深刻的責任心。

△忠實的承認自己劣點、缺點、污點；勇敢的糾正自己的劣點、缺點、污點。

△平日嗇一己以裕國家，臨難則犧牲一己，以救國家。

△個人對於國家，貢獻要多，享受要少。

△排除個人主義，消滅派系觀念。

△養成「勇猛精進、刻苦耐勞」的精神。

△要擔負起革命鬥爭的責任，首先要建立自己；要建立自己，就要有紀律、有組織、整飭個人私生活，注重個人私德。

△要刻苦，始能廉潔；要廉潔始能勇敢；要勇敢始能奉公。

△我們不但要自己努力，還要回頭看看，有沒有繼續不斷跟上來一同努力的人。

△要度德、要量力，不可妄自誇大，更不可妄自菲薄；認識清楚了現實、把握現實，以求其進步、求其改造。

三十五

寫了這許多節關於和平政府及汪先生的事跡，總覺得酒闌燈灺，興緻索然。筆端雖欲泛濫起一點高潮，怎奈事實上已瀕臨到萬般無奈的地步呢！

現寫我以待罪之身，躬際勝利之盛；普天同慶，寧獨後人。敢以「與眾樂樂」之歡情，記大地春回之愷悌。事不關乎鉅細，以身歷為先；議有別於智愚，以執中為本。此一大時代，給吾人以大題材；應視為前古興亡未有之奇局，而不隘然自得於成，抑自失於敗；此在「史論上」及「戰史上」固另有其評價，而非曲士所得而漫言其功罪者。

和平軍受新任命

我在汪先生逝世之前，即已卸任蘇北，寄寓揚州。生活方面，託庇於繼任蘇北綏靖主任孫良誠氏；所以勝利時南京陳公博氏所領導之結束遣散等等，我概未參加。當時在和平攻府曾任職的人員，半注意到重慶方面所宣佈的「懲辦漢奸」「解散偽軍」；又有一說，蔣先生對於所謂「漢奸」，「只論行為，不問職位」；因此有好多人，或準備自首，或稍事躲避，或聽天由命；風聲鶴唳，謠啄紛紛；這還是在開始山雨欲來情況之中的形態，以後的演變，暫且不必細述。至於和平軍方面，單就長江下游而言，受蔣先生委任者，則有：

（一）任援道：被任為京滬路先遣司令（原係維新政府綏靖軍司令，繼為和平政府第一方面軍總司令）。

（二）孫良誠：被任為暫編第五路總司令（原係和平政府蘇北綏靖主任）。

（三）郝鵬舉：被任為暫編第六路總司令（原係和平政府淮海省長）。

（四）吳化文：被任為暫編第×路總司令，調駐山東兗洲（原係和平政府蚌埠警備司令兼師長）。

這幾部份和平軍，在勝利之始，受了蔣先生新命，頓覺耳目一新。由此我們可以發現到幾個新的觀點：

第一、蔣先生對於所謂「偽軍」，純視乎其實力、位置、有利接收與防止非法侵入為主。是通權運用，一秉大公的。

第二、受新命者，依其努力之成績如何，而轉移其變化。

第三、高喊「遣散偽軍捉拿漢奸」者，正是「收編偽軍利用漢奸」之集團。膚淺者流，扭於成見，中於詭計而不知也。

第四、爾後放棄偽滿軍隊數十萬，致成共方之坐大；那是陳誠的失計，決非蔣先生所及料。

任援道獨享異數

茲再一談上面四位的發展情形。

任援道由梁鴻志的維新政府加入汪政府，於淪陷之初，收編游雜部隊，駐紮京滬沿線，擁有九個師，實力較充，地當衝要；值中央軍未及東下之時，有安定京畿之勢；先遣軍之命，非偶然也。迨後接收稍定，大獄繁興，梁既不免於大辟，而任且蒙蔣先生明令特赦。卸職後寄居香港，前幾年以港共菠蘿之亂，往遊日美，僑寓加拿大。在和平同人苦難一群中，以先遣之聲華，享勝利之異數；可謂長袖善舞矣。

孫良誠本西北軍宿將，以所統兩個軍綏靖蘇北，兼轄前蘇北行營各部隊，除分撥兩個師移防浙江外，餘均屬孫指揮，較原有之軍區，更加擴大。勝利後，孫氏不遑自顧其直屬部隊，李長江等自然各奔山頭；而北戍清江浦之潘幹臣師，先為新四軍所兼併；繼之劉相圖、蔡鑫元亦相率以投機而渙散。此蓋因勝利後解散偽軍風聲所播，致彼等倉皇失措，而為新四軍所乘。相傳潘、劉、蔡均被殺，孫良誠亦鬱死於蘇州云。

郝鵬舉器小易盈

郝鵬舉原為蘇北行營參謀長。後調至南京，任軍官訓練團教育長。為人精幹活潑，頗有朝氣，遂受知於汪先生。適以縮小省區實行之始，任淮海省長，不旋踵間，成立三個師，亦幹才。惟其人性極暴躁，偏激而具野心，小有才而未聞大道，予嘗優容培植之，未能化其氣也。自得蔣先生新命後，以坐鎮徐州，北接臨沂，日形驕蹇。中央軍挾勝利之威，難免以漢奸問題涉及其部屬，不時憤激，遂與共方聯合，成立「人民同盟軍」，自任總司令，反叛中央；旋又招之來歸，移防海州；數月之間，倉惶反覆，終為共方所擄，死於日照附近，聞為火油所燒斃云。此無根殖而獵高位者應有之下場也。器小易盈，舉棋不定，其敗固宜。然余當年率爾擢用，亦有責焉。

吳化文受編為和平軍，於時最晚，所以我對他不甚熟習。惟勝利後我曾一度過蚌埠，時皖主席李品仙已蒞任，吳亦率部北移兗州；據蚌埠商會會長為我言：吳軍紀律最好，其父亦時加密訪督飭。勝利之夕，共軍襲小南山，吳親率部擊退之，蚌人感不能忘。行時所有往來欠項，逐一清還，令人感佩；以中央軍已到，致對吳未能作盛大歡送，彌引為憾云。觀其在兗與共軍血戰多年，忠勇憤發，不愧是一將才。何意最終叛離而去，致影響魯局於不可收拾。說者謂王耀武無馭將之方，有激變之道，此中隱情，蓋難言矣。

上之四人，初皆以和平軍之身份，受蔣先生之加委，而其結果，只任援道一人，獨能周旋應變，進退逢源，蓋亂世之長才，有不可企及之妙道存焉。孫良誠、吳化文，愚人也，亦正人也，受命不貳，勞而無功。至郝鵬舉，則初生之犢，不足數矣。我感於和平軍最後殘局之一幕，特為寫出，以例其餘。現在再一述我個人的行動：

決定先離開揚州

勝利後我仍寓揚州。在上海方面，於青年軍飛來一部時，曾有盛大之遊行慶祝。萬人空巷，自不待言。揚州並無異狀，因為在這八年中，未嘗受過摧殘也。我對懲治漢奸的看法，雖見報載有改訂的懲治漢奸條例。但不知遽興大獄，亦不解自居何等？只以一度任職和平政府，儘可問心無愧，安之若素，親見有人自首繫獄，有人畏罪潛逃，終不能無動於中。尤其顧慮到家庭生活問題，真覺萬感交集，五內如焚。

一日，忽有一位少將級的軍官來見我，敬禮後，即對我說：

「我們明天要行動了！請老先生讓一讓，好不好？」

我說：「我明白了！謝謝你！」

這一位就是重慶中央在蘇北的地下特工。所謂行動，就是抓人。我覺他對我這樣的做法，是一奇蹟，一時尚不得其解：

第一、他或者平日親見我的行為，同情於我；但是我懷疑他無此權力。

第二、我在中央雖有許多當權老友，我想此時他們也無暇及此，也未便遽作主張。

第三、如說是孫少雲（良誠）關顧我，我認為他此時無置喙餘地。在許多朋友紛紛就逮之時，而我有此際遇，不敢引為幸，只認為異耳。

不管怎樣，先電告孫少雲，他也同意我先行離開，跟著，送我一筆可觀數字的儲備銀行鈔票（數目我記不清了，大約總在千萬之譜，不過此時已規定為二百兌一，為數亦有限了）

我決定當晚離開揚州。帶了一位舊屬民政處長及一副官同行，主要目標，是到徐州去找新任的第六路總司令郝鵬舉，向他打一點秋風，以作爾後出行之資。我料他篤念舊誼，當不致白跑一趟吧！第二天，由鎮江到南京，為的等津浦車，駐了一日。此時首都尚呈一片荒涼之象，大約勝利機關尚未飛來，而和平舊跡已告滅亡，此在大大絕續之交，自然有小小滄桑之感。我不願在城內蹓躂，就坐人力車出中山門憑弔一番。後車者聞城門憲兵互語曰：「不是×主任嗎！」蓋中央憲警未到，崗位尚未易人，在我聽來，不免有「崔護重來」之感矣。

是日，驅車逕至中山陵，一路闃其無人。遙望梅花山，似無異狀。彼時當然無燬墓之預想，自亦無弔祭之心情。翌日渡江，乘津浦車北上。路軌已節節被掘，或步或車，經三日始抵蚌埠。誠不料久已通行之鐵道，何以一轉瞬間，破壞至此，共方之動作，固稱敏捷，而接收者之計畫，容有未未周歟。

郝氏贈我五十萬

勝利後皖主席李品仙，已蒞蚌埠。我以老同學（保定一期）舊袍澤（民十六李是國民革命軍第八軍副軍長，我是參謀長，唐孟瀟兼軍長）的關係，不自慚其形穢，赴轅相見；他很輕鬆的對我說：「我馬上就要飛南京，再轉重慶開會，你可跟我一路走！」我感覺他的話，不知所云。就對他說：「你帶我去投案哪？到時你可保不了我！」其實我去看他，也是向他打點秋風，不過在一般人眼光中，總以為我發了和平財了，我是有苦難言，何必多說呢！

在蚌候車，住了些時，逐節前進，又歷十餘日始到徐州。當即與郝鵬霄（鵬舉字）晤面。時蘇鹿鳴任總參議（蘇亦保定一期，清末拔貢，曾注《孫子》，係軍人學者），我們三人不免縱談到當前一些局勢。據悉，陳大慶所部業已到徐，在大體上並無不洽；但在言外，勝利者之於偽軍，人多口雜，不免以漢奸問題漸存芥蒂。郝氣盛心浮，舉動輕浮，怏怏之色，已非佳兆；我以舊誼極力勸慰，並囑蘇氏善為調和；然自顧身在飄風涷雨中，軍情人事，已感茫然。惟一目的，只在助我行囊耳。幸而憑蘇北那一點香火因緣，承騰霄厚贈金元券五十萬。我隨命從人購辦些徐州土產，運滬剝取蠅頭；周旋數日，欣然回滬。此後漸聞騰霄有驚人異動，終致殺身；每一念及，未嘗不戚戚於懷也。

只願退為太平民

我回滬後，得晤抗戰復員老友多人：劉興、戴戟、張襄、葉南帆、陸寄塵、汪子涵……等，劫後重逢，把酒共話，歡欣之餘，感慨為多；我詫異他們都在盛年，何以並皆退役？他們也一致責備我，既已參加和平，何不弄幾個錢為娛老之資，而乃一寒至此！這種惺惺相惜，儘可真情流露，卻已相喻無言。但願謀國者保持勝果，發揚光大，吾等得退為太平之民，於願足矣。

我太太告知我：「她去找了顧墨三（祝同）將軍，見到他的太太。」我說：「墨三是現任高官，應該避嫌疑，你不要亂去找人，叫他們為難。我知道他們無形中總會照顧我的。」我並告她離開揚州及到徐晤郝鵬舉的經過，要她放心。

她又說：「上海特工楊某，曾來寓關照，說沒有你的事！不過希望你不要在上海！」

我說：「好！我決定先到天津，去找張市長，再到北京。你要知道，我甚麼都不介意，就是太窮，沒有辦法！」

她又嘰咕道：「誰叫你在蘇北那樣規矩的？」

我大聲斥責道：「有了錢就沒有命了！你知道麼！」

蟄居北平兩年餘

勝利後第一任天津市長張廷諤，字直卿，河北灃潤縣人。曾在北洋政府任過總統府秘書長、內務總長，並於黃膺白為華北政務委員會委員長，時任天津市長，這是第二次再任市長。我因劉鐵珊將軍（玉春、吳佩孚部守武昌名將）關係，與張直卿為俠義之交，所以這一次到北方，就準備投奔他。

因火車斷續的去處太多，所以由海道乘輪前往。抵津後，寓河北白雲鵬家。白是保定五期同學，吉林省人，其尊人任長蘆緝私統領，係大家庭，屋宇寬敞，尚可接待。當時略事安頓，即驅車張市長私宅。張宅亦在河北，向為輕車熟路，閽人們亦皆素稔，適張氏尚在市府辦公未回，遂留刺並現寓地址而返。

踰時約十二點許，張派其自用之一號車來接我，我即隨車往晤。相見之下，互道殷勤，不必細述。有頃，張忽笑謂我曰：「你怎不改個名字？」

我說：「我同你沒有預約，改了名字，見得著你嗎？」

我又繼續拂然曰：「你如果怕揹了『包庇漢奸』的罪名，我就立時離去！假使你講義氣，為了我，丟了官；那麼，也可以直聲動天下，風末世而有餘！」

張隨即肅然改容曰：「老弟！我是依常情說的話，在我這邊，有何干係，你不要誤解呀！我已打算在此間找一宅房子，讓鐵珊夫人住下，你接一份家眷來住樓上，我可以不時和你晤談，或是看次電影，以待局勢之澄清；我每月送你生活費五十萬，你看如何？」

我說：「我不願住天津。你常時與我晤談，亦有不便。我意，以住北平為宜。」

他說：「那也好。我按月派李副官（李係劉玉春將軍老部屬，也在蘇北做過我的衛隊長）將錢送去，一切放心！」

我就這樣子接受張市長的接濟，直至傅作義宣佈局部和平攜眷南下為止，歷兩年有餘，未嘗間斷。中間他雖卸任市長，亦照送不輟。似此風義，求之古人，已屬罕遘；矧在今日，何幸及身而見之。吾與直卿賢伉儷，僅最後在北平一舊宅再次相晤，迨大陸變色，傳聞他退抵台灣，已歸道山；夫人不知何若？人琴之慟，患難之交，如何其能忘之！余嘗有句云：「任俠有慙施惠少，流亡無奈負恩多」蓋紀實也。

三十六

我的大半生，對北京太有感情了！太依戀了！所以這一次我向張市長（廷諤）表示，以北京為「自我幽居」之所。回想起來：我於辛亥民國成立之初，南北政府合併；得以黃留守（黃興為南京留守）的下僚，羼入統一政府，首此涉足北京；看到一代興亡，兩朝揖讓，不覺自矜於讀史之迷茫，而身歷之足貴。嗣是而袁死黎繼，段祺瑞以國務總理署名之佈告，僅尺餘見方之油印一紙，粘於門前甕城，蓋出於徐樹錚之手筆，知怏怏非孱主臣也。未幾，張勳復辟，段氏馬廠誓師，砲轟天安門。底定後，馮（國璋）徐（世昌）繼任，曹錕賄選，段再執政，曹更被囚於延慶樓，吾皆得而親見之；已感總統如易棋，首都曾舞台之不若矣。

北伐完成，建都南京，改北京為北平，雖沿明制，已非陪都；我於民十八隨唐孟瀟舊地重遊，瞬即南下，旋又自廣州來平養病，僅年餘即返京復職；今又以流亡身份，重蒞舊都，蓋相距已十有五年矣。滿意叨勝利之末光，隱殘軀以終老；何期兩年之間，溥作義又以彗星式之一閃，高唱「局部和平」，震撼中外；蒼茫四顧，我又將去而之他，此別殆成永別，北平亦不平哉！

王芃生素願未償

我辭別張廷諤市長後，即到北平。其時老友王芃生已由重慶飛來，他在抗戰期間，任國際情報調查所主任，素以日本通著稱；他寄寓在前清貝勒載濤（光緒堂弟）府第，我即暫行同寓。惟彼以多年辛勤，意在日本大使，次亦南韓；素願未償，即抱病而歿；我獨住月餘，既傷亡友，又感孤寂；適摯友趙處長樂平亦由渝飛回，遂延予移寓其家，分北房後院為久居之所；趙與我在段政府多年同事，又為予介入唐氏幕中得用之人，其在軍委會執行部掌管軍儲，抵渝後亦歷任要職；現以軍需總監退役歸來，怡情舊宅（東城西苦水井），加惠故人，倒也非常愉快。趙、綏遠人，長我十齡，詩文並佳，書法纍龍顏，唯日不輟，篤實君子也。予寓此，直至離平，未他遷。

北洋派壽終正寢

現且略寫勝利前後北平情況：在日本侵入華北之初，首先成立「北京臨時政府」，以王克敏、王揖唐、齊燮元、朱深、湯爾和、王蔭泰、杜錫鈞、門致中、殷同、汪時璟等分任各部總長及委員，其中除殷、汪二人外，皆以前北洋政府舊官僚、舊軍閥，不啻當年北政府之縮影。迨汪先生和平政府成立，在協議之下，改各部為總督，勉強鎔為一爐，依然換湯不換藥之獨立小朝廷。這批人，多半與國民黨無關係，且屬無黨及反黨者；我同他們往來及相知，遠較汪先生那一班道地和平運動的人為素稔；此中內幕，還能得其梗概；茲擇要分析言之：

北洋派自袁世凱以小站練兵之北洋六鎮，取得民國政權；繼之以段馮曹吳，縱橫海內，十有六年；及後皖直構兵，直奉連戰，國民革命軍乃得乘時北進，一舉而完成統一；然軍隊受編，政客滲入，平津為潛伏之區，謀士每待機而動，所謂「百足之蟲，死而不僵」也。此次利用日寇，又來一幕大會串，藉勝利之機，給他們一個大結束；老一輩的就此完了，次一等的自然不夠資格；再年輕的將隨新時代以共進；所以這一殘餘系統，可告「壽終正寢」。此以見任何時代，醞釀成一種潮流宗派，其來也，非一手一足之功；其去也，必積年累月而後已。當國者對於一時風氣之轉移，可不慎之於始哉！

治安軍紛投八路

抗戰之始，北洋軍事領袖之健在者，只吳佩孚為最得人望，日人初欲利用之以組府，因條件未合而止。次乃及於齊燮元，齊本直系大將，曾統兩江，野心最大，下台後反對國府亦最力，此次遂收拾北洋餘燼，成立治安軍。直魯豫本產兵之區，失勢北軍，正苦無用武之地，一經號召，風起雲湧，立成治安軍，號稱數十萬人；所以，在北政府中，齊是實力派，確曾一度維持北方淪陷區之粗安。勝利後，國軍忙於城市之接收，治安軍懾於偽軍之被遣散，同時共軍又盡量收容之；於是轉瞬之間，河北變色。據傳依附八路者，達九十縣之譜，蓋除平、津各點、線外，已無面之可言矣。當時有一首人人熟習、時時耳聞之歌謠云：

「此處不留人，自有留人處！到處不留人，就去當八路！」

此可見共黨之八路軍，聲勢已瘋魔一時，凡屬心旌搖搖之個人與部隊，皆有趨向八路軍之勢；人心丕變，非偶然也。

這裏還有屬於治安軍的兩位巨頭，附記及之。一是杜錫鈞（字鴻賓），他於段氏當政時，曾久任漢口鎮守使，留日士官畢業，此次一度繼任治安總署督辦，但以其子在重慶任團長，通過蔣先生，為伊父做策反工作，勝利後得蔣先生手令豁免，我在平曾於某銀行晤見，得其告知云。又一位是門致中（字靜原），保定一期，為馮玉祥舊部，曾任寧夏省主席；他最後任治安督辦，得蔣先生委任為暫編第×路總司令，任務完後，來港寄寓九龍，死於沙田，已多年矣。

殷桐生先死是福

在北京臨時政府裏，有兩位特殊人物，他們全不是北洋系，而是稍後加入的，但皆是關係重要的中堅分子。建設督辦殷同（字桐生）與財政督辦兼準備銀行總裁汪時璟（字翊唐）是也。他倆是郎舅，同是由南京陸軍第四中學送到日本入經理專門學校畢業的。桐生為人，精明強幹，大氣磅礴，在黃膺白時代曾任北寧鐵路局長，對於日方交涉，常為膺白先生之助；他在日留學時，正與小磯國昭等少壯派同時，刻因少壯派當權，所以他的一切主張，甚為各方所重視；他專心致力於北平郊外的建設，並開辦許多工廠；同時努力於和平運動，私設電台，與渝方情報局王芃生聯絡，誠幹才也。因積勞先期病歿，營葬西郊，封樹稱盛。其得免於勝利肅奸，獻身司敗，寧不謂之福耶！

理財能手汪時璟

汪時璟，江寧人，一向受知於中國銀行張嘉璈。民十六，任漢口中國銀行行長，對於唐孟瀟北伐之役，多所贊助；十九年以後，任中行東北分行長；時中行制度，以每一區的分行，管理若干支行；偽滿成立，南北滿各支行，情形複雜，故與日方接觸尤多；如是歷七年餘，始回北京，參加臨時政府，任財政部長，設準備銀行兼任總裁；蓋以東北多年關係，人地相宜故也。當七七事變之初，天津本存有現大洋銀元若干萬（數字不憶），中央本擬南運，而平津銀行界一致反對；至此，即以此項銀元為準備銀行之準備金，故其信用昭著，幣值始終穩定；當時與上海發行之儲備票為五兌一，而黑市尚有過之。汪氏為人篤實，故華北財政，未嘗越出常軌。加以傾心內向，與戴雨農氏有不尋常之秘密接觸，故有勝利後，飛渝報告之事實。

其後，在特工安排之下，汪時璟乘了專機飛到重慶。當然帶了賬冊，報上存儲。先見了財政當局，又蒙蔣先生召見，汪氏得意之下，回到北平，興高采烈；一時同人聞風麕集，以疑懼之心情，聽安全之報導；群以為中央寬厚，大可安渡難關；而孰知暴風雨之來臨，有非心存僥倖者，所可逃避於萬一也。

張華筵一網打盡

戴雨農往來北平，如旋風一樣，是神秘的。但是他部下辦事的人很多，在大家得到汪時璟的好消息之後，有一天，由戴具名，假座汪公館（北平北城後兵馬司前國史館長趙爾巽住宅）舉行讌會。凡是臨時政府的高官，都在被邀之列；酒餚是汪府代辦的，山珍海錯，水陸雜陳，淑氣盈庭，嘉賓滿座，大家言笑晏晏，歡洽異常；就在這愉快氣氛之下，忽呈蕭索嚴肅之感；尋而主方代表，有冷峻的密談了；尋而陸續退席，主位已闃其無人了；尋而步履雜遝，刁斗森嚴，已化祥和為戾氣了！此種異狀，與讌者自然不免面面相覷；然既身入甕中，只得聽其發展。這一晚，就屈尊他們在大廳上權宿一宵，對汪氏則比較優待，聽其折入後堂。這一計畫，省得分頭踋緝，沿門逮捕，可算巧妙異常；不過譎詐弄人，有傷忠厚，罪人斯得，本可無待他求，這樣的做，只算是表演一幕精彩的戲法而已。

第二天就來個集團大起解。除王克敏死於北平獄中，王揖唐在平就審，其他要員連汪時璟在內，一律解到南京，容待後敘外，所謂「北京臨時政府」，至此告了大結束。

華北「肅奸」事件

茲再寫幾點華北「肅奸」的事件：

山西省不辦「肅奸」

閻錫山這一位山西王，他對任何事皆別有見地，決不隨便盲從。勝利後回到太原，一面完成接收，一面即作防共的準備；他不獨對所謂偽軍一體收編，其他曾在淪陷期間任職之官吏亦分別任用；尤其改編幾千日軍，收為己用；所以保南太原，時日最久，成為剿共史上的奇跡。山西是三國時代關雲長的出生地，大概還存有「身在曹營心存漢室」的觀念吧！

「後油坊」醜聞傳播

山東省長，本來是唐仰杜。後來楊毓珣（字琪山，楊世驄之子，袁世凱之婿，同人戲呼為「駙馬爺」，陸大畢業，曾遊學法國）因為上海的職位問題，和汪先生鬧僵了，就到北京找王叔魯（克敏），取代唐仰杜為山東省長；勝利後，他率領省府職官，整隊到法院自首，當然照單全收，他本人被解到南京，未及審訊，就庾死獄中。

山東的法院和監獄，在濟南城內「後油坊」地方。這些所謂囚犯，業已在濟服務有年，多半拖家帶眷。在入獄之後，住宅被佔，家私被抄，囚眷們艱苦籌維，等規定接晤時間，看一看親人，送一點牢飯，已是心緒惡劣，愁苦萬端；不意每在此時，即有許多勝利朋友，輕薄少年，群集後油坊，聞言醜語，百般調戲，乘人之危，幸災樂禍，視後油坊為獵艷之所；因此後油坊在濟南，成為苦惱人的頭痛名詞、而涼薄者的香艷處所；人生際遇，何所不同，自非無良，焉得有此，這是我聽到那些當事涕淚而道者；特為泚筆記之。

北平審奸兩鬧劇

以上那些事，全是我到北平後許多老朋友或當事關係人告知我的；可是下面兩件鬧劇，卻是我抵平時會逢其適的事。當時的轟動，幾於響徹九域；頓使一個靜的舊都，變成一個動的鬧市；那就是王揖唐的「小漢奸審大漢奸」；與川島芳子的「假槍斃與真逃生」是也。

王揖唐，安徽合肥人，晚清進士，早期留日學法政，回國又得洋進士，入民國，隨段祺瑞歷任總長，以在安福胡同主新國會選舉，世稱為安福系領袖。其人性柔滑而擅諂諛，段系中之無骨氣者。淪陷期間，初任臨時政府委員長，汪政府成立，一度任考試院長，在重慶中央改訂懲治漢奸條例之下，其為死罪，自無疑問。當汪時璟宅中宴會之夕，揖唐亦在座中，以病未解南京，先送入迎賓館，跟著關入第一監獄。民三十六年開審，一位法官某（姓名不憶），曾於所謂偽府時在王的機構任書記，現在搖身一變，為勝利之法官，高坐堂黃，揖唐自分必死，不如以譏誚態度，一洩胸中之憤；遂在庭上大言曰：「小漢奸審大漢奸，我不接受！」這當然認為他藐視法庭。徒快一時，無益於本案之判決。不過當時各報紙，用為最有興趣之標題；更增茶樓酒肆之談助；至於那位「小漢奸」的法官，下文已不知所蹤；我想：這或者是事實。因為勝利後隱藏身份，投機取巧者，不乏其人；而司法界以人才缺少，遷就填補，自所不免，經王揖唐這樣子公開為之揭穿，雖無減於本身之死，而法庭尊嚴，大失面子；關門補救，相喻無言，自屬意中事也。

川島芳子，以其為「女王孫」的身世，國破家殘，寄生外族，值多方之遭際，抱行險之異圖；而又天生麗質，可女可男，能文能武；英姿足以迷人，幻象可資利用；此一代之畸才，略跡原情，人見人愛者。民國三十五年被捕，三十六年入第一監獄，受審經年，終判死刑。因為她艷名久著，異行多端，浪漫交遊，遍於日滿，幕前幕後，營救之者，大有其人；風聲所播，事前業已傳遍；迨行刑之日，各報記者集團前往；傾城士女，亦多參加；監刑官驗屍拍照，雖有易囚代死及偽死逃生之說，決無可能。且日本尚不能庇一陳公博，芳子何人，尚得容於天壤間乎？此事當日已由記者們證實，可無疑問。

三十七

故都舊景又湧上心頭

抗戰前所謂北京西郊，是指北京城西直門外的頤和園、碧雲寺、以及西山八大處，因為這些地方屬於京郊西北角一帶。可是抗戰勝利後的北京西郊卻變了樣，而是由西長安街向西直行，出平則門（這是西直門南面平行的一道城門，名字或有誤，但向為荒僻之區），有新築馬路十餘里，路面寬十餘丈，行樹巍巍，王道蕩蕩，洋房林立，田野已成市區，我戲名之曰新西郊。原來這是敵偽時代任「建設督辦」的殷同之建樹，風光入眼，直使我這「老北京」驚疑莫定，一時道不辨方向！可知變荒蕪為鬧市，化朽腐為神奇，未必正名定份者優於臨時偽員也。

新西郊視界廣闊，原田膴膴，新村錯落，古道縱橫，有羊群駝隊之逶迤，無朝市衣冠之奔競！我在姪婿之家，寬住一段時日，享有部份天倫之樂，大可稍慰逸懷。有一天，姪女小兩口兒，要求我將北京城皇宮的故事及故宮博物院的歷史講點給他們聽，同時並要我帶他們去故宮參觀一下。我想，這一建議很有意義，因我正在閒居之時，過去對故宮景物又多親身經歷，可算老馬識途，遂欣然應允，曾率領他們作故宮之暢遊，且不惜口講指劃，成為最佳導遊人。

在這一期《春秋》上，我本來要繼續寫抗戰勝利初期南京的部份肅奸事件。但是當年我的姪婿姪女輩，確曾要我大談故宮掌故，加上近幾天香港大會堂正在舉行「中華文物展覽會」，所展覽的，又是故宮些小部份的故物，一時感觸所及，故都舊景，齊又湧上心頭，故從本期起，特先就記憶所及，寫點出來，然後再言歸正傳。我想，港九許多青少年對這些掌故或多不甚明瞭，而海外多數人若非留心近代史著，亦未必十分清楚，如此說來，我寫故都掌故，又似乎不覺辭費了。

明成祖定名南京北京

北京本是周初燕國，為召公奭的封地，故習稱燕京，或稱燕都。我國歷代建都，自漢唐以來，多在長安、洛陽；六朝都於江寧，而南京始盛；迨至西晉東遷，北方為群燕（當時國號燕者，有五國之多）所據；南人未及計也。嗣以北宋失汴都（開封），南渡臨安（杭州），而遼、金、元相繼坐大；至元世祖忽必烈始建都燕京；明太祖朱元璋驅逐胡元，建都金陵，改稱應天府，而以燕京為北平府！明成祖燕王朱棣（即永樂帝）攻滅皇太孫建文帝後，由應天又遷都燕京，遂改應天府為南京，燕都為北京；清朝與民國皆因之，至此而南京、北京之稱始著。

燕王朱棣奪姪之帝位，雖稱不義，然其英武有為，文治武功，確非庸生；北京內外城之建設規劃，及皇城宮殿之偉大建築，人力物力，時代不同，如此工程，決非易致；尤其眼光遠大，早注意到東北之國防，而明朝天下所以終亡於由東北入關之滿清者，實緣孱主無能，昏庸迭進，然明朝尚能享國二百七十餘年，永樂帝之力也。

清兵起自東北，入關後奠都北京，可無後顧之憂，一切沿明之舊，又得文物之美；康熙、雍正、乾隆、嘉慶四世相承，百年鼎盛，所以對於皇宮之內，踵事增華，尤其高宗（乾隆）附庸風雅，寵眷一代文學侍從之臣，搜集古今文物及天下奇珍異寶，在位六十年，賞鑑無量數，清室雖亡，宮殿猶存，末代皇帝溥儀既享民國之優待，更無亡國之慘史；「中華門」與「新華門」，比於鄰國；故君封贈，昭代典章，有若兩朝並存。

民十三改訂優待條件

在這段期間，宮中寶物，已陸續由內務府大臣世續大批押賣，補助皇室經費，更自戴灃（溥儀之父）、溥傑（溥儀之弟）、瑜、瑾兩太妃（光緒妃）以下官監們偷運至天津私售者，為數亦不可勝紀，國寶外流，歷有年所，天津竟成為一大市場，有心人惄焉憂之，因有民十三年改訂清室優待條件，逼令宣統出宮，成立故宮博物院之舉。主其事者，為當時代行總統職權（總統曹錕被囚禁於延慶樓）之內閣總理黃郛（膺白），執行之者為北京警備司令鹿鍾麟（瑞伯），而後台老闆則馮玉祥也。

當時修改辛亥議和所訂之優待清室條件，簡單改訂為六條，最重要之一條為：「清室人員自溥儀以下以至太妃宮監須一律出宮。」其次為：「優待經費由每年四百萬減為××萬（數字已不憶，有文獻可查）。」幾經商討逼迫，清室始不得不從，只瑜太妃哭鬧不已，寧死不肯出宮，終亦悄然離去。由此始組織點收委員會，成立故宮博物院，此其經過之大概情形也。

馮玉祥逼宮自鳴得意

宮中寶物，雖由清室歷年押賣，及最後帶出不少，然存留者仍到處是，點收編號，如入寶山，因而盜寶問題，遂甚囂塵上。第一嫌疑犯是馮玉祥，這一論調，傳之有年，我覺得這是莫須有；因為馮玉祥如要盜寶，一定是大批的，也一定要鹿鍾麟經手運出的，更有可能要變賣寶物用作補助軍費的，這種大交易，動輒必數十萬乃至數百萬，如係售與外國，這許多年必早已喧騰中外，決無守秘之可言。更何況鹿鍾麟是奉令逼宮的最初執行人，雖然求取便利，但馮玉祥的紀律嚴，馮本人既不妄取，部下誰敢亂動；而且鹿氏在馮部下是最有修養的人，筆者與之份屬老友，在天津和他時有往來，清楚地知道他並非大富之家（抗戰間，鹿氏曾任軍法總監）。至於當時對清宮寶物之點收編號，出入稽查，十目所視，更非一般委員職官所得覬覦；後來幾位故宮博物院長，曾被檢舉有盜寶之嫌，但均在雷聲大雨點小的情形下過去了；最有趣的是當年馮玉祥對孫殿英說的一段話，孫是著名的土匪軍隊，擁有數萬人，時撫時叛，敢作敢為，他曾掘清室東陵，將乾隆帝及慈禧后的陵墓炸開，翻屍盜寶，名聞朝野。有一次，馮對孫說：「你把滿清的祖墳扒了，我將溥儀攆出了皇宮，我們兩個人才是真正的革命家呢！」從這可看出馮對逼宮一幕，是如何地得意了。

寫至此，我又記起有關鹿鍾麟奉令逼宮的一項傳說，據當時謠傳：鹿入宮見清帝時，溥儀正在吃蘋果，只咬了一口，同時將瓜皮小帽置案上，那頂瓜皮帽的帽頂是粒大寶石，帽簷上又鑲有一塊碧玉，鹿氏一見垂涎，乃將自己的軍帽除下，有意罩蓋住溥儀的那頂瓜皮小帽，臨走時，順手一抓，竟把瓜皮小帽一齊帶走了。這種說法，真是天大的笑話，鹿鍾麟又何至沒出息至此！

參觀故宮門票收一元

自從收回清宮之後，即將故宮分為三大部份展覽，供人參觀：三大殿為一部；太廟為一部；博物院為一部（該院又分東、西、中，分別展出）門票各收一元。吾人進入天安門，步上廣闊綿長之白石御道，即見巍峨高聳、金碧輝煌之三大殿。天安門為皇宮之正門，在中華門內（即明之承天門），上懸一匾為直立（全國城門匾皆橫寫，惟此匾為豎寫），中華門舊傳為「大明門」，滿清改為「大清門」，民國始改為「中華門」，與新闢之「新華門」並列。天安門重樓九間，上覆五闕，最為著稱，進至五龍橋，再上則為丹墀，仍白玉石所砌，未見丹也。

三大殿中之保和殿，上懸「正大光明」橫額，即帝王之正殿，俗稱金鑾殿是也。中為御座，座後有屏風式之雕漆大屏，當即書所謂「負扆」也。殿外排列大香爐四，御案上亦有香爐，餘無長物；殿外之左方為文華殿，右方為武英殿，御道兩側為群房，係大臣待漏之所。參觀三殿，只見其大，甚感疲勞。

太廟在天安門之左側，廟內供奉清室歷代帝后圖像，並各類祭器，今當撤去矣。

故宮博物院因分三部份參觀，每一部份皆用繩索攔成通道，遊人須沿通道而進，不能踰越。猶憶故宮初開放時，正段祺瑞執政時代，筆者前後進出故宮不下十餘次，真有百看不厭之感。

令人難忘的翠根玉柱

故宮中所陳列之古物，大別為歷代文獻、鐘鼎尊彝、名窯陶瓷、建築圖案及模型——天壇、皇城角樓、頤和園長廊、鼓樓等；至於玉器方面，則以乾隆各色印璽為最，計包括有：黃玉、青玉、羊脂玉、翠玉等數十方；另有一不規則橢圓型高五尺餘之翠根玉柱，矗立某殿中。周圍由下向上，雕成「大禹治水圖」。真可謂隨山刊木，疏河導江，工作萬餘人，有持斧奮者，有乘四載者，有鑿石者，有燒山者，汪洋橫決，地平天成，集萬態於一石，佈九州於四圍，可稱鬼斧神工之作！吾意若將之展成平面，製為長卷，當較之「清明上河圖」更有意義，不知此玉柱今存何處？至於所陳列之翠玉白菜，不過雕蟲小技，而大型銅壺滴漏，與西太后之千數百隻古老鐘錶並列，更是科學之諷刺；乾隆尚有一提盒，如科舉時代考生所用者，內貯其所素喜之文房精品，亦陳列於玻櫥之中，可見上十全老人晚年尚有童心。

其中最為可取者，厥為後宮內苑之宮庭數十座，皆為小型四合院，乃妃嬪下榻之處，亦帝王臨幸之所，每座建築，皆一模一樣，雖有黃牆綠瓦，但光線晦黯，死氣沈沈，既不美觀，更不舒適，一眼望去，似乎座座皆冷宮也。

其他珍品，如：「快雪時晴帖」能保存至今，誠屬不易。「三希堂帖」五百方石刻，則嵌於北海之漪瀾堂壁上，已缺五方，為保存故物，壁外護有短垣；民國北洋時代之各任總統，皆曾手令搨片，筆者於段合肥執政時亦曾分得搨本一份，今亡矣。記得北海團城平台之上，尚有一碧玉提玉甕，大可容二人蟠曲對臥，恐亦不知去向；凡此瑣瑣，僅千萬之一耳。

文物精華重見於海外

國民革命軍北伐統一後，國府派員到北京遷運北洋政府及滿清舊檔案，同時將故宮寶物運回一批，存於上海中國銀行，民十八年曾在滬濱展覽一次。迨「九一八」之變，北方情勢緊張，又南運一批，於民二十五在南京舉行第二次展覽。

抗戰西撤，相傳有部份古物運存紐約，亦有謂售與美國者，當係謠傳，不足徵信。至於現時在香港大會堂所舉行之中華文物展覽，其中文獻珍品，已擴充到故宮博物院、中央博物院古物陳列所、中央圖書館、北平圖書館各機構所保藏者，甚至私人珍藏，亦有供之同好者。當此大亂之後，又遇中共「文革」之摧殘，吾人身在海外，當能見此碩果僅存之文物精華，已屬大幸。不過國人眼光，每以文明古國以自豪，而昧於物質之進步，積弱之源，非一朝一夕之故，改絃更張，此其時矣。

今在台灣任職已久之館長蔣復璁氏，字慰堂，端謹篤實，恂恂儒者，係蔣百里師之姪。百里師無子，日藉夫人生女五人，長女早夭，其第三女即為遄返大陸之原子大家錢學森夫人。慰堂應為百里師之嗣子，竊幸師門有賢後。與慰堂別已數十年，一水相隔，相見無由，予亦垂垂老矣，悵念何如！

抗戰後的北平故宮，因為菁華已失，遠非當年初開初時可比。但我的家人眷屬，仍然要前往參觀，只得分日帶領他們去了幾趟，雖如走馬看花，也很覺得滿意了。

幸有兩老友常共晨夕

我在新西郊住了一月有餘，仍返趙宅，預備過些時平靜生活。只是北方老友，聞風見訪，多是深情關注，摯誼殷勤。惟其中並無參加「和平」之人物，因為當時大頭腦已押解南京，次一等的亦銷聲匿跡，自無與我周旋之必要，我亦不願以交際招尤，致來橫逆。結果我心中認定有兩位，可以長共晨夕，以消岑寂。這兩位一是宋獻廷，一是查凌漢。宋是蘆台人，與吳佩孚同為開平武備出身，長我十二歲，我們是民六在四川的患難朋友。段政府時掀起「五四運動」之際，他正是北京衛戍司令官。鐵獅子胡同（按：該處為段祺瑞官邸）及東西長安街，是其佈防最重要之處。幸獻廷為人，仁厚穩誠，決不輕易開罪學生，所以當時在北京並未演出流血慘劇。但宋的下面有哼哈二將，一名武九清，我們戲呼他為「武大郎」；一名武銘，稱之為「武二郎」。姓武的本來不多，而哼哈二將卻皆姓武，又同是宋獻廷的部下，可謂巧遇。「五四」學潮，如非宋的應付有方，將不知鬧到何等地步。宋退休以後，窮無立錐，夫人早故，寄食宿於義僕翟姓處，禮貌不衰，後來他找河北省主席楚溪春幫忙（楚氏是保定五期，原曾任宋的參謀長），總算得了個監印官職位。每日下班時，即步行到苦水井我的住處，我生煤球爐，他烙大餅、做麵飯，老朽風光，融融如也。

再講到那位查凌漢，更是奇人奇事，別有懷抱者。查氏亦字漢槎，合肥人，保定第一期砲科畢業。他父親年輕時，與段祺瑞同在武衛右軍當把總，可謂親密戰友，不幸查父在朝鮮作戰時陣亡，合肥時為悼念。迨凌漢在保定軍校畢業後，他逕到北京前門外青雲閣賃一室，懸牌賣卜；時段合肥正在當國，命其姪段宏綱前往傳見，擬畀查氏以軍職，查拒不受，賣卜如故。數十年來，兒女盈廷，家給人足，自得其樂也。伊嘗謂筆者曰：「我在北京，身歷政變多矣，以合肥之勢，三起三落，慘澹經營，他復何說。」這是一位自守奇士，安貧樂道，富貴不能淫者。我常到他那裏打牌、談命、吃餃子，也自是一窟。而在西郊我姪女的家，又算一窟，加上苦水井的寓所，我當時在北京可謂三窟已成。這是汪先生和平失敗，與蔣先生抗戰勝利對我的賜與，使我在待盡之年，最後得在北平優遊歲月，可不謂大幸乎！

三十八

肅奸的理由與反效果

且說南京自六朝以來，即為東南文物之邦。所以祥和之氣，流風未沫。迨明成祖與建文爭位，殺戮過當；洪楊之亂，圍攻十載，始見凋殘。這皆有其歷史上不可避免之事實。抗戰初日寇雖一度政陷南京，然自汪政府收拾瘡夷，已復舊觀；日本投降後，勝利還都，自是順理成章、普天同慶之事。但是因為肅奸問題，就不免枝節橫生。鄙意以為當時國府所以大張旗鼓，劇興大獄，當不出左列之理由：

（一）對國際盟軍方面，證明抗戰期間，渝方並無與日謀和的跡象。

（二）對中共方面，表示誠意肅奸。

（三）昂揚抗戰同袍之志氣。

（四）藉此肅清黨內外一切反政府分子。

但同時也發生相反結果：

（一）中了共黨的圈套，收編偽軍，因而坐大。

（二）助長勝利軍人之驕氣，鬆懈鬥志，影響爾後勦共軍事。

（三）失去淪陷區的民心。

當勝利之初，我在北平，深居簡出，對於當前種種，每喜有所論列。一場春夢，輒為啼笑皆非；今雖事過境遷，猶覺舊痕在抱。茲值小極初癒，先寫三數則，續予前稿，容再委曲言之，以當茶餘之談助。

以下係勝利及還都前南京所發生三件事，特先表而出之。

因題猛虎圖初識陳群

陳群，字人鶴，滬上稔者習稱之為陳老八而不名，是否為幫會中結盟之次第，亦無知者。初以陳氏早年隨中山先生革命，北伐之役，隸東路軍政治部，以執法處處長在滬奉令清黨，行動果敏，嚴於執行，時楊虎（嘯天）淞滬警備司令，與陳氏拍檔，敢作敢為，滬人士因有「羊虎成群」之號，蓋取諧音以惡之也。

筆者於民十六七年即聞陳氏之名，後雖與楊虎有往還，而與陳群固始終未謀面也。南京既陷落，陳氏與梁鴻志率先組織「維新政府」；迨汪府成立，「維新政府」瓦解，陳加入汪府為某院副院長兼內政部長。筆者之陸軍小學同學陳健君（字祖彝，後曾留學法國研究哲學），時為軍事參議院軍事廳長，與陳群素相得，嘗為筆者力贊其為人。既有江湖俠義之風，亦具書生愛國之實；早年見知於胡漢民，以是鬱鬱不得志。淪陷後，陳氏曾搜購市上殘存書籍數十萬卷，設澤存圖書館於南京山西路，藉以保存國粹，深信其為非常人。一日，健君出所製「猛虎圖」，囑余依其意題詞以贈陳群，並謂自知體弱，將不久於人世，冀以此圖與陳群作永訣之紀念；蓋兩皆憤世嫉俗之傷心人也，余悲其意而心儀其人，乃為之辭曰：

「嗚呼大王之雄風！踞泰岱，宅崆峒；劃然長嘯，振聵發聾；磨牙吮血，盤馬彎弓；威撼山嶽，氣蓋元戎；當吾者道窮，敵吾者終凶；弱肉強食兮，今古攸同。世溷濁而不清：生靈懵懵，鬼影憧憧；吾將希世之餘烈：齊善惡，一生死，冤親一例，膏吾腹而一本乎大公。世與我而相遺兮，亦何惜乎大野之通紅。吾將悉彼恆河沙數，蚩蚩氓氓，渾渾噩噩，而歸之窈窈冥冥之太空。無垢復無怨兮，逌從容嘯傲於北山之北，東海之東。赫赫乎不世之功！巍巍乎一世之雄！」

健君看了我的題詞，認為此種偏激之言，頗適合陳群的口吻。遂將此題好了的大幅中堂，親自送交陳氏，陳見而大樂曰：「我將以此殉葬！」並促健君邀余晤談。健君乃陪余晤陳氏於內政部。當和平路線死氣沉沉之頃，乃有此瘋瘋傻傻高談闊論之一晤。實為余與陳群建交之始，同時亦為永訣之終。時距抗戰勝利不及一年，而健君亦以病謝世。

民三十四年八月十四日，日本宣布投降，陳群即寫好幾十封信，處理家事，編好號碼，包成一包，交與其親翁李文濱，一同在南京城內頤和路私宅院子散步，陳謂李曰：「我無路可走，先行一步，敬辭！」

蕭叔宣死得不明不白

八月十八日下午二時，陳群即服氰酸鉀而歿。由日人小剛田青在南京殯儀館成殮。同時，並在南京報紙發表一篇陳氏自白書，約七八千字，分登兩天，大意謂：「功罪不容私人審判，將上至天庭，向總理申訴，以求公道」云云。這也不過是最後快意之言，一吐胸中塊壘。但其人其事，勇於自決，求之和平陣營南北諸公，似尚無第二人。以視王揖唐之舊京繫獄，逞口舌於法庭；齊撫萬之白下重來，辱旌旗於帥府（齊爕元曾為江蘇督軍及兩江巡閱使）。不更見陳老八之高人一等耶！

其次說到蕭叔宣。蕭氏是日本陸大畢業，閩侯人，曾任東北講武堂教育長，平昔高自標致，頗有軍人學者之風度。參加汪政府後，初任軍訓部長，轉任陸軍部長，備位而已，無所短長。在汪政府成立第一年期間，某日，忽傳其夫人暴卒；又未幾，其滬上之新夫人姍姍其來儀矣。種種跡象，初無可議。迨抗戰勝利來臨，南京各高級官或自首、或就逮，惟蕭氏則死於亂槍之下。或傳係地下特工所為，或謂「冤有頭、債有主」，蕭固死得糊塗也。

所謂「冤有頭、債有主」，係指其大夫人之暴卒，與新夫人之姍姍其來，係蕭氏有計畫之行動。此種傳說，雖無佐證，但蕭夫人既死得不明不白，結果蕭氏自己亦死得糊里糊塗，相信因果報應者，遂不免言之鑿鑿耳。

梅花山汪墓被毀重述

我間嘗涉想到：假如汪精衛先生不於和平前一年身死，到了抗戰勝利之時，有沒有奇蹟的發現呢？共黨方面，是不是來一次整套交易？在山窮水盡的情況下，汪氏是決不會忍受任何侮辱的，又將何以自處呢？自決呢？抑聽人宰割呢？抑放之離島終其天年呢？此皆不可知。然以汪墓被炸、汪屍被毀之由謠諑而成事實觀之，則有乖於天理、國法、人情者，遠非吾人所得而想像及之矣。

汪墓被毀，傳之已久，但在勝利之初，秘密舉行，其時汪府職員，或繫囹圄，或介流亡，對此始終成了一個謎。多年以來，汪宅親屬亦無從探聽，偶爾詢之一二要津，亦皆諱莫如深；只傳言移棺他去，不知所蹤而已。

金雄白先生所著《汪政權的開場與收場》，對於各項問題，無不推闡詳明，尋根究底；誠可謂當代唯一的信史。其原著第五冊目次（二〇二）「汪墓原來是這樣被毀的」，內載：

「偶閱一九六二年四月九日的香港《大公報》，以『十六年前的大秘密首次揭露蔣炸汪墳紀實』為題之記載，對汪墓被炸經過，寫得歷歷如繪。懸想寫此文者，若非中共口中所謂『蔣幫』的舊人，至少亦為與『蔣幫』有深切淵源之人。其所寫時間、人物、談話極似確曾身歷其境者。因將原文節錄如下：

「一九四六年一月中的一個晚上，在南京黃埔路陸軍總部的會議廳內，何應欽召開了一個會議，南京市政府、陸總工兵部隊、南京憲兵司令部、第七十四軍等單位的負責人均出席。何對他們說：『委員長不久就要還都，汪精衛的墳墓，居然葬在梅花山，和孫總理的陵墓並列在一起，太不成樣子！如不把他遷掉，委座還都看見了，一定會生氣，同時也有礙各方的視聽；你們仔細研究一下，怎樣遷法，必須妥慎處理！』他並再三叮囑，此事要嚴守秘密，不得洩漏出去！何應欽說完，即行退席。以後他的參謀長蕭毅肅引伸何的意見：『總司令接到重慶的指示，這個問題，關係到國內和國際的視聽，限我們在十天之內，把它措置好。』當即指定由第七十四軍派工兵部隊執行遷移；憲兵司令部在遷移期間，派兵擔任內外警戒，斷絕行人交通，不許任何人接近；在遷移時，南京市政府（按當時南京市長為馬超俊）要派員協助。」

「工兵指揮官馬崇六說：汪墓的工程已偵察過，是鋼筋混凝土的結構，墳墓不太大，但相當堅固。他問七十四軍的邱維達，最好用什麼方法搞開？邱說：工兵有的是炸藥，還怕弄它不開？馬還說：『總座的意思，時間越快越好，因為還要整理和建築別的東西；最好在一切充分準備的條件下，趁一個夜間，就把它處理好。』由於時間的短促，當時就決定，只能使用爆破，再使用其他聲響來掩蓋。」

「爆破的工作，在一月二十一日執行。三天前，中山陵與明孝陵之間，斷絕行人來往，禁止遊覽。關於爆破墳墓的任務，邱當面指定五十一師工兵營姓李的營長負責，估計用一百五十公斤TNT烈性炸藥才可以把它炸開。爆破時馬崇六、馬超俊、邱維達等均在現場監督。」

「據一位姓孔的工程師曾向邱維達等指出：汪墳的圖案，是照孫中山的陵墓設計的，造價約計五千萬中儲券。墳墓剛把核心工程初步完工，日寇即宣布投降，施工就此停頓下來。工兵爆破這個核心工程，第一步炸開外層混凝土鋼筋部分，第二部炸開盛棺的內窖。」

清涼山火葬場的一幕

「內窖炸開後，發現棺木，揭開棺蓋，見屍骸上面覆蓋一面青天白日滿地紅旗，屍身著文官禮服，係藏青色長袍與黑色馬褂，頭戴禮帽，腰佩大綬，面部略呈褐色而有些黑斑點；由於入棺時使用過防腐劑，所以整個屍體，尚保持完整，沒有腐爛。揭開棺蓋後，馬崇六指揮不必要的人員，暫時退離墓地，由馬超俊進行棺內檢查，主要是尋找有什麼殉葬物。而檢查結果，除在馬褂口袋內發現一張長約三吋的白紙條外，別無其他遺物。這張紙條上用毛筆寫『魂兮歸來』四個字，下款署名陳璧君。」據說這張紙條是陳璧君從日本接運屍體回國時所寫。

「馬崇六當即吩咐工兵營長把棺木裝上陸總所備的卡車，並即晚把墓地平掉，務使不留原來痕跡。據邱維達事後對人說，他當時見馬指揮開棺，覺得事甚突兀，因為開會時，何應欽明白指示將汪墓遷移，並沒有說要開棺查驗。現在把棺木搬走，又沒有遷移到那裏去的打算，不知他們在搞什麼名堂。為了弄清楚這個謎，他想叫姓李的營長去看個究竟，以目示意，故意對他說：『為了負責到底，請你隨同汽車護送一趟，以防中途發生意外，這裏的任務，交給你的副營長就行。』同時向馬崇六力言李營長為人誠實可靠，一切問題都可放心。馬乃同意讓李同行。」

「這個李營長上車後，還不知道目的地何在，汽車停下來時，才知道到了清涼山。那裏有一個火葬場，馬崇六吩咐把汪的屍體交付火葬，只費了半個小時，棺材連同屍體，全都焚化，並沒有遺留什麼。以後，但見一座新築小亭，屹立於原來汪墓所在之處，山之南北兩面，還開闢了兩小徑，添植各種花木，周圍修飾一新，與中山陵的景色遙遙相映對，而汪墓已經無影無踪了。」

金雄白先生所得的寶貴資料，足以證實汪墳被毀的詳細經過，世人讀過金先生汪政權的著作，當已明瞭一切。我此次病後，正要寫到這一問題，只得將全文重錄，以為不知者告。金先生當不以為掠美吧！謹此附謝！

三十九

說者謂國民革命軍北伐統一，是天與人歸，而失之於內爭討伐、容共清共。抗戰勝利，是普天同慶，而失之於肅奸勦共、軍民離心。退保台澎，是待機復國，而失之於觀望頻年、一誤再誤。介乎前者，我已寫過不少造反與討逆的事實；介乎後者，我覓食港島，未入國門，更不知未來的發展如何！無已，我仍念念難忘於勝利期間一篇輝煌而有遺憾的舊賬，所謂「東隅已逝桑榆非晚」，「前事不忘後事之師」。用特舉其大者，追懷得失，發為微言；「成事不說，遂事不諫。」陳善而忠告焉耳！

以德報怨

我國於抗戰勝利後，對日所簽訂之和約，竟完全不要日本賠償。此一問題，可議之點特多；茲述其愚見：

（一）決定之權誰屬：是否經過政治協商會議、國民黨全國代表大會通過呢？是否由立法院、監察院一致主張呢？是否民眾團體的同意呢？抑或有美國外交的介入呢？此皆不可知！

（二）日本對英國及東南亞各國皆有賠償，何獨我國而無之？

（三）俄日和約迄尚未訂，將來中共對日亦必另有要求而生異議。

（四）中國非富有，抗戰士兵之傷亡、遠征軍之重大損失、遺族未及撫恤也。至全國民眾之無量數損失，更無論矣。是否由政府代日敵補償？如此慷慨，毋乃太過！

（五）多年來，時見有「以德報怨」字樣示惠於日而宣騰於口者。似乎此一措施，係本於孔子之言；不知此乃大誤。查「論語」憲問十四內載：

「或曰：以德報怨，何如？子曰：何以報德？以直報怨。以德報德。」

是孔子已否定「以德報怨」之不當，而明示之「以直報怨」。誤引聖言，乃至過當。將來吾國將必有以此責難於日為口實，而日人終必有以自卑而反感者。

退役編遣

本來大戰之後，整編軍隊，事屬正常。但必須顧慮周到：

（一）操之過急，則有鳥盡弓藏之感。

（二）退役金有限，生活堪虞，易啟反感。

（三）影響未被編遣者之心理。

（四）如繼另有重大任務（如勦共），必致鬆懈士氣。

因此，南京方面當時曾發生被編遣之軍官總隊高級將校「哭陵」一幕（按：在中山陵前痛哭也），此其造端也微，而傳播也廣，雖竭數年之訓練，不足以起衰而振弊也。我又曾聽到當時在無錫地方的軍官大隊，以餉給不足，待遇不良，一日，集合數十人，連群乘火車，開至上海，在某西餐館，各吃一客西餐，吃畢在賬單上簽名，囑至國防部付賬，此滑稽一幕，惹得人啼笑皆非，遂成滬市得未曾有之笑料。此不獨軍譽所關，亦國垢之一也！當局者焉得而知之。

遠征緬印

遠征軍完全是中國優秀的青年，而用於緬印窮山惡水、蠻煙瘴雨之鄉，致有百分之五十以上之損，這是享有榮譽而無代價的辦法，在政略上、戰略上似皆無此必要。茲檢討如次。

（一）抗日之役，近征且不足，何必捨己耘人而務遠征？

（二）美如助我另組新軍，則用於湘桂滇黔之交，自無獨山之厄。

（三）日軍侵緬，英人之責。英曾斷我滇緬路，不便忝顏相商；必邱吉爾獻議於羅斯福，利用我之人力，代作犧牲。此陷阱也！此變相之高等僱傭軍也！而我方失之於好大喜功，致墮其術中而不自覺。

（四）史迪威越權牽掣，對入緬我軍又未能盡指揮照顧之責，終於激怒蔣先生，而引致不歡之結果。

解散偽軍

所謂偽軍，包括華中之和平軍、華北之治安軍、東北之偽滿軍；這三者不下百數十萬人。和平軍，多係中央軍撤退時所遺留之部份，或以某種微妙關係去彼就此之雜牌軍，此皆富有待機反攻之抗日性，日軍所認為近在肘腋之敵人也。這一部份，有受中央委任者，有為新四軍吸收者，有游離分散者。

治安軍，係由北洋殘餘部隊集合而成，多半久經內戰；這一部份，幾全為八路軍所收編。

偽滿軍，久在日人統治之下，器械、裝備、訓練、均夠水準，但全部為林彪所收編。以故高唱入雲解散偽軍之號召，不啻為共黨增加實力之託詞。所以能造成今日之局勢，原因雖多，此亦一大因素也。

三十九

興獄毀墓

炸汪墓與毀屍一節，已具見上期所摘錄金雄白先生之記載，只因筆者病後初癒，未及殺尾，今並「肅奸」大獄而論列之：

查「漢奸」與「日奸」，為敵、我雙方對稱互用名詞。猶之近年大陸與台灣互罵為「蔣美匪幫」及「毛匪幫」，為相對的冷戰語詞；絕無自稱者。如以「漢人為奸」或「大漢之奸」則又有解。故這一名詞，在論理學上，根本不甚周衍。若以主和及參加和平者即屬漢奸，則曾參和運或默爾而息者，固大有其人，誅心之論，皆漢奸也。勝利來臨，天大喜事！和平政府，黯然結束，方自同申國慶，共沐春風。何意改訂網民之條例，逮捕刑戮，逾數萬人，尤其汪府代主席之陳公博，素以「黨不可分、國必統一」著其心跡，而猶舞文羅織以十大罪，置之極刑。與渝連絡，力謀反攻之周佛海，雖輾轉遇赦，而仍繫獄悒鬱以終。其餘有為之士，楨幹之材，囹圄經年，抱恨而死者，更不知凡幾。我雖未列爰書，殘年偷生，而痛念同仁，心焉戚戚！誠不解當局者於勝利慶祝之時，似欲聚囚徒作賀客，集輿櫬於禮堂；不祥孰甚！感想何如！我又想起閻錫山絕不肅奸，而太原堅守之日，為全國之冠。法國判貝當元帥以死刑，而放之孤島。此所謂「誅其罪而流之荒外，優其生而終其天年」；不意浪漫自由之法國，而有此仁風。「禮失而求諸野」，非耶！

我對此節，心有餘痛，而筆難罄辭。平昔最最罄折於金雄白先生所寫史實，論事析理，犀利明辨。茲再錄其所寫「汪墓原來是這樣的」一文中所加之按語，以當我之心聲！

若一切經過，果如上所述（即本文上期所錄汪墓所毀經過），不禁使我發生兩項感想；

第一、勝利以後為什麼要興大獄，捲連者至數萬人？若說是為了整飭國家紀綱，所以誘捕、拘押、殺戮、甚至毀屍，逞一時之快，為所欲為。我不知所謂紀綱也者，是否包括法律在內而言？若參加汪政權，即為違法亂紀，則於勝利後始修訂一個違反刑事大原則溯及既往的條例，是訂制的什麼法？拘捕以後，長期羈押，公然不於二十四小時以內移送法院，是依據的什麼法？刑法第四百二十七條規定：「損壞、遺棄、污辱、或盜取屍體者，處六月以上五年以下有期徒刑。」而又無「毀損犯有漢奸罪嫌者之屍體不罰」的規定，那麼毀墳之舉，為什麼對於教唆者、實施者、幫助者，不依法去檢舉？這是整飭的什麼綱紀！

第二、當局之所以要毀去汪墓，若果係為了和孫中山陵墓並列在一起，是玷污了河山，且也有礙各方的視聽，我現在倒要為之失笑了。有些人卻真想於身後和中山墓並列在一起，自以為可為河山生色的，其如風波再起，神州陸沉，今日欲歸正首丘且不可得，又豈他們始料之所及也？吁！亦可哀矣！

怪誕不祥

抗戰勝利後，因為行動的表現，與事實的形成；在民眾口頭與社會輿論上，莫之為而為的，自然流行了許多新穎怪誕的語詞，而隱含有不祥的預兆。這是物腐蟲生和人心向背的趨勢徵候；非可強而致，亦難倖而免也。茲分述如次。

勝利／慘勝

戰勝而有利，事理所固然。利和慘適得其反，其觖望為何如！國府於勝利後，先由宋子文和蘇聯簽約，承認外蒙的獨立，蘇聯且在我東北予取予求；香港先由我國接收，半途中仍交與英國；國家民眾，得不到日人的賠償；軍隊傷亡沒有撫卹，遠征軍沒有報酬；金融陷於紊亂，金圓券、銀圓券、以至現大洋，朝令夕更，信用墮落；致物價暴漲，民不聊生；此非慘勝而何？而猶日日侈言勝利，宜人心之日去，而共黨得而乘之。

接收／劫收

此兩相反語詞，正與（甲）項吻合。因為接收人員，一部份是外行，一部份是貪污；外行者搞壞物資，損壞機器；貪污者私而忘公，形同劫掠；這還是不肖官吏之行為。而在政府方面，對儲備票規定為二百兌一，準備票為五兌一，這無異剝奪淪陷區民眾之資財，而掠取華中、華北兩大金融機關所存儲大量的黃金、白銀、外幣、證券於國庫；這根本以淪陷區的民眾為化外，而失去全部之人心。

在這一點上，中共的做法則相當高明，我記得他們在佔領大陸接收時，訂有規則八條：重點在責成國府原任人員，負責保護，等候接收，而對在職人員將功折罪，只對每一單位，派一軍事委員，從容點收，毫釐不爽。國府則誤在以淪陷區人員為罪犯，而接收者為獄吏、為法官；自然大家一走了事，聽你們胡亂作為，那能有好結果呢！

重慶人／偽民／偽學生

這是勝利初期由重慶東下京滬的人：隨軍者、經商者、乃至逃難者，皆以抗戰八年為口頭禪；而指陷區民眾為「偽人」、「偽民」，青年學子為「偽學生」，這當然要引起反感；於是上海《大公報》以「重慶人」標題，著論直斥其非，一時和之者眾，此風稍戢。夫在敵軍侵入期間，無論居者、行者，前方、後方，俱在國難之中。一旦勝利，留者應慰其屈辱，行者應戒其驕狂；尤其青年，八載光陰，豈能失學，矯枉訓育則可，焉得而偽之，以傷其純潔之心，此復國者所應引為大戒者也。我非於此時翻舊賬以刺人心，深冀如天之幸，再造玄黃，永不發現有新的「台灣人」，如昔之「重慶人」也。

五子登科

這是屬於接收貪污之一部。五子：是隱指的條子（金條）、票子（鈔票）、車子（汽車）、房子、女子。當然是一些不肖者所為，不過鶩趨者眾，遂有此謔而虐之口碑。

有條有理、無法無天

所謂條，自然是指的金條，法是指的國家法律，只要能有條子拿得出來，無理也變成有理，豈非無法無天乎？這是當時肅奸行動中，司法界或有的污點，我非當事者，有聞必錄而已。

四十

最近看到路透社台北電訊稱：

「中華民國立法院一致通過一項為慶祝開國六十週年而提出的監犯減刑議案。……文中規定：被判死刑者，減判無期徒刑；被判無期徒刑者，改判十年刑期；而服較短刑期者，減半計之……在該新法案下，約有三千五百名監犯，於國慶日當天——十月十日獲釋；另有六千七百名，獲得減刑。……但該法案並不適用於被判：叛國、破壞國家行動、搶劫、弒父、貪污、犯上等罪名之監犯。」

待死餘年，攖心國是

這當然是很確實的電訊報導。對於開國六十週年的慶祝，也是應有的文章。同時也有人認為這就是中國傳統上所謂「大赦」。我對這一議案頗有「見微知著」之感，謹就所疑似者論之：

（一）這是名副其實的「減刑案」。是「準大赦」，是不徹底的大赦。

（二）依原案：國慶日即日獲釋者有三千五百名，另獲減刑者有六千七百名，兩共是一萬零二百名，不適用的其他罪名，尚不在內；台省人口只一千多萬，入台亦只二十年餘，是何罪犯之多也！

（三）所謂不適用於本法案之罪犯，如：叛國、破壞國家行動、犯上等，定義如何？出入甚大！

我以待死餘年，攖心國是，每憶六十年前之辛亥，猶得以學生身份，馳驅武漢，揹長槍，持短銃，追隨黃大元帥（黃興）為小嘍囉；東返金陵，更得見孫大總統之就職，濫竽於黃留守府，備位小參謀；所以不自菲薄，於每一雙十節，街頭躑躅，遍數國旗，間或為街坊牌樓代製聯匾，引以為樂；國家固無視於區區，而區區則珍惜此辛亥也。

今當舉世渾噩之交，國府正處艱屯之會；但知注重經濟，改變目標，而不知一再蹉跎，時不我予。為今之計，誠宜以快刀斬亂麻手段，革新政體，安定人心；以免夜長夢多，招致不虞後果。我對抗戰勝利後國府在大陸種種措施，已於上期本刊多所論列；惟對遷台後之國府，所知甚尠；茲屆開國六十週年慶典瞬即舉行之期，敢以野人獻曝之心情，貢其愚見，自謂非鑿空之言也。

野人獻曝，貢其愚見

國府遷台，瞬逾二十載，時移勢易，堂陛依然；地小官多，規模徒具；急宜大刀闊斧，力予革新。特借箸代籌，條列數事如左：

（一）宜實行簡化國府組織，暫廢五院制

按五院制為國父所訂，只宜暫廢，另設必要之行政各部門。其疊床架屋之機構，一律裁併之。被裁人員，僅予一次遣散費。

（二）宜解散國民大會

國大代表，限於地區，無法補選。事實上總統選舉，越來越難應付，似宜開會公推蔣先生（即蔣總統、以下同）為終身總統，自行宣告解散，而由政府僅予一次遣散費。

（三）宣布蔣先生為終身總統

事實上，由大陸至今，蔣先生以軍事委員長、而國府主席、而行憲第一屆當選總統，以至歷屆繼續當選，以迄於今；可謂當然之終身總統。今事變日亟，應由國民大會舉行最後一次會議，公推擁戴，完成手續。以蔣先生的功業，自不讓南斯拉夫的狄托，西班牙的佛朗哥，甚至阿比西尼亞的賽拉西也。為安定台澎，如此作法，似屬必要。

（四）宜指定蔣經國為蔣先生的繼承人

按大陸共黨，早傳指定林彪為毛澤東的繼承人。蔣經國在台灣，歷任國防要職，聘美遇刺，蜚聲海外。蔣先生春秋高，論今日在台人物，足以統御全局，繼志述事者，宜不作第二人想。此事或由國大會議於解散前向蔣先生指定，或由蔣先生自行決定，均無不可。非常時會，舉不避親，似不必以父子之嫌，而周折誤國也！

按此兩項主張，同仁必有以我為隔海傳聲、希榮勸進者。不知我已八十一歲，流亡二十有六年，教書苟活，隨時等死。且身為化外的頑民，曾被通緝的餘孽，決無任何從龍希冀的齷齪心理。不過台灣儘可對我不屑一顧，我仍酷愛此保有國故的台灣，遂不覺籌筆運思而寫此耳。

（五）宜發布「罪己令」、「大赦令」、「告海內外民衆書」

國府大員，均應負責

罪己令

從前君主時代，遇國家危急之秋，每有下「罪己詔」，以激勵臣民，發動勤王者；民國尚未之前見。然此所揭之罪己令，性質自有不同。其一：所謂「己」，並非單指蔣先生個人。凡在國府選任、特任大員，尤其元老們，皆應負責。其二：撤退重在復國，非欲勤王。其三：謙以自御，安慰人心！使流離者甘於痛苦；僑居者有所企望；屈服者忍辱待時；所以表示喪亂，「罪在朕躬」也。嘗意抗戰前後，元老重臣，逸居韜養，一若革命成功，慰情於備位；而大受之任，專屬於蔣先生者。所以對於容共清共、叛亂討伐、劫持統帥、抗戰和談、興獄毀墓諸大問題，從無確定是非，仗義執言，折檻廷爭，挽回國脈的偉大人物。有如：林主席之民主偶像、譚組庵之麈塵雍容、戴季陶之藍莊居士、于右任之伴食中書、吳稚暉之超時代的長樂老；皆未能左右蔣先生，匡扶危局。責備賢者，則國府諸公同之。

大赦令

「大赦」宜不限於立法院所通過之「監犯減刑」。與民更始，咸予維新；自應擴大範圍，寬其既往。今日之事，國無常軌，法令如毛，主義紛歧，政治各別；領導者有人，盲從者風起；流民易於生心，觸處皆成法網。何如化戾氣為祥和，使隔岸淪胥之民眾，嚮往於當前之盛治，而有所歸依也？

告民眾書

二十年來，歷屆國慶及元旦所發布之文告，見於報紙所載之全文，社會人士，肯卒讀者甚少；非不關心國事也，論者每指其缺點有三：

（一）太冗長。

（二）文字隱晦。

（三）數言反攻及準備年限，不足取信，令人望眼欲穿。

「民無信不立」對於未來的事。要有明確的指示。尤其文字，必須簡短精勁，誠信動人。

（六）宜撤銷反攻大陸設計委員會

按大陸自變色後，一切設施，業已行之有年。如天之幸，有一天反攻完成，將鄉里無所識、氏族無所歸、田野無所別、職業無所分；猶之廣漠縱橫，一望無際。自應一仍舊貫，勿遽更張。

若竟預為設計，必致空中樓閣，鑿枘難容，聞之者預有戒心，行之者到處碰壁；何必徒勞心力，製為不切實際之藍圖？轉不若早予撤銷，以免滋蔓。

以上六項，皆因為我看到減刑新聞，心中偶感而發。今日的國府，猶之巨室中落，待機興復，自不用揹著箱籠包袱，撐持場面；何不將那些故舊破爛，尸居游魂，一起放棄。至於總統及繼承人問題，已成萬人一見的事實。何必做那些例行公事，等一些忸怩文章；所以我就痛痛快快的作了人人要說而不肯說的主張。所謂孤臣孽子之情懷，「身在江湖，心存魏闕」也。謂我大言炎炎也可，謂我杞人憂天也可，謂我老尚倘張，狂態畢露也亦可。噫！「知我者謂我心憂！不知我者謂我何求？」

陳副總統，蓋棺論定

現在且談談故副總統陳誠（辭修）先生。

自前年陳副總統病逝台北，予以曩在大陸，每曾接晤，忝有先後同學之誼，時欲勉製悼詞，讚揚盛業。嗣以國史當然立傳，美國學者且有徵集材料製為專編者。蓋棺之論，是非難憑。大抵官書則褒多於貶；目論則讚少於彈。國亂位高，才輕任重！成敗利鈍，豈易言哉！

友人趙聰君以報人張贛萍（最近病故）所著關麟徵將軍傳見貺，中對陳氏處理軍事，指摘較多；卷末載董力行先生書後一文，內有「懷聞」君悼陳詩四首，並附董氏按語。予愛其詩之妙造自然，鑄今入古，可當詩史看；而按語尤能列舉事實，品隲公平，婉而諷、微而著，直筆也。茲特抄記原詩並節錄按語，董君當不以予為掠美也。

〈其一〉

彪炳勳勞耀政壇，凌烟叙績列奇觀。
裁軍憤激兵思變，狡兔乘輿犬力殘。

志士掛冠歸故里，小人拂袖走延安。
哭陵老將傷何事，論定無須待蓋棺。

董按：「抗戰勝利，辭修時任參謀總長，主持裁兵復員，編遣百餘萬人，全國保留九十個師。在此同時，共黨大量擴軍，狡兔未死，走狗先烹，是其大錯。被裁官兵，無家可歸者，多投奔延安。三十五年，有編餘將官五百餘人，赴南京中山陵痛哭，時稱『哭陵』。」

〈其二〉

久玩軍符老藎臣，選賢二八盡佳人。
士懷大節才難展，兵苦文憑志不伸。
功罪何曾評曲直，提攜自必論疏親。
先生遺恨辭塵世，惡果長留孰種因。

董按：「辭公頗念舊情，凡保定八期同學，十八軍舊日幹部，每作不次之升遷。此種行為，雖是美德，然非大將所為。二八者，指保定八期與十八軍也。中國歷史，匹夫從戎而至將帥，是為常例。最錯之事，凡行伍士兵軍校而獲文憑者，雖具關岳之勇，及搴旗斬將之功，永充士兵，難升官位，捨命疆場，不能獲取功名，由是兵不用命，遇戰而潰。妄立人事法規，抄襲外國制度，此種兵不升官辦法，違背中國軍人傳統心理，願後世兵家，引以為鑑。」

悼詩四首，品隲公平

〈其三〉

急功求進乏殊方，斗器焉能療國傷。
游雜既經摒禹甸，協皇豈許納中央。
徒誇海口收東北，枉擲人頭固瀋陽。
大好河山淪赤寇，二十年崛起看扶桑。

董按：「抗戰八年中，愛國志士，不甘敵騎蹂躪，多組游擊部隊；地方父老，保衛鄉里，各有團隊之成立；對敵軍有牽制作用，樹功極偉。勝利後，國防部明令稱之為『游雜部隊』，命名極為不雅。游者，指游擊，雜者，非中央軍系統。余曾奉命進入敵後，指揮游雜，深知此項部隊，武器雖劣，然戰鬥力遠超正規軍之上；因之妥加愛護，冀為國用，備受中斥；當時若不加以裁撤，不須動用國軍，此種游雜部隊，平共黨之亂而有餘也。又東北偽滿軍隊百餘萬人，訓練有素，裝備良好，時名『皇協軍』，中央閉門不納，林彪大量收編，因之坐大。辭公坐鎮瀋陽時，曾殺作戰不力將領數人，終未能救瀋陽之失。日本以戰敗之國，二十年來，崛起亞洲，吾人不勝慚愧。」

〈其四〉

南渡重演黨國羞，反攻受阻究誰尤。
億民引領填溝壑，副座強顏自晃旒。
皓月頻隨斗北轉，飛花爭逐水西流。
偏安恐作他年恨，垂老何須尚惜頭。

董按：「陳辭公在台病逝，朝野惜之。論定蓋棺，毀多於譽。……其美德：敬領袖、愛部屬，女色金錢、無所貪戀，銳意勇為、剛勁果決，天怒不恤，人言不畏，氣魄縱橫，合乎為將之道。惟修養欠缺……限於才器，非不欲安定國家，其奈心有餘而力不迨何！」

Do人物05　PC0363

我在蔣介石與汪精衛身邊的日子

作　　者／臧　卓
主　　編／蔡登山
責任編輯／林泰宏
圖文排版／楊家齊
封面設計／秦禎翊

出版策劃／獨立作家
發 行 人／宋政坤
法律顧問／毛國樑　律師
製作發行／秀威資訊科技股份有限公司
地址：114 台北市內湖區瑞光路76巷65號1樓
電話：+886-2-2796-3638　傳真：+886-2-2796-1377
服務信箱：service@showwe.com.tw
展售門市／國家書店【松江門市】
地址：104 台北市中山區松江路209號1樓
電話：+886-2-2518-0207　傳真：+886-2-2518-0778
網路訂購／秀威網路書店：https://store.showwe.tw
國家網路書店：https://www.govbooks.com.tw

出版日期／2013年12月　BOD一版　定價／550元

|獨立|作家|
Independent Author
寫自己的故事，唱自己的歌

我在蔣介石與汪精衛身邊的日子 / 臧卓著. -- 一版. -- 臺
北市 : 獨立作家, 2013.12
面 ;　公分. -- (Do人物. 5 ; PC0363)
BOD版
ISBN 978-986-90062-5-5(平裝)

1. 臧卓 2. 蔣介石 3. 汪精衛 4. 回憶錄

782.886　　102025284

國家圖書館出版品預行編目

讀者回函卡

感謝您購買本書，為提升服務品質，請填妥以下資料，將讀者回函卡直接寄回或傳真本公司，收到您的寶貴意見後，我們會收藏記錄及檢討，謝謝！

如您需要了解本公司最新出版書目、購書優惠或企劃活動，歡迎您上網查詢或下載相關資料：http:// www.showwe.com.tw

您購買的書名：______________________________

出生日期：________年________月________日

學歷：□高中（含）以下　□大專　□研究所（含）以上

職業：□製造業　□金融業　□資訊業　□軍警　□傳播業　□自由業

□服務業　□公務員　□教職　□學生　□家管　□其它______

購書地點：□網路書店　□實體書店　□書展　□郵購　□贈閱　□其他

您從何得知本書的消息？

□網路書店　□實體書店　□網路搜尋　□電子報　□書訊　□雜誌

□傳播媒體　□親友推薦　□網站推薦　□部落格　□其他__________

您對本書的評價：（請填代號　1.非常滿意　2.滿意　3.尚可　4.再改進）

封面設計____　版面編排____　內容____　文／譯筆____　價格____

讀完書後您覺得：

□很有收穫　□有收穫　□收穫不多　□沒收穫

對我們的建議：______________________________

____

____

____

請貼
郵票

11466
台北市內湖區瑞光路 76 巷 65 號 1 樓

獨立作家讀者服務部 收

(請沿線對折寄回，謝謝！)

姓　　名：＿＿＿＿＿＿＿＿　年齡：＿＿＿＿　性別：□女　□男

郵遞區號：□□□□□

地　　址：＿＿＿＿＿＿＿＿＿＿＿＿＿＿＿＿＿＿

聯絡電話：(日)＿＿＿＿＿＿＿＿＿＿ (夜)＿＿＿＿＿＿＿＿＿＿

E-mail：＿＿＿＿＿＿＿＿＿＿＿＿＿＿＿＿＿＿